大手前大学比較文化研究叢書5

# 阪神文化論

川本皓嗣
松村昌家＝編

思文閣出版

挿図
上：嵯峨本第一種『伊勢物語』（第八十七段）（大阪青山大学蔵）
中：『イラストレイティッド・ロンドン・ニューズ』1876年9月2日付（大手前大学蔵）
下：谷崎潤一郎から松子夫人への書簡　年月不明31日付（芦屋市谷崎潤一郎記念館蔵）

# まえがき

川本　皓嗣

「大手前大学比較文化研究叢書」第五巻、『阪神文化論』をお届けする。書名の「阪神」は、ひとまず大阪・神戸という二つの都市を指すが、必ずしもそうとは限らず、時と場合によって、微妙に意味合いの変わることがある。これについては多少の説明が必要だろう。

「関西」という言い方があり、「近畿」という言い方がある。「京阪神」があり、「阪神」がある。この中では広義の「関西」がもっとも広く、「近江《おうみ》以西の畿内《きない》と若狭《わかさ》以西の山陰および山陽・南海・西海《さいかい》の五道の総称」（『大辞泉』）である。次に広いのは「近畿」で、「京都・大阪・滋賀・奈良・和歌山・三重」（同）を指す。そのあとに来るのが狭義の「関西」で、これはほぼ「京阪神」と同義語である。そして問題の「阪神」は、「大阪と神戸」の略称である以外に、大阪・神戸とその周辺、いわゆる「阪神地方」を意味することもあれば、特に大阪と神戸に挟まれた中間地帯だけを指すこともある。後者は俗に「阪神間」とも呼ばれる。

というわけで、「阪神」という呼び名はかなり大ざっぱ、よく言えば大らかである。そして本書の場合、タイトルの「阪神」には、大阪・神戸の両都市と「阪神間」との双方を含めている。つまり大阪から神戸まで、大阪湾の北岸に沿う細長い一帯のことである。

大阪と神戸はさておき、「阪神間」という、地名としてはかなりファジーだが、それ自体はきわめて魅力的な地域については、やはり多少の説明が必要だろう。実はこの土地については、「阪神間」の他に、「六甲山の南麓」を意味する「甲南」という呼称もあり、その名の立派な大学や女子大学もある。だが漢語の堅苦しさのせいか、中国の「江南」（揚子江下流の南）とは違って、ふだんはめったに使われることがない。また律令制以前の古代には、このあたり一体が「芦屋」と呼ばれていたようだが、現在の芦屋市と紛らわしいので、これも使えない。やはり「阪神間」という他はなさそうである。

この中間地帯には一種独特の空気と文化があり、人々はこの地域の住人であることに強いアイデンティティ意識を抱いているようだ。東西に長く伸びる六甲山系と大阪湾に挟まれて、じかに山と海に接するこの風光明媚な地には、三つの鉄道の列車がhull to hull（腹と腹を接するほど）、たがいに寄り添いながら走っている。

その中心は西宮市、芦屋市、神戸市の東部（岡本、住吉、御影《みかげ》など）といったところで、周知のように、これらの地名は全体として高級住宅地、別荘地という印象を与えている。気候もよく、わが同僚のなかには、日本でもっとも雨が少ないからという理由で、東京からこちらに居を移した人もいる。もっと東の尼崎、その北の伊丹市や宝塚市、川西市や三田《さんだ》市、さらには川辺《かわべ》郡猪名川町《いながわちょう》も、広い意味での「阪神間」の圏内に入るだろう。

これらの地域は、もともと土地の狭苦しい大阪の中心地、たとえば船場《せんば》や堂島《どうじま》や道修町《どしょうまち》などの富商の別荘地として好まれ、そこで快適な休暇を過ごした人々が、のちにそのまま居ついてしまったケースが多いという。東京その他、ほかの土地から移ってきた人も多いらしく、純然たる（いわゆる「こてこての」）大阪弁を耳にすることはあまりないし、かといって、神戸の言葉が浸透しているというわけでもない。むしろ幼い子供と母親の交わす紛れもない「東京弁」に、意外の思いをさせられることがよくある。

東京日本橋生まれの小説家谷崎潤一郎が関東大震災のあと、この土地が気に入って、阪急電車の岡本と阪神住吉に二十年近く住んだことは、よく知られているだろう。「なにわ」の老舗《しにせ》文化と「みなと神戸」のハイカラ文化の融合が、文学・美術・音楽・デザインなどに瀟洒な「阪神間モダニズム」を生み出したことも、忘れることはできない。

本書に収めるところ七篇。在原業平《ありわらのなりひら》が不朽のものとした歌枕、「津の国の芦屋」。大阪の真ん中（現三井住友銀行大阪本店あたり）に生まれた近代関西俳壇の雄、松瀬《まつせ》青々《せいせい》。谷崎潤一郎の阪神間生活と関西観、そして松子夫人ら三人の妻との関係の実相。関西に居を構えた後、関西文化の「記憶の場」に深く思いをひそめた谷崎の傑作のひとつ、『吉野《よしの》葛《くず》』。大阪市北区堂島に生まれ、東京帝大法科卒業後、「桜博士」として古種の保護育成につとめ、吉野はもとより夙《しゅく》川《がわ》公園や甲《かぶと》山《やま》、造幣局通り抜けなど各地の桜の管理指導にあたった笹部《ささべ》新太郎。昭和初期の神戸における青年団運動と、急激に膨張する都市地域の組織に果たしたその役割。慶応四年、幕府から政権を引き継いだばかりの明治政府を襲った初の軍事的・外交的危機であり、切腹の悲劇を招いた神戸事件。

扱う時代や領域はさまざまだが、あえて構成の統一を求めず、筆者諸氏がいま「阪神文化論」という課題でもっとも関心をそそられる新鮮なテーマを、存分に論じていただいた。そうする方が、「阪神」あるいは「阪神間」と呼ばれる地域のいわく言いがたい面白さ、懐の深さを、より端的に引き出せるように思われたからである。

目次

## II



目次

# I

# 歌枕の詩学——津の国・難波・芦屋

川本皓嗣

## 一　海　松

『海松《みる》』という雑誌がある。これは俳人松瀬青々《せいせい》（次章を参照）の弟子であり、関西有数の芸術家パトロンでもあった福井艸公《そうこう》が、昭和四年から六年にかけて、西宮で断続的に発行していた俳誌、というよりも、俳句を主とする文芸雑誌である。艸公こと福井治兵衛《じへえ》は、大手前大学創設の大功労者の一人でもあり、大学ではその功績を記念して、二〇〇五年五月、『海松』特別号を刊行した。

その記念誌に寄稿を求められた私は、「艸公・海松・西宮」と題するエッセイ（河内他　四－五）を書いた。実はそれまで、『海松』というタイトルの由来がよく分からず、今ではあまり馴染みのないこの海藻が、なぜ誌名に選ばれたのか、福井家周辺でも謎とされていたらしい。そこで手許にある文献をざっと当たってみた上で、小文では、以下の二点を指摘した。

まず、根が切れて海面にただよう「浮き海松《うきみる》」と、「芦屋の里」は、連歌や俳諧にいう寄合《よりあい》（「松」に「鶴」、「竹」に「雀」のように、たがいに縁の深い一対の語句。これによって、前後二句どうしのつながりが保証される）の一つであり、「海松」と言えば「芦屋」を連想するという関係にあること。次に、古代の芦屋はひろく六甲山南麓の地一帯を指し、したがって艸公の住んだ西宮をも含むこと。艸公は地元「芦屋」の古い縁語「海松」を、西宮文化興隆の夢を託する雑誌のタイトルとしたのである。

そのさい根拠として挙げたのは、一つには、室町時代に一条兼良《かねら》の編んだ連歌寄合語集『連珠合璧集《れんじゅがっぺきしゅう》』（一四七六年以前に成立）の「うきみる」の項、

うきみるトアラバ、

蘆屋のさと　南の風（木藤他　八九）

であり、また一つには、鎌倉後期の和歌集『夫木《ふぼく》和歌抄』（一三一〇年ごろ成立か）の「風」「海松」の項に見える藤原定家の歌である。

この比《ごろ》は南の風に浮き海松《みる》のよるよる涼し蘆《あし》の屋の里

（市島　五三七、九六二。表記を一部、読みやすく修正。和歌その他の引用は、以下すべて同じ）

（「よるよる」は「寄る寄る」と「夜夜《よるよる》」の掛詞《かけことば》）

この当初の見込みは、外れてはいない。ただそのとき、この先にはまだ探るべき背景、読むべき文献がふんだんにあるだろうという予感があった。あとでゆっくり調べてみると、果たしてこのテーマについては、予測をはるかに越える深さと広がりが見えてきた。というよりも、自分がそれと気づかなかっただけのことである。

手始めにずっと後世、江戸前期の延宝五（一六七七）年に出た高瀬梅盛《ばいせい》編の俳諧付合《つけあい》語集『俳諧類船《るいせん》集』（「付合」は連歌の「寄合」と同じ）を見ると、「芦屋」の項には、

摂津　里　海　沖　灘

とあり、ついで、

ほたる　晴るる夜《よ》の星　なだの塩焼《しほやき》　紀《き》ノ路《ぢ》の遠山《とほやま》[1]　つげのおぐし　釜　いさり火　難波女《ナニハメ》　こやの渡《わたり》　筑《ツク》紫《シ》　和田《わた》の原《はら》（＝海原）　鵺《ヌエ》が亡魂《ばうこん》（野間他一九六九　四一四）

が列挙されている（片仮名のルビは原文どおり）。

いま思えば、ここにはほぼすべてのヒントが出揃っていたのだが、このリストに「海松」の名が含まれていないため、以前には見過ごしてしまった。そういえば、『連珠合璧集』の「蛍」の項にも、「いさり火」「葦の屋のさと」（木藤他　一一八）などが出ていて、こちらもはっきり同じ一つの方向を指している。その方向とは、『伊勢物語』の伝承世界のことである。

ここで更めて、歌枕としての「芦屋」の広がりと詩的意味を考えてみたい。そのさい、芦屋の一点だけに焦点を当てるのではなく、芦屋をその中に含み込む上位の歌枕《うたまくら》、より広大な「津の国」と、その代表的な名所である難波《なにわ》をも視野に入れよう。それによって、歌枕は個々に孤立したものではなく、たがいに密接な連係を保ちながら、詩的連想のネットワークを構成している様子が分かるからである。その上で、現実の地理学とはまったく別

次元の想像的・詩的地理学を展開する「歌枕」の働きを、詩学の観点から見直すことにしたい。

## 二　芦屋と菟原

「あしや」という地名の漢字表記は古来一定せず、「葦屋」「蘆屋」「芦屋」の字が当てられてきた。また「あしのや」という呼び名もあり、ことに和歌では「あしのやの」という五音句が愛用されてきた。

古代の芦屋は、いま芦屋市が占めているよりも、ずっと広大な領域を指す地名だったらしい。『大日本地名辞書』の「菟原（うばら・むばら）郡」の項によれば、「菟原郡は本務《もとむ》古《こ》（＝武庫）の城内《ママ》（域内か）にて、蘆屋を総名とす、置郡《ちぐん》の際蘆屋は郷名《ごうめい》と為《な》り、大小転倒したり」（吉田　五九六）とある。もともと大きな芦屋の中に小さな菟原があったのに、芦屋はのち菟原郡の一部となったため、形勢が逆転したという。

その裏づけの一つとして、吉田は、菟原郡の海がのちのちまで「蘆屋《あしや》灘《なだ》」と呼ばれてきたのは、その古い記憶が残ったためだとする（吉田　五九六）。また『萬葉集』巻第九には、有名な菟原処女《うないおとめ》の伝説を詠む田辺福麻呂《たなべのさきまろ》と高橋　虫麻呂《たかはしのむしまろ》の長歌二首と反歌が収められていて、有力な参考資料となる。話がより詳しい虫麻呂の歌によれば、芦屋に住む菟原処女《うないおとめ》が、同郷の菟原壮士《うないおとこ》と、和泉《いずみ》の国の千沼《ちぬ》壮士《おとこ》に同時に求婚され、二人の若者が激しく争うのを見かねて悩み、自殺する。そこで身内の者たちは、記念に乙女の墓を造り、男二人の墓をその両側に配したという（小島他一九七二　四四〇–四三）。これらの長歌と反歌では、乙女は「葦屋《あしのや》の菟原処女《うなひをとめ》」と呼ばれている（萬葉仮名による表記は「葦屋乃菟名日処女」「葦屋之菟名負処女」など）。この言い方から、芦屋が菟原よりも上位の区画名であったことがうかがわれる。乙女の墓と称するものが、神戸市東灘区御影町《みかげちょう》にあるという（永積他　三四–三五）。もちろんそれが本物である証拠はないが、これについては、あとでもう一度触れることになる。

『大日本地名辞書』で吉田が区域の「大小逆転」と見なしているのは、「天武天皇十二年の諸国国境確定ごろに摂津国が成立」し（『国史大辞典』「摂津国」）、そのとき葦原（葦屋）が菟原郡下の八郷《ごう》の一つとなった（『国史大辞典』「菟原郡」）ことを指す。

もっとも、ここでは歴史・地理上のこまかな詮索を目的とするわけではない。詩的名所としての「芦屋」を考えるためには、歌を詠む人々の想像の中で、どうやら二つの芦屋があったらしいことを確認しておけば十分だろう。

その一つは、おそらく律令制下の武庫《むこ》郡・菟原郡あたり

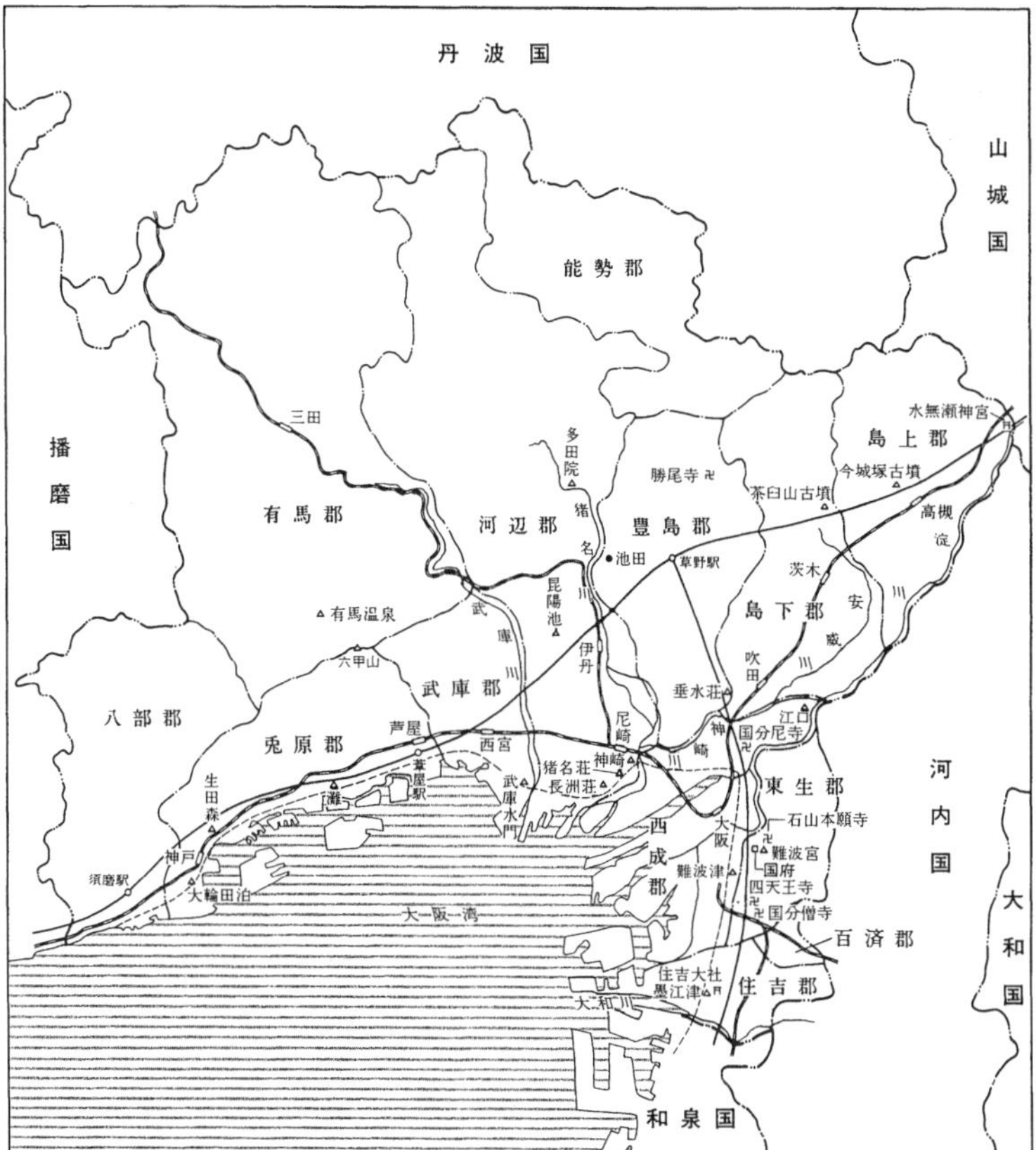


図１　摂津国略図（吉川弘文館『国史大辞典』第８巻より）

とおおむね重なる六甲山系南麓平野の一帯——いまの尼崎市や伊丹市の一部をその東端とし、西は神戸市の生田あたりまで続く広大な地域である。その南に蘆屋灘が広がっている。必要に応じて、これを「広義の芦屋」と呼ぼう。ただし広義の「芦屋」は、もともと記録にも残らない律令制以前の呼び名なので、その正確な境界はよく分からない。あとで触れる「昆陽《こや》」と「猪名《ゐな》」の間の線引きは、そうした厄介な問題の一つである。小論では、実際に歌でどう詠まれているかによって、推測するほかはない。そもそも歌人たちが、大小二つの芦屋の違いをどこまで意識していたのか、それさえ必ずしも定かではない。

もう一つの芦屋は、より局地的に、『和名抄《わみょうしょう》』などにいう菟原《うはら》郡内の一郷《ごう》としての葦屋——現芦屋市南西部の芦屋川流域の一帯、具体的には「浜芦屋・神戸市の深江・青木あたり」（渡辺　五二）までを指す。一方、市の宮川流域は、賀美《かみ》郡に属していた（平凡社「芦屋市」、竹内他　九五–九六など）。これを「狭義の芦屋」と呼ぼう。

狭義の芦屋、つまりしばしば「あしやの里」と呼ばれる葦屋郷《あしやのごう》は、「南部を古代官道の大路である山陽道が通り、葦屋駅《あしやのえき》が平安京から三番目の駅家《えきか》として設置」（平凡社「芦屋市」）されたという陸上交通の要衝である。また芦屋灘は、京・難波《なにわ》から瀬戸内海を通って九州へ、さらには朝鮮半島や大陸に向かう重要な航路に当たっている。旧石器時代の打出《うちで》小槌《こづち》遺跡や弥生時代の会下山《えげのやま》遺跡、奈良時代の芦屋廃寺の遺物が残っているなど、古くから地域の枢要な位置を占めていた。だがあとで触れるように、平安時代の初めごろから大きく事情が変わったようだ。

## 三　津の国

広義と狭義とを問わず、実際の芦屋がどのような土地であったにせよ、歌語《かご》ないし歌枕としての「あしや」

「あしのや」は、初めから現実とは別箇の詩的世界として構築されていった。歌枕とはそのように、本質的に京都を拠点とする歌人たちのイマジネール（想像界）の領域に属する地名なのである。

まず芦屋より上位の歌枕、「津の国」から始めよう。「津」は、海の入り江や河口など、船の泊まる所、港をいう。津の国が攝津《せっつ》の国とも呼ばれるのは、さきに述べた律令制下の国境画定のさい、津の国の内政を司る摂津《せっつ》職《しき》（「摂」は「統《す》べる」の意）という官司が設けられて以来のことである（『国史大辞典』「摂津職」「摂津国《せっつのくに》」）。国名となった「津」はもともと「難波津《なにはのつ》」を指すと見られ、この港は武庫水門《むこのみなと》・住吉津《すみのえのつ》と並んで、「外国船も入港しうる大阪湾岸の巨大港であった」（同上）という。大化前代から軍事・交通・交易・大陸貿易の要地として栄えたが、「副都的な性格をもつ」難波宮《なにわのみや》の廃止と長岡遷都以来、水運のルートが変わったため（同上）、昔日の勢いは衰えた。とはいえ、都から天王寺、住吉、熊野の国へ参詣する通路としては、つねに賑わっていた。

摂津国の領域は、いまの大阪府の西北部と兵庫県南部——ごく大ざっぱに言って、南は大和川と住吉神社、東北は水無瀬《みなせ》、西は神戸市の須磨に至る地である。先に、広義の芦屋はほぼ武庫と菟原の両郡にわたることを見たが、摂津の国は生田よりもさらに西方の八部《やたべ》郡（須磨もその一部）をも含んでいる。

歌では漢語の「摂津」ではなく、もっぱら「津の国」の名が用いられる。「津」は全国どこにでもあるが、このありふれた普通名詞が一国の名とされたからには、淀川河口の難波津は、代々の都やその周辺の人々の目には、津と言えばこの津を指すほどに、それこそもっとも重要な津、the Port と見えたからに違いない（難波津をはじめ、「多くの良港が存したため」に「津の国」と呼ばれたともいう。『兵庫県史一』五一六）。実は「津の国」は広大にすぎて、それ自体をテーマに歌が詠まれることはめったにないが、この語が用いられるとき、河口や港のイメージ、水辺のイメージを伴っていることが多い。そしてたいていの場合、「津の国の」という五音の成句がいわば枕詞のような働きをして、そのあとに摂津内の特定の地名を引き出すという形がとられる。

それでは、歌の世界でもっともよく登場する津の国の地名は何だろうか。その代表的な歌枕としては、当然ながら、まず「難波《なには》」が挙げられる。だがそのあとに来るのは、意外なことに、よく知られた「生田」や「須磨」、「葦屋《あしのや》」「住吉《すみよし》」などの他には、「昆陽《こや》」であり、「長柄《ながら》の橋」であり、さらには「御津《みつ》」であり、「長洲《ながす》の浜」である。これらの場所がなぜわざわざ歌枕として選ばれたのか、それどころか、そもそもどのあたりの地名なのか、すぐ見当のつく人はそう多くないかもしれない。

そこが、歌枕の詩的・想像的地理の名所たるゆえんである。正確に言えば、こうした土地は、わざわざ歌枕に選び出されたわけではない。むしろ、たまたま誰もが愛誦し記憶にとどめるような極め付きの名歌に詠まれたからこそ、そしてその後、次々に多くの歌に詠み込まれたからこそ、結果として歌枕になったのである。すぐれた先人の残した型を尊重し、どこまでもそれを踏襲しながら、その中で少しずつ新味を求めようとする、日本の芸能・芸術の目立った傾向が、ここにも観察される。

しかも、それらの地がなぜたびたび歌に詠まれたのか、その理由は、必ずしもそこがいわゆる景勝の地や由緒ある旧跡だったからとは限らない。たしかにいま挙げたいくつかの歌枕は、古代から奈良・平安期にかけての時代には、それぞれ世に知られた重要な地点だった。とはいえ、あとで見るように、これらの場所が歌の中で、その場所本来の面目、いかにもその土地らしい特徴や個性を、いつも十分に発揮しているわけではない。土地の歴史や風情も大切だが、それと同様に（しばしばそれよりずっと）大切なのが、土地の名前、呼び名だったのである。

## 四　難　波

津の国最大の歌枕「難波《なには》」は、いまの大阪市付近、ことに「大阪湾と河内《かわち》低地の間を南北に延びる細長い半島状の高台」である「上町《うえまち》台地上の一帯」（坪井他　一七）の古称であり、その西に広がる海が「難波江《え》」「難波潟《がた》」「難波の浦」「難波入江《いりえ》」である。もともと淀川の河口付近をはじめ、難波の海岸一帯は、多くの入り江が深々と入り込み、一面に葦の繁茂する荒涼とした低湿地だった。『古今集』に始まる王朝和歌の伝統では、難波の中核をなすイメージは、生い茂る一面の葦である。

津の国の難波の葦《あし》のめもはるにしげきわが恋人《こひひと》知るらめや　紀貫之

（古今集・恋二・六〇四。小島他一九八九　一八七）

（津の国の難波の葦の芽がふくらみ〔芽も張る〕、見渡す限り遠くまで〔目も遥《はる》に〕生い茂って〔しげき〕いる。そのようにしげしげと止むことのない〔しげき〕私の恋心を、あの人は知っているのだろうか）

景と情、風景と心情が、分かちがたくぴたりと重なり合った、典型的な日本の歌である。ふつうこうした歌については、「津の国の」から「めもはるに」までは、後半部に向けて文脈を切り替える掛詞「しげき」を導き出すための序詞《じょことば》だと解説されることが多い。だが、たっぷり歌の半ば以上のスペースを占める前半部が、ほとんど何の意味ももたず、たんなる駄洒落《だじゃれ》の呼び水でしかないというのは、どう見ても納得できる見方ではない。事実、歌人たちはその前半部の工夫にこそ精魂を込めていたのであって、これを取り除いてしまえば、後半部は何の曲もない、ごくありふれた心情の表明にすぎなくなる。

またこの歌の場合、「しげき」の意味が、景と情という二つの文脈にほぼそのまま当てはまるため（厳密には、目に見える草木の繁茂を指す「しげき」の原義と、それを転じて、目に見えない心情の一途《いちず》さを表わす譬喩的意味という違いがある）、まるで前半部が後半部のメタファーのように見える。だが一般に、こうした景と情の重ね合わせは、たんなる譬喩《ひゆ》では説明しきれないものを含んでいる。「しげく」生い茂る葦と、「しげく」相手を思う恋心は、単純な類似性にとどまらず、より広く「親近性」とでも呼ぶ他ないような、微妙な関係のしかたで重なり合っている。そこから生まれる景と情のふしぎな二重イメージとその調和が、理屈を越えた感動を生むのである。

そして、掛詞が駄洒落であることを問題にするのならば、この二重イメージ全体が、実は「縁語」と呼ばれる掛詞の連鎖（「めもはる」「しげき」）に支えられていることを、もっと正面から直視すべきだろう。近代以前の日本人にとっては、洒落はただの笑いの種、品のないことば遊びではなかった。あるいは、ことば遊びはたんなる軽薄さの表われではなく、たとえば神楽《かぐら》を「神遊び」と呼ぶように、ある種の神秘性や霊性を帯びた、ことばにひそむ深い真実の発見と確認の試みだった。「しげき」による掛詞、「めもはる」による掛詞は、理性的にはたがいに何のつながりもない風景と心情の結合を、ことばの同音異義性という不条理な論理によって正当化し、全面的に裏付ける役目を果たしている。この問題については、あとでさらに掘り下げることにしたい。

津の国のなには思はず山城のとはにあひ見むことをのみこそ　よみ人しらず
（古今集・恋歌四・六九六。小島他一九八九　二一三）

（何やかやあれこれと〔何《なに》は＝難波《なには》〕思い悩んではいない。ただ末永く〔永久《とば》に＝鳥羽《とば》に〕あなたと逢い続けることだけを、私は願っている）

「津の国の難波」が「何は」に掛けられ、「山城の鳥羽」が「永久《とば》」に掛けられている。「常」「永久」という意味の「とは」は、奈良・平安時代には「とば」と発音されていた（竹岡　六九六–九七）。もっとも、その後の発音にしたがって、「永久《とは》」に濁点がなく、「鳥羽《とば》」に濁点がついている場合でも、やはりこの掛詞には問題がない。

なぜなら、音符としての濁点や半濁点は後世の発明（普及するのは江戸時代以降）であって、掛詞ではその有無は問われないからである。

いずれにせよ、この歌では、「津の国の」と「山城の」という二句は、発言の主意という点から見れば、何の意味もない。したがってそれらの語句は、まさに「なには」や「とば」の掛詞を引き出すための、たんなる短い序詞のような役目を果たしているにすぎないと見えるかもしれない。もし、ひたすら逢いたいという熱い思いを明言することだけが、この歌の趣旨だとすれば、これらはまったくの無駄ごと、というよりも、まっすぐものを言うことを妨げる余計なノイズにすぎないということになる。

とはいえ、この歌から「津の国の難波」、「山城の鳥羽」という響きの美しい地名を取り除いたら、いったいあとに何が残るだろうか。山城郷《やましろごう》（いまの京都市南部）の鳥羽は、鴨川の下流沿いの地で、そのまま淀川づたいに下っていけば、難波に出る。この恋の舞台として、これらの具体的な土地を想像するにせよ、しないにせよ、詠み手の切実な訴えの背後一面に、魅力的な土地のオーラが立ち添うからこそ、歌の真実味と趣きが増すのである。しかも、その真実味と趣きを保証するものが、周知の地名を種とする洒落である点、同音異義の戯れである点に、歌枕の（ひいては歌語すべての）底の深さ、近代人にはすぐには合点の行かない歌の秘密がある。何かを言うのに、わざわざ洒落で回り道をする、その工夫のしかたいかんに、歌の命がかかっているのである。

『古今和歌集』（九〇五―一三年ごろ成立）は、最初の勅撰和歌集として、以後の歌集のパターンを確立し、ひいては和歌について、四季や恋について、日本人の感性に決定的な影響を及ぼした。それ以来、『古今集』所収の歌は、すべて必読の古典としての扱いを受けたといってよい。なお、よみ人しらずの歌の多くは、『古今集』編纂の時期以前にひろく愛唱されてきた流行歌のたぐいであり、人々の口から口を経て、独特ののびやかさ、素朴さと切実味を帯びている。この歌は、先に見た貫之の歌よりずっと古いものと思われる。

## 五　芦

『古今集』の二首に続いて「葦を詠んだ歌で有名」（久保田他一九九九　三一）なのは、百人一首にも入っている次の二首だろう。前者は鎌倉初期の『新古今集』、後者は平安末期の『千載集』に収められた歌で、いずれも「難波」との組み合わせである。

難波潟《なにはがた》短き蘆のふしの間《ま》も逢《あ》はでこの世をすぐしてよとや　伊勢

（新古今集・恋一・一〇四九。田中他　三一四）

（難波潟に生い茂る葦の短い節《ふし》と節の間《あいだ》〔節の間《ま》〕、そんな短い時の間《ま》〔節の間〕でさえ、あなたに逢わずにこの世〔節《よ》〕を過ごせというのか）

難波江《なにはえ》の蘆《あし》の仮寝《かりね》の一夜《ひとよ》ゆゑ身をつくしてや恋《こ》ひわたるべき　皇嘉門院《こうかもんいんのべっとう》別当

（千載集・恋三・八〇七。片野他　二四四）

（難波江で蘆を刈り取ったあとに残る根〔刈り根《かね》〕ではないが、たった一夜〔一夜《ひとよ》＝一節《ひとよ》〕の旅の宿り〔仮寝《かりね》〕のせいで、命をかけ〔身を尽くし＝澪標《みをつくし》〕てもあなたを慕い続けなければならないのか）

あとの歌の題は「旅宿に逢ふ恋」、旅先での仮りそめの契りである。「みをつくし」は、航行する船に水深や水脈を知らせるための杭で、難波のそれは名高い。これらの二首でも一見、名所やその景物の名前が、ただ恋心を詠むためのレトリックの道具として利用されているように見える。だが、例えば難波江の芦間《あしま》に泊めた舟の中での仮寝を想像してみれば、その情景はまことに優艶ではないか。また、それほど文字通りに背景を限定しなくても、「難波江の葦の刈り根」と恋心がたがいに錯綜しながら喚び起こす、具象とも抽象ともつかないイメージ、その夢のような儚《はかな》さと痛切さを考えれば、情と景のどちらが主とも従とも言えないし、またその必要もないことが分かる。

『千載集』にはもう一首、こちらは難波ならぬ「蘆屋」での「かりそめぶし（＝仮寝）」を詠んだ歌がある。

蘆屋《あしのや》のかりそめぶしは津の国のながらへゆけど忘れざりけり　藤原為真《ためざね》

（千載集・恋四・八七四。片野他　二六二）

（蘆屋でふと枕を交わした一夜〔仮初臥《かりそめぶし》＝刈《か》り初《そ》め節《ぶし》〕のことは、ずいぶん時がたったあとでも〔永《なが》らへ行けど＝長柄《ながら》へ行けど〕忘れられないものだ）

そして、難波の葦といえば、両者の結びつきをいよいよ人々の脳裡に灼きつけたのは、「芦刈説話《あしかり》」である。この話は、まず歌物語集『大和物語《やまとものがたり》』（九四七–五七年ごろ成立）に語られ、ついで『拾遺和歌集』（一〇〇五–〇七年ごろ）、さらには『今昔物語集』（十二世紀初め）に取り上げられた。

中でももっとも詳細な『大和物語』一四八段によれば、津の国の難波に身分の卑しくない男が住んでいたが、頼れる係累もなく、暮らしは貧困を極めた。そこで男はまだ若い妻をあわれに思い、別れてそれぞれに運を試すことにした。その後、女は京の都で貴人の邸に仕えるうち、見初められてその妻となり、何不自由のない身の上となった。一方、男はやることなすことうまく行かず、果ては難波潟の芦刈にまで身を落とす。まだ男を忘れていない女は、あるとき難波の浦の祓《はら》えを口実として、昔の家あたりを訊ねまわる。ふと芦をかついで歩く男を見とがめて、車に呼び寄せると、それがもとの夫だった。男は硯を借りて次の歌を書く。そして、（『今昔物語集』によれば）身を恥じてその場を逃げ去る。

君なくてあしかりけりと思ふにぞいとど難波の浦ぞ住みうき（片桐他　三九四）

（あなたがいなくなってから、暮らし向きが悪くなり〔悪《あ》しかりけり〕、葦を刈るような身分にまで落ちぶれた〔葦刈りけり〕。それを思えば、いよいよ難波の浦は住みづらい）

物語の哀れさに加えて、この歌の眼目は、「君なくてあしかりけり」の掛詞にこめられた、後悔のため息をつくような痛切な音のひびきと、そこから生まれる二重の映像にある。この歌、この説話が永く記憶されることになった最大の理由は、まさに冒頭の五音句と七音句の適切さにあるといえるだろう。ただ、もしこの歌の掛詞が「あしかり」一つならば、これは比較的技巧の少ない歌ということになる。ここでは「住みうき」の「うき」に、「葦」と結びつくことの多い「泥《うき》」（泥深い地、沼地）が掛けられているものと見たい。

『大和物語』、『拾遺集』（雑下・五四〇–四一）、そして『今昔物語集』（巻三〇第五）では、それぞれ設定やストーリーにこまかな違いがあり、語りのトーンも異なっていて、どれも面白い。この説話はのち謡曲『葦刈』となり、谷崎潤一郎の小説『葦刈』の題材にもなっている（この歌がエピグラフとして引かれる）。

「難波」も「葦」も、歌では掛詞を利用して、本来の意味と、もう一つの心情的な意味の双方を生かす方向で詠むというのが常套手段である。とはいえ、『古今集』から時代を重ねるにしたがい、ことに中世に入ると、掛詞の「遊び」もさることながら、風景そのものの優艶な、あるいは枯れた情趣を重んじる傾向が強くなる。後者の典型は、名高い西行の歌である。

津の国の難波の春は夢なれや蘆のかれ葉《は》に風わたるなり　西行法師

（新古今集・冬・六二五。田中他　一八七）

（津の国の難波江の春景色、あれは夢だったのだろうか。いまは葦の枯葉に蕭々と風が吹き渡っているばかりだ）

ここには掛詞が一つもないことに注意したい。息の長い調べに乗せて、数々の歌に詠み込まれ磨き抜かれた「津の国」「難波」「春」「夢」「葦」「枯葉」「風」「わたる」という歌語をただ連ねるだけで、過ぎ去った春と目前の冬の難波潟の風景が、美しい二重写しになってあらわれる。

その上、この歌は、

心あらむ人に見せばや津の国の難波わたりの春のけしきを　能因法師

（後拾遺集・春上・四三。久保田他一九九四　二四）

という先行名歌のいわゆる「本歌取り《ほんかど》」である。能因の歌でのびやかに歌われる津の国の春爛漫の景色を、いわば借景として取り込み、重ね合わせた上で、独自の新しい世界を作り出しているのである。

さきに「津の国」の歌枕として挙げた難波以外の地名のうち、「生田《いくた》」と「昆陽《こや》」は、「津の国」の名所であると同時に、「葦の屋」の歌枕にもなっている。つまり大昔には、摂津の国の中の「広義の芦屋」に属していたのである[2]。それ以外の摂津の名所については、もう詳しく述べるまでもないだろう。淀川の河口近くにかかる

「長柄《ながら》の橋」は、『古今集』の仮名序にも取り上げられて、「歌人たちの憧憬の的」（片桐一九九九　三〇六）だったという（平城遷都以前には、山陽道は長柄のあたりで淀川を渡ったと推定されている。『兵庫県史一』五四〇-四一）。はじめは「永らへて」との掛詞に使われたが、実は何度架け替えても流される橋だったため、のちには「古いもの」「壊れたもの」のたとえにのみ用いられたという（片桐一九九九　三〇六）。「御津《みつ》」の港は主として「見つ」との掛詞、現尼崎の「長洲《ながす》」の浜は「流す」「長い」の意の掛詞で用いられる。「住吉」（すみよし・すみのえ）は、それ自体、住吉大社を擁するれっきとした海辺の名所であり、「松」「浪」「忘れ草」（本来は「忘れ貝」）などがよく詠まれるが、「住み良し」に掛けられることも多い（片桐一九九九　二二八-三一）。

## 六　『伊勢物語』

「葦の屋」「葦屋」という地名も、考えてみれば「津」の国と同様、限りなく普通名詞に近い固有名詞である。もともとの意味は「葦で屋根を葺《ふ》いた粗末な小屋」で、「葦のまろ屋」とも言う。難波との縁が深い「葦」が、なぜ六甲山麓のこの地の名として定着したのだろうか。語源については、「悪《あ》し」すなわち「交通の困難な所」、または「芦」（鏡味他　七七）の意だとする説や、「アシ（低湿地）・ヤ（ヤツ、湿地）」（楠原他　一五）とする説などがある。いずれにせよ、芦屋の浦には一面に芦が群生していたことだけは確かだろう（『和名抄』では「葦原郷と呼ばれている。『国史大辞典』「摂津国」）。

さきに見たように、律令で駅制が定められたとき、芦屋は摂津三駅（草野《すすき》、芦屋、須磨）の一つとして、きわめて重い扱いを受けていた。ところが平安時代に入って間もなく、すでに五駅にふくらんでいた摂津の駅馬数が、一挙に大きく削られるという事態が起きる。のちには当初の三駅制に戻された上、駅馬もさらに減らされた。そのわけは、長岡京遷都の直後に、三国（神崎）川が開通して淀川から分かれ、駅馬制による従来の陸路と並んで、あらたに「淀―山崎―神崎（―川尻）の諸地を港泊とする水路が通じた」（神戸女子大学　八六）からである。その結果、海路交通が急激に発達する一方、山陽道を初めとする「瀬戸内沿海諸国の陸路交通」が衰退し、摂津諸駅の「重要度が画期的に消失した」（同　七二–七三）という。

こうして芦屋は須磨とともに、陸路の要衝から打って変わって、さびれた辺陬の地となった。たとえば、むかし東海道で栄えた宿場町が、鉄道が別ルートを通ったために衰微していくような形である。もっとも、都に住んであれこれと想像をめぐらす歌人たちにとっては、かえってそれだけ歌枕としての魅力が増したとも言えるだろう。なぜなら芦屋は、一つには、古く栄えた懐かしい土地の名としてノスタルジアを誘い、また一つには、一面に芦が生い茂るわびしい漁村として、藻塩焼く煙と海人の漁り火が大いに旅愁をそそるからである。歌の中では字義通り、「人に訪《と》われない、わびしい寂寥感を表象する」（秋山　一一）ことになるのは、やむをえない。

実は、おそらく広義の芦屋を舞台とする『萬葉集』の「葦屋《あしのや》の菟原処女《うなひをとめ》」説話を除けば、「葦の屋」が歌に詠み込まれたのは、平安時代以後のことである。この語のもつ鄙《ひな》びた響きが、かえって都の歌人たちの想像力を掻き立てたのに違いない。「葦屋《あしのや》」が狭義の芦屋として初めて歌に登場するのは、平安前期の歌物語集『伊勢物語』であり、これをきっかけとして、芦屋は近世に至るまで、もっとも詩情をそそる名所の一つとなった。それは『伊勢物語』の評判が、のちの『源氏物語』と並んで、あるいはそれ以上に高かったからである。ことに中世から江戸時代にかけての『伊勢』好みには、まことにめざましいものがあった。

片桐洋一によれば、「日本の古典文学の中で、『伊勢物語』ほど長い期間にもわたって多くの人に読まれ愛されてきた作品はほかにない」（片桐二〇〇〇A　一五一）。早くも『源氏物語』「絵合《えあわせ》」の巻に、『伊勢物語』の絵巻《えまき》が登場する（片桐二〇〇〇A　一四六–四七）。その後も絵巻や色紙絵《しきしえ》、屏風絵《びょうぶえ》や襖絵《ふすまえ》、さらには絵入りの写本や版本などの形で、『伊勢物語』が連綿と描かれ続ける。全体または一部の文字テクストを伴う場合もあれば、有名なエピソードや歌のモチーフを視覚化するだけで、『伊勢』の世界を想起させる場合もある（千野　一五二―五九）。「八橋《やつはし》」や「杜若《かきつばた》」の単純なイメージから、見る者がただちに業平を連想するというのは、それだけこの物語が読まれ、親しまれていた証拠である（なお「伊勢物語絵」については、他に羽衣国際大学、和泉市久保惣記念美術館を参照）。

中世には『井筒《いづつ》』『隅田川』『杜若』『雲林院《うんりんいん》』『小塩《おしお》』など、謡曲にもしばしば取り上げられ、室町末期からは、「奈良絵本《ならえほん》」の題材にもなった。そして近世初期以来、ひろく町人層をも巻き込む『伊勢物語』ブームに火をつけたのは、「文学作品としては最初の印刷版本」（片桐二〇〇〇B　一七四）となった嵯峨本《さがぼん》の『伊勢物語』（一六〇八）である。角倉素庵《すみのくらそあん》が本阿弥光悦《ほんあみこうえつ》の協力を得て、木活字で印行したこの板本は、その用紙や筆跡の美しさ、シンプルでありながら典雅な挿絵によって「大変な人気を博した」（同上）という。以来、形を変え品を変え、続々と『伊勢』関係の出版が行われ、その影響は文学・美術から着物の柄、硯箱のデザインなど、工芸意匠にまで及んだ（土井　一六八―七二）。

『伊勢物語』がこれほどまでに人々を惹きつけた理由は、いろいろある。全百段あまりの各段が、歌を中心とする独立した短編になっていて、ことに印刷による出版が始まる以前には、『源氏』のように長大な作品よりも、ずっと近づきやすく、読みやすかったこともあるだろう。だが何より大きいのは、物語の主人公とされる在原《ありわらの》業平《なりひら》（八二五―八八〇）その人に向けられた絶大な好意である。

## 七　業平

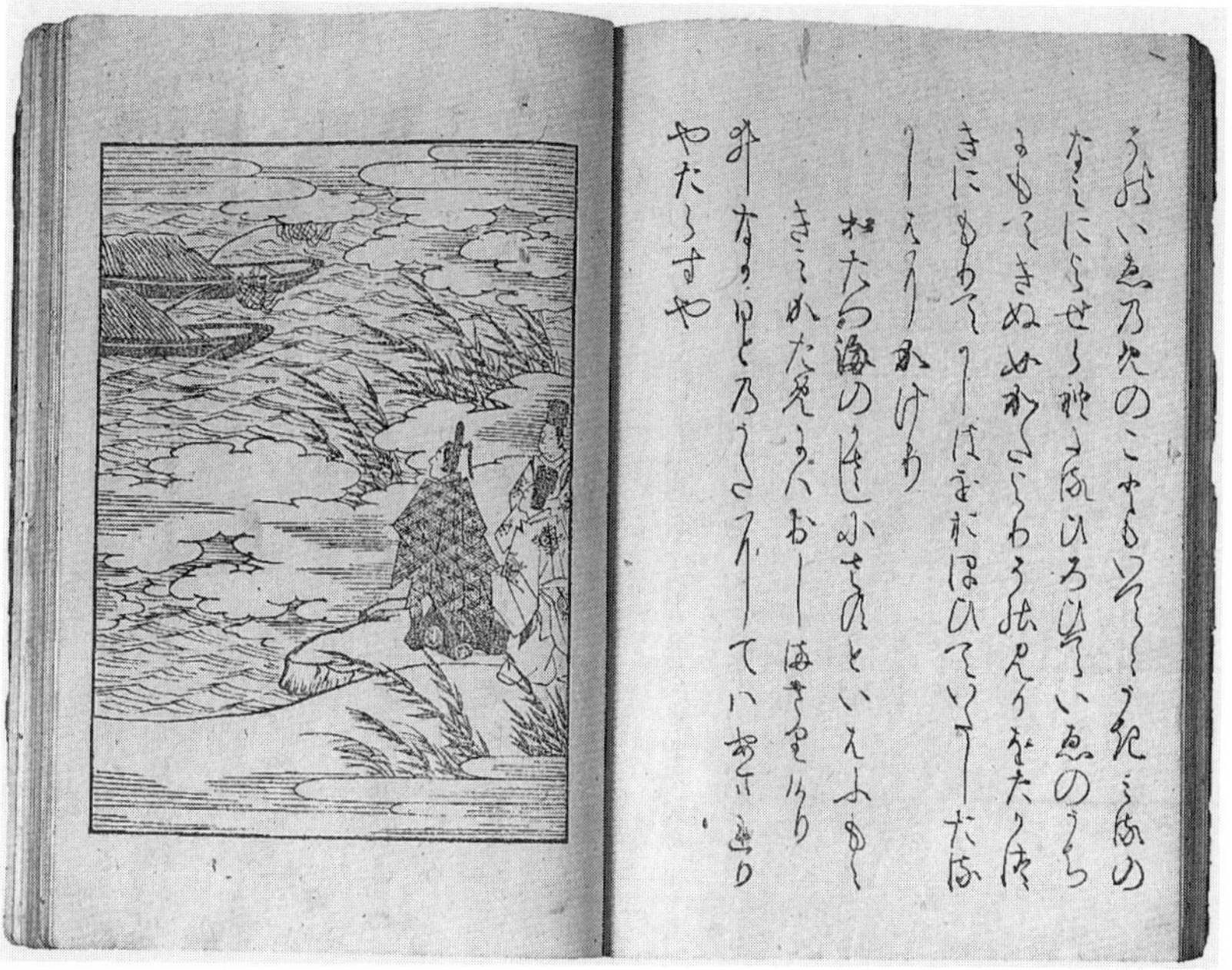

図２　『伊勢物語』（嵯峨本第一種本、第八十七段／大阪青山大学・短期大学蔵）

業平は平城《へいぜい》天皇の長男阿保《あぼ》親王と、桓武天皇の皇女伊都《いと》内親王の子であり、れっきとした皇孫である。美男の誉れ高く、体格や武技にも優れ、物にこだわらぬ大らかな、むしろ奔放な性格だが、他人への思いやりが深く、しかも抜群の歌人だった（当時の常識からいえば、漢詩文は得意ではなかったらしい）。

だが、業平がひろく後世に愛されたのは、ただ生まれのよさや人柄、美貌や「色好み」のせいだけではない。業平自身やその一族、とくに親しく交わった人々には、深い失意と諦念の翳《かげ》りがあって、それがいっそう共感を誘うのである。そもそも祖父の平城天皇が、まさに失意の人だった。その第一皇子である阿保親王は、おそらく母方の出自のせいで皇太子になれなかったばかりではなく、いわゆる薬子《くすこ》の変（八一〇年）に連座して、十四年間も九州に追いやられた。ようやく都に戻ってから結婚し、子供たちと平和に暮らしていたようだが、その十八年後、今度は承和《じょうわ》の変（八四二年）で密告者の汚名を着て、その直後に謎の急死をとげる。なお、子の仲平《なかひら》・行平《ゆきひら》・守平《もりひら》と業平が在原姓を名乗るのは、父が朝廷に子供たちの臣籍降下を願い出て、それが許されたからである。

業平の妻とされるのは、仲の良かった紀有常《きのありつね》の娘だが、古代からの名門である紀氏《きうじ》の一族も、時を追って強くなる藤原氏の勢力に押される一方で、有常もせいぜい受領《ずりょう》（地方の長官）クラスにとどまった[3]。ねんごろに心を通わせ合った惟喬《これたか》親王は、やはり文徳《もんとく》天皇の第一皇子だったにもかかわらず、母が紀有常の妹静子《せいし》であったため、藤原氏の血をひく弟に皇位を譲らざるを得なかった。業平の兄行平は、気骨・能力ともに抜きん出た官僚・政治家で、まずまず順調に官位を上って参議となり、従三位《じゅさんみ》に叙せられた。それに対して業平の方は、のち「放縦《ほうしょう》不拘《ふこう》」（『日本三代実録』）と言われるように、素行に相当の乱れがあったらしく、二十五歳以後、官位に十三年間の停滞がある。それどころか、その間彼が何をしていたのか、いっさい記録が残っていないらしい。最後の官位は従四位上《じゅしいのじょう》、死の直前に蔵人頭《くろうどのとう》に任じられた（業平とその周辺については、今井ほかを参照）。

貴公子らしい闊達さ、大胆さ、機知のひらめき、情のあつさとは裏腹の、哀感と孤独の影、それが彼をめぐる（とされる）物語と歌に、少なからぬ魅力を添える。「月やあらぬ」の歌でよく知られる二条の后高子《きさきたかいこ》とのはかない恋、伊勢の斎宮恬子《さいぐうてんし》との禁じられた恋、「名にし負《お》はば」の歌を詠んだ東下《あずまくだ》りの旅、惟喬親王とのこまやかな親交など、『伊勢物語』に語られる業平のエピソードの数々は、どれも後代の人々に忘れがたい印象を残した。兄の行平たちと芦屋の里から布引《ぬのびき》の滝を見物に出かけた遠出《とおで》の話も、そうした名高い逸話の一つである。これ以来、日本人の詩的想像力のなかで、芦屋は業平のイメージと強く結び付くことになった。

もっとも、いま挙げたようなエピソードは、どれも伝説の霧に包まれていて、確かな証拠は何も残っていない。業平の死からわずか二、三十年後に編まれた『古今集』には、業平の歌が三十首収められていて、そこに添えられた詞書《ことばがき》（例外的にきわめて長い）が、かろうじて事実の痕跡をとどめているかもしれない。だがそれさえも、確証と言えるほどのものではないようだ。『古今集』と『伊勢物語』の先後関係・影響関係についても、複雑な問題がからんでいるが、ここでは立ち入らない。ともかく業平は、死後ただちに（ことによれば、生前から）伝説と化した人物なのである。

さて、『伊勢物語』第八七段によれば、業平は「津の国、菟原《うばら》の郡《こほり》、蘆屋の里にしるよしして〔領地をもっていた縁で〕」、行って住んだという。第三三段には、男が「津の国、菟原《うばら》の郡《こほり》」に住む女のもとに通ったとあり（片桐他　一六三）、また第六六段では、「むかし、男、津の国にしる所〔所領〕」があったので、兄弟や友達をつれて難波を訪れたという（片桐他　一八九）。

だが、業平が狭義の芦屋に住んだ、あるいは領地をもっていたという証拠は、そうした伝承以外には何も残っていない。『国史大辞典』の「葦屋荘《あしやのしょう》」の項には、「平安時代初期平城《へいぜい》天皇の皇子阿保親王の所領であったとも伝えるが未詳」とある。いま芦屋市翠《みどり》ヶ丘町にあって阿保親王の墓とされるものは、実は数百年も時代をさかのぼる古墳である（『兵庫県史一』二八四、渡辺　八四）。元禄ごろ以来、長州藩毛利家が大がかりな改修を行い、この「墓」にあつい庇護を加えたのは、同家が阿保親王の嫡孫とされる大江音人《おおえのおとんど》の末裔に当たるため、江戸中期以来盛んになる大名家の祖先崇拝の時流に乗ったものである（明尾　一八八）。だが音人を阿保親王の子ないし孫とする伝承は、現実には成り立たないという（今井　二六―二七）。

芦屋市月若町には業平塚がある。他に愛知県の知立《ちりゅう》（もと池鯉鮒《ちりふ》）にも業平塚があって、知立の八橋《やつはし》は、業平が東下りの途上、五・七・五・七・七それぞれの句が「かきつばた」の各々の文字で始まる「折句《おりく》」の歌を詠んだとされる地である（『伊勢物語』第九段、『古今集』羇旅《きりょ》・四一〇）。さらに、長岡京に近い京都の西京区大原野《おおはらの》小《お》塩町《しおちょう》、小塩山の麓の十輪寺にも業平の墓がある。十輪寺には、業平が晩年ここに隠棲したという言い伝えがあり、奇妙なことに、その裏山には、彼が塩焼きの風流を楽しんだという塩釜の跡が残っている。遠い難波江からはるばる塩水を運んだというわけである。
だがあとで見るように、後世の記憶の中で、業平と塩焼きは歌枕「葦屋《あしのや》」を介して固く結ばれている。また長岡京には母の伊都《いと》内親王の邸宅があり、業平とは縁が深い。また先に触れた二条の后《きさき》が大原野神社に参詣したとき、晩年に近い業平がお供をして、（一説には、昔の恋をほのめかす）小塩山の歌を詠んだという話もある（『伊勢物語』第七六段、『古今集』雑上・八七一、『大和物語』一六一段、謡曲『小塩《おしお》』）。
そうして見ると、いまあちこちに残る業平関係の遺跡は、おおむね『伊勢物語』のストーリーがのちに実話と信じられて、そこから逆算式に推定され、作り出されたものと考えるのが自然だろう。公光《きんみつ》町という芦屋市の町名も、謡曲『雲林院《うんりんいん》』から出たものと思われる。この作品では、『伊勢物語』の愛好家蘆屋《あしや》の公光が、霊夢を受けて京都紫《むらさきの》野の雲林院に詣でると、花陰に寝た夜の夢に業平（世阿弥自筆本では、二条の后の兄藤原基経《もとつね》。大谷一六〇—六七）の霊が現れて、昔を語って聞かせる（小山他　四七五—八六）。公光が芦屋の住人なのは、これも業平との連想からだろう。
もっとも、業平の兄の行平《ゆきひら》は一時「津の国の須磨といふ所」に流されたらしく、次の有名な歌を残している。

わくらばに問ふ人あらば須磨の浦に藻塩《もしほ》たれつつ侘《わ》ぶとこたへよ　在原行平
（古今集・雑下・九六二。小島他一九八九　二八八）

（たまたま訊ねる人があったら、私は須磨の浦で藻に塩をたらし〔藻塩たれ〕、涙に袖を濡らし〔しほたれ〕ながら、侘びしく暮らしていると答えてほしい）

乾燥させた藻に海水を注ぎかけ、たっぷり塩分を含ませるという工程を繰り返してから、この濃塩水を土器で煮詰めるというのが、「藻塩焼法《もしおやきほう》」と呼ばれる古い塩の作り方である（『兵庫県史一』五七六）。ここで行平は、須磨の浦にちなんで「藻塩」を出し、流謫《るたく》のわが身を塩焼く海人《あま》（男女を問わず、一般に漁師を指す）に見立てている。すぐ後で見るように、「藻塩」や「塩焼き」、「海人」などは、芦屋とも強く結びつく歌語である。

松風《まつかぜ》・村雨《むらさめ》という海人の姉妹と行平の交情をテーマとする謡曲『松風』は、おそらくこの歌から生まれた伝承と、『源氏物語』の「須磨」の巻、そして鎌倉時代の仏教説話集『撰集抄《せんじゅうしょう》』巻八第一一（須磨の海人が行平に歌を詠みかける。西尾　二四四―四五）などを、アレンジしたものである。また行平はのち、播磨守《はりまのかみ》に任じられたこともある（八五八年）。

したがって行平や業平は、まんざらこのあたりにまったく縁がないというわけでもなさそうである。いずれにせよ、各地に残る業平ゆかりの地は、「貴種流離譚」の典型とも言える、さまよう貴公子業平への人々の愛着が、いかに強いものだったかを物語っている。

## 八　芦屋の里

『伊勢物語』の第八七段は、次のように始まる（『伊勢物語』については片桐他のほか、森野、阿部、石田を参照）。

むかし、男、津の国、菟原《うばら》の郡《こほり》、蘆屋《あしや》の里《さと》にしるよしして、いきて住みけり。昔の歌に、

蘆の屋の灘《なだ》の塩焼《しほや》き暇《いとま》なみ黄楊《つげ》の小櫛《をぐし》もささず来《き》にけり

とよみけるぞ、この里をよみける。ここをなむ蘆屋の灘《なだ》とはいひける。（片桐他　二〇九）

（芦屋の海辺で塩を焼く仕事は、あくせくと暇がないので、黄楊の櫛さえ挿さずに逢いに来てしまった）

この「黄楊の小櫛」の歌はたしかに「昔の歌」のようだが、これを「蘆屋の里」の存在証明に使うという物語のやり方は、かなり強引である。というのは、『萬葉集』巻第三に、

志賀《しか》の海人《あま》は布《め》刈り塩焼《しほや》き暇《いとま》なみくしげの小櫛《をぐし》取りも見なくに　石川少郎《いしかわのしょうろう》

（二七八。小島他一九七一　二一三―一四）

（志賀の海女《あま》は、藻《も》を刈り塩を焼き、あくせくと暇がないので、化粧箱の櫛を手に取ってみることもない）

という類歌があるからである。

これは、もともと現福岡市志賀島《しかのしま》（江戸時代の金印発見で知られる）の海女をうたう歌で、『萬葉集』巻七には、「志賀《しか》の海人《あま》の塩焼く煙《けぶり》」（一二四六）に始まる歌もある。そこで『伊勢物語』の作者は、話に合わせて、場面を志賀から芦屋に移し変えたものかという。行平の須磨の歌でも見たように、海浜の地にまつわる連想は、なにかと共通することが多いのである。

だが事実はともかく、「蘆の屋の灘の塩焼き」の歌が『伊勢物語』に織り込まれて以来（この歌は『新古今集』にも、業平自身の作として採られている。雑歌中・一五九〇）、「灘の塩焼き」「黄楊の小櫛」は、狭義の芦屋（「菟原《うばら》の郡《こほり》、蘆屋《あしや》の里」）の重要な寄合語・付合語となる。『連珠合璧集』の「蘆屋トアラバ」の項にも、他のいくつかの語句に続いて、上記の「昔の歌」がまるごと引用されている。

蘆《伊勢》の屋のなだの鹽焼いとまなみつげのをぐしもささずきにけり（木藤他　六九）

二本の傍線は、「蘆屋」の寄合語を示すもので、これら二つの語句は、原本では朱書されている。また「蘆」の右に小さく添えられた「伊勢」は、もちろん出典が『伊勢物語』であることを指す。

さて、芦屋に領地をもつ「男」は、かなりいい加減な宮仕えをしていたので、それをいいことに、仲間の衛府《えふ》（宮城の護衛に当たる官司）の次官たちや、長官をつとめる兄の行平などが芦屋の家に集まった。すぐ前の海岸を散歩したあと、向こうの山上にあるという布引《ぬのびき》の滝を見物しようと出かけて行く。岩を白絹で包んだような水が、小さな柑《こう》子《じ》の実か栗ほどの大きさの水玉となって落ちてくる珍しい滝を眺めたあと、みんなで歌を詠みあう。滝水を涙にたとえる行平の歌が、やや悲観的であるのが注意を引く。

図3　伊勢物語歌絵扇子（芦屋の浜）　鈴木其一絵・酒井抱一書（個人蔵）

　帰り道は意外に遠く、日が暮れてしまった。家の方を見やると、海人《あま》のたく漁《いさ》り火《び》（魚を誘い寄せるためにたくたいまつ）が数多く見える。そこで男が歌を詠んだ。

晴《は》るる夜《よ》の星か河辺《かはべ》の蛍かもわが住《す》むかたの海人《あま》のたく火か

（向こうでちらちらするのは、晴れた夜空の星だろうか、川辺《かわべ》に飛び交う蛍か、それとも私の住む家のあたり（方《かた》＝潟《かた》）、芦屋の灘《なだ》で海人の焚《た》く漁《いさ》り火だろうか）

これは業平の歌に特徴的な、同じ形式の句を繰り返し、畳み掛けるようなリズムをもつ歌で、メタファー的な「見立て」の連打を眼目とする（『新古今集』では、さきの「蘆の屋の灘の塩焼き」の歌の次に置かれている。雑歌中・一五九一）。この歌が大いに愛誦され、のちのちの歌の典拠となって、芦屋の風情がさらに豊かになり、固定されてくる。『連珠合璧集』の「蘆屋」の項で、「灘の塩焼き」と「黄楊の小櫛」以外に挙げられている寄合語は、

さと　焼火《たくひ》　海あしやに　海士《あま》のいさり火

で、いずれもこの歌に由来する（「海」のあとに小さく添えられた「あしやに」の注は、「海」はあまりにも一般的だが、「あしや」と組み合わせて一つの寄合になるという意味）。実はそれだけではなく、それ以後の歌では、「わが住むかた」という何でもない言い回し自体が好まれて、芦屋にからんで殊のほか頻用されることになる。

また、冒頭で引いた近世初期の『俳諧類船集』の「蘆屋」の項を、もう一度確認すると、

ほたる　晴るる夜《よ》の星　なだの塩焼　紀《き》ノ路《ぢ》の遠山《とほやま》　つげのおぐし　釜　いさり火　難波女《ナニハメ》　こやの渡《わたり》　筑《ツク》

紫《シ》　和田《わた》の原　鵺《ヌエ》が亡魂《ばうこん》（野間他一九七三　九）

とあり、このうち「ほたる」「晴るる夜の星」「なだの塩焼」「つげのおぐし」「いさり火」の五つが、いま見たばかりの二首の歌から出ている。歌枕としての芦屋の形成に、これらの歌が、いかに決定的な役割を果たしたかが分かる。

中世初期の『新古今集』と『続《しょく》後撰《ごせん》集』（一二五一年成立）に収められた次の二首は、「蘆屋の里」にからまるこうした連想をみごとに生かし、それによって寄合のネットワークをさらに強化することになった名歌である。

いさり火《び》の昔の光ほの見えて蘆屋の里にとぶ蛍かな　藤原良経《よしつね》
（新古今集・夏・二五五。田中裕也　八九）

（昔の歌にうたわれた海人《あま》の漁《いさ》り火《び》が遠くほのかに見え、それと見紛うばかりの蛍が蘆屋の里に飛んでいる）

葦の屋に蛍やまがふあまや焚《た》く思《おも》ひも恋《こひ》も夜は燃えつつ　藤原定家
（続後撰集・恋五・九一五。久保田　一七八）

（葦屋の里に飛ぶ蛍を見違えているだけなのか、それとも海人のたく漁《いさ》り火だろうか。夜ともなれば、私の思い〔ひ〕の火、恋〔ひ〕の火がちらちらと燃え続けるのだ）

布引の滝を見て、みんなで男の家に帰った夜、南の風が強く吹き、波が高かった。その翌朝、家の女たちが浜に出て、波に打ち寄せられた浮き海松《みる》を拾い集めて持ち帰った。その海松を高坏《たかつき》（食物を盛る、木の盆に高い足のついた器）に盛り、柏《かしわ》の葉で蔽って差し出したが、その葉には、「海の神が髪飾りとして大切に秘蔵するという海藻だが、神さまは、あなた方のためには惜しみなく、波に托してどっさりお寄越《よこ》し下さった」という意味の歌が書いてある。田舎の人間だけに、ひなびた歌だった。

今では「海松《みる》」を食料にすることはめったにないが、取れたばかりの新鮮な海松は、海から遠い都人《みやこびと》には珍しいご馳走だった。柏の広い葉はふつう食物を盛る皿となるが、ここでは歌を書くため、臨時に蔽いとしたものだろうか。

やはり冒頭に引いた『連珠合璧集』の「うきみる」の項に、「蘆屋のさと」「南の風」とあるのは、この最後の一節の散文からも歌語が生まれたことを示すとともに、それが藤原定家の名歌（この比《ごろ》は南の風に浮きみるのよよる涼し蘆の屋のさと）に直接依拠するものであることを物語っている。さらに『俳諧類船集』では、「海松布《ミルメ》」の項に「芦やの浦」「南の風」が入っている（野間他一九六九　四七八）。福井艸公が雑誌のタイトルに選んだ「海松《みる》」もまた、『伊勢物語』の世界のなかで芦屋との縁が確定した歌語の一つだったのである。

こうして「蘆の屋」は、有力な歌枕としての地位を確立していった。しかも、たんなる名所の一つではなく、とりわけ高雅な風情と品格をもつ歌枕と見なされていたことが、次の歌とその判詞《はんし》からうかがわれる。

蘆の屋の灘の潮《しほ》くむあま人もしぼるに袖のいとまなきまで　後鳥羽院

（千五百番歌合・恋一・二三一〇。萩谷他　五〇三―〇四）

（蘆屋灘で塩を汲む海人《あま》もまた、ひっきりなしに濡れた袖をしぼっている。恋の涙にいつも袖を濡らしている私のことは、言うまでもないが）

鎌倉初期に後鳥羽院自身が催した『千五百番歌合《うたあわせ》』（一二〇三年ごろ成立）で、この歌は第千百五十六番の左歌として「勝」と判定され、以下のような藤原師光《もろみつ》の判詞が添えられている。〈この歌いぶりは、いまのような末の世には、まことに得難いものだ。「あま人も」の「も」の字に恋の心が表われていて、めでたい。むかし俊恵《しゅんえ》（平安末期の歌人）がつねづねこう言っていた。冒頭に「蘆の屋の灘」と置いた歌は「たけ高くいみじかるべき」（格調高く立派な歌ができそうなもの）だが、「蘆の屋の灘」にぴたりと合うだけの後続句を作るのが難しい。それができれば大したものだと。そのことが思い合わされて、すばらしいと思う。〉『伊勢物語』八七段冒頭の「昔の歌」に見える「蘆の屋の灘」の句に、俊恵は「ほれ込んでいたよう」（萩谷他　五五八）である。もちろん、「いとまなき」という語句も同じ歌から出たものである。

## 九　昆陽と生田

以上、狭義の芦屋が歌でどのような連想を誘ったか、その寄合となる歌語を見てきた。ついでながら、『連珠合璧集』の「蘆屋」の項に「鵺《ヌエ》が亡魂《ぼうこん》」とあるのは、『平家物語』巻四で源頼政《みなもとのよりまさ》に退治された怪鳥鵺《ぬえ》のことで、世阿弥作の謡曲『鵺』では、「津の国芦屋の里」の浜にその亡魂が船で現われる（伊藤　四一―五一）。また「筑《ツク》紫《シ》」「釜」とあるのは、摂津の芦屋ではなく、芦屋《あしや》釜《がま》で知られた福岡県北部の芦屋から来た寄合である。

その他、広義の芦屋の圏内に含まれる名所のなかから、めぼしいもの二つに簡単に触れておこう。さきに挙げた「昆陽《こや》」「昆陽野《こやの》」は、もと奈良時代に僧行基《ぎょうき》が建てた昆陽寺《こんようじ》と、やはり行基が築造した昆陽池《こやのいけ》（いずれも現伊丹市）で知られる。歌では「こやの池」を中心に、冬の荒涼とした風景がよく詠まれる（久保田他一九九九　三五七―五八）。

うちしぐれ物《もの》さびしかる蘆の屋のこやの寝覚《ねざ》めに都《みやこ》恋《こひ》しも　藤原実定《さねさだ》

（玉葉集・旅・一一六三。谷山他）

（さっと時雨が降って、うら寂しい蘆の屋のこや〔昆陽《こや》＝小屋《こや》〕で目が覚めると、遠い都が恋しくてならない）

だがそれ以前に、この地名を人気のある歌語としたのは、何よりも「昆陽」と「来《こ》や」（来てほしい）、あるいは「小屋《こや》」との掛詞であり、恋歌で大いに利用された。

津の国の難波《なには》渡《わた》りに作るなるこやと言《い》はなん行《ゆ》きて見るべく　よみ人しらず

（拾遺集・恋四・八八五。小町谷　二五四）

（津の国の難波あたりで作るという粗末な小屋〔こや〕ではないが、「来なさい」〔こや〕と言ってほしい。そうすれば、喜んで逢いに行くのに）

ここでは「小屋」と「来や」の他、地名の「昆陽」が暗示されている。そして、歌語「こや」があまねく知られるようになったのは、次の歌からである。

津の国のこやとも人を言《い》ふべきにひまこそなけれ蘆の八重葺《やへぶ》き　和泉式部《いずみしきぶ》

（後拾遺集・恋二・六九一。久保田他一九九四　二二五）

（あなたに「来てほしい」というべきだが、津の国の小屋で名高い蘆の八重葺き〔蘆でびっしりと幾重にも厚く葺い

た屋根）のように、私にはひま〔暇＝隙間〕がないのだ）

「こや」にはむろん「昆陽」が響いている。この歌は、藤原公任《ふじわらのきんとう》から和泉式部の代表歌と絶賛されたことでも有名になった。

そして最後に、「生田川」をめぐって、平安朝以前に初めて「葦屋《あしのや》」の名を歌にとどめた「菟原処女《うなひをとめ》」伝説の、その後をたどっておこう。『萬葉集』に詠われたこの話は、のち平安中期の『大和物語《やまと》』で、より長々と潤色して物語られる。また中世に観阿弥の謡曲『求塚《もとめづか》』に取り上げられ、また近代では、森鷗外の戯曲『生田川《いくたがわ》』（一九一〇年）の題材になっている。『大和物語』一四七段では、芦屋という地名は消えて「津の国」に変わり、「菟原《うばら》」は意外にも乙女の姓とされている。乙女は生田川《いくた》に身を投げるが、その前に次の歌を詠む。

すみわびぬわが身投げてむ津の国の生田の川は名のみなりけり（片桐他　三八四）
（この世に住むのがもういやになった。身を投げてしまおう。だとすれば、生田川の「生きる」というのは、名前の上だけのことだったのだ）

生田川は狭義の芦屋を含む菟原郡のほぼ西端に当たる。先に触れた処女塚《おとめづか》（現在の神戸市東灘区御影町）からかなり西方にあるこの川が舞台に選ばれたのも、ことによれば、「死ぬ」乙女と皮肉な対照をなす「生田」という川の名のためだったかもしれない。平安中期ともなれば、地名をめぐるそのような poetic license（詩的自由）は、十分すぎるほど常套化していたからである。

「生田」は「川」の他、「森」「野」「浦」「池」「奥」「山」「小野」などと結びつくが、やはり掛詞が中心で、

「生きる」という意味に引き寄せる歌が多い。他に「生田」と「幾度《いくたび》」を掛ける歌もあり、のちには純粋に風景を詠む歌も増えてくる。ただ、なぜか、「葦の屋の生田」という歌の例は皆無に近く、ほとんどが「津の国の生田」という形をとっている。これも、地理感覚というよりは、むしろことばの響きやイメージの問題かもしれない。

## 十　歌枕と掛詞

「歌語」とは和歌に多く用いられ、そして和歌での使用を許された語句をいう。それは純粋な「やまとことば」、しかも品格と雅致をそなえた美しいことばに限られ、外国語としての漢語や仏教用語、俗語や当世語などは、きびしく排除される。桓武朝とそれ以前、また嵯峨帝時代の漢風全盛の風潮に対して、和歌は日本古来の魂を護り、維持し続けるための防壁とも牙城とも感じられていたからである。

そして興味深いことに、日本人の心情の精髄が宿るとされる歌語、代々の歌人に愛され、さかんに歌に詠み込まれて来た歌語のほとんどは、掛詞への可能性を含んでいる。あるいは、たえず掛詞に利用する機会をねらわれてきた、という方が正確だろう。すでに見てきたように、掛詞は一つの語句に、同時に二つ以上の意味を持たせる修辞的技法であり、ふつうにはただの偶然としか見えない同音（ないし類音）異義性を、極度に顕示するものである。

洒落はふだん、軽い遊びでなければ、取るに足りない機知のひけらかしと見なされている。西洋でも日本でも、ことに近代に入ってからは、まことに評判が悪い。シェークスピアがまじめな場面で洒落（pun）を多用するというので、ジョンソン博士の非難を浴びたのは有名な話である。それでは日本人は、なぜここまで洒落に執着してきたのだろうか。世に名歌とされるものには、よく出来た掛詞を含むというだけで賞賛を浴び、褒美にありつき、さらには超自然的な恩恵にあずかるというたぐいのものが少なくない。「秀句」という語は、「名句」の他に「洒落」の意味にもなる。

だが考えてみれば、同音異義の戯れを下品とし、非理性的だとするのは、理性に重きを置きすぎた近代人の偏見であり、それこそ浅薄な賢《さか》しらにすぎないという見方も成り立つのではないか。西洋の詩にも脚韻その他の「韻」があって、これは紛れもない洒落の一種でありながら、重い格付けを与えられてきた。複数の詩行の末尾に、音が同じで意味の違う語句が並ぶことが、なぜ詩の第一条件となり、その規則がなぜ最近まで、金科玉条として守られてきたのだろうか。

ことばは音が違えば意味が異なる、形式の差異こそが価値を生み出すというのが、言語学の基本であり常識である。その大原則に逆らって、たまたま同音でありながら意味を異にする語句を見つけること、そしてその意味の二重性を強く前面に押し出すこと、それは昔の日本人にとって、軽薄どころか、きわめてまじめで重大な遊び、神聖という意味さえ含む「遊び」であったに違いない。そして、音と意味の関係の恣意性というソシュール以来の鉄則にもかかわらず、同じ音を共有することばには、きっとたがいに何か本質的なつながりが隠されているはずだという直感は、現代の人間にもまだ残っている。ソシュールが晩年、ひそかにアナグラムという字謎遊びの研究に熱中していたことは、よく知られている。諺や歌やコマーシャル、果ては大リーグ・ファンの応援プラカードに至るまで、洒落のもつ神秘的な力への信頼は、人々の心の奥底に根強く生き残っている。

この観点から見れば、ことばは意味だけを伝えれば用のない、たんなる伝達の道具ではなく、太古からの人間の知恵が凝縮されて詰まっている容器である。理性を超えた、生き物のような何ものかである。地名にせよ物の名にせよ、語源に対する人々のふしぎなこだわりが、それを示している。ことばは音声と意味の両面から成っているが、われわれはふだん、ことばの音を意識せず、たがいに意味だけを交換しあっていると信じ込んでいる。だが、それはことばの半面しか見ない、理性のみに寄りかかった偏頗な思い込みにすぎない。そして、詩歌はことばの音声面と意味面の両方、それら相互の関係に強く注意を喚起することで、全体的なことばの力を回復しようという試みなのである。

まさにそれゆえに、欧米の現代詩では、同音異義による多義性、あいまい性の探求が、さかんに復権を遂げつつある。ただ一例だけを挙げるならば、フランスの詩人ジャン・トルテル（Jean Tortel, 1904-93）の詩『襲われた体』*Des corps attaqués* には、次のような掛詞が仕組まれている。

L'orage se taira　Se tue
Avant que les nuées déroulent.

厚い雲が広がる前に
嵐は黙る《ス・テラ》だろう　自殺《ス・チュ》する（＝黙った《ス・チュ》）。

ここでは動詞 se tuer「自殺する」の直説法現在三人称単数形の se tue「（嵐が）自殺する」が、すぐ前に置かれた動詞 se taire「黙る」の単純未来形の se taira「黙るだろう」に引っ張られて、音の上で、同じ動詞の単純過去形の se tut「黙った」を喚起し、「自殺する」と重なり合う（Aquien et al. 451）。これは掛詞そのものである。

「歌枕」という語は、もともと歌の名所ばかりでなく、「歌語」一般のリストを指すこともあった。それがのちに、もっぱら名所歌枕のリストや解説を意味するようになったというが（片桐一九九九　v–vii）、これまで見てきたとおり、ことばの働きという点では、両者に決定的な違いはない。もちろん、歌枕はただの音ではなく、意味の上で具体的な土地を指すことばだから、その土地の来歴や風景が意識されるのは当然である。だが、歌人の大部分を占める都の上流人士たちは、中世の連歌師や近世の俳人たちとは異なって、熊野その他の重要な寺社の参詣や、たまさかの見物以外には、めったに京を離れることはなく、もっぱら歌や物語を通じて、ことばを通じて想像をめぐらすのがふつうだった。

都にいて地方の名所を詠む場合はもちろん、たとえ現地を訪れることがあっても、視点はいつも都に置き、都を懐かしんで詠むというのが、当然の心得だった。室町末期の連歌師里村紹巴《さとむらじょうは》の『連歌至宝抄《しほうしょう》』（一五八六年成立）によれば、「（旅の本意と申《まうす》は、仮令《たとひ》）ゐ中傍《なかかたはら》〔片田舎〕に仕候連歌成《なり》とも、（心を）都人《みやこびと》になし候て仕候、（…）海に漕出《こぎいづ》る折節《をりふし》は都の山を跡にかへりみて懐《なつか》しく、昨日今日かの旅ながら〔まるで〕月日をも送る様におぼえ、野路《のぢ》、山路の旅ねに古郷《ふるさと》を恋ひ忍《しのび》、草の枕の夢の中にも去方《コシカタ》の事のみ見え侍り、打覚《うちさめ》ぬれば松風、浦波の音を恨み、人やりならぬ〔他人に行かせるわけには行かない〕道ながら遥々《はるばる》と来《き》ぬる事を悔み」（伊地知　二三五）といった具合である。

だから、主としてそうした心情を詠み込むため、地名がしばしば洒落の材料になったとしても、ふしぎではない。歌枕が恋歌の重要な武器となったことも、先に指摘したとおりである。ただ、ここで注意を要するのは、そうして恋心の表明に重ね合わされることになった地名やそのイメージが、けっしてたんなる恋歌の装飾、空疎なお飾りではなかったという点である。「津の国のなにはの葦のめもはるにしげきわが恋人しるらめや」という貫之の歌で、「津の国の」から「めもはるに」までが「しげき」を導くための「序詞《じょことば》」だとする考え方は、そうした悪しきレトリック観に傾く危険をはらんでいる。掛詞を結節点として前後に重ねられた景と情は、いずれも分かちがたく、全体としての「詩」を構成しているのであって、ここでの歌枕の働きは、すべての歌語の働きと同様、むしろことばのアニミズムとも称しうる原初的な力を発揮しているのである。

（1）「紀路《きぢ》の遠山《とほやま》」（はるかに見える紀州の山々）は歌語であり、和歌ではいつもこの七音の成句として用いられる。

明けわたる蘆屋の海の浪間《なみま》よりほのかにめぐる〔取り囲む〕紀路の遠山

（続古今集・雑下・藤原為家・一七二七）

だが『俳諧類船集』影印版の「芦屋」の項（野間他一九六九　四一四）では、「紀」と「路」の中間右手に「ノ」の字が書き込まれ、したがって『俳諧類船集索引　付合語篇』でも、「紀ノ路」と翻刻されている（野間他一九七三　九）。実は俳諧でも「紀路の遠山」の形がふつうだが、延宝四（一六七六）年の撰集『俳諧当世男《いまようおとこ》』に、「見渡せば紀の路の遠山渺々《とほやまべうべう》と」（久松他）という字余りの作例が見える。

（2）ただ、「昆陽《こや》」「猪名野《ゐなの》」と「葦の屋」の関係については、釈然としないところがある。猪名野は、現伊丹市を中心に摂津国豊島《てしま》郡と河辺《かわなべ》郡の両方にまたがる「広大な地帯、すなわち猪名川の左右両岸の土地一帯」の総称であり、一方、「昆陽野《こやの》」は「猪名野」の一部で、「伊丹市域の旧稲野村を中心とした昆陽池一帯の土地を指しているので範囲は狭い」（渡辺　一二）。『金葉集』には「しなが鳥猪名《どりゐな》の伏原風冴《ふしはらかぜさ》えて昆陽《こや》の池水氷《こほり》しにけり」（冬・二七三・藤原仲実《なかざね》）の歌があり、また『俳諧類船集』でも「猪名」の付合語として「こやの池」が挙げられている（野間他一九六九　二六七）。だがふしぎなことに、「昆陽《こや》」が、歌では狭義の芦屋の地名としても、広義の芦屋の地名としても（もちろん「津の国」の名所としても）詠まれるのに対して、「猪名野」の方は、「蘆の屋の」という形ではけっして詠まれることがない（摂津の歌枕であることを明言した作例としては、「津の国の猪名野の霧」という作例（『風雅集』秋歌下・六五六）がある）。大小二つの芦屋の境界線は、いったいどう引かれていたのだろうか。とはいえ、やはり歌の世界に厳密な地理学を持ち込むことは無用だろう。

（3）なお、のちの『古今集』の編者たちのうち、紀貫之と紀友則《きのとものり》の二人は、有常のいとこの孫たちであり、『古今集』「真名序《まなじょ》」の筆者紀淑望《きのよしもち》も、紀氏の出である。業平の子棟梁《むねやな》や孫戒仙《かいせん》は、貫之・友則と交友関係があったらしい（今井　一九四一–九五）。

## 参照文献


Aquien, Michèle et Georges Molinié
1999 *Dictionnaire de Rhétorique et de Poétique*（Le Livre de Poche）
秋山虔（編）
二〇〇〇『王朝語辞典』（東京大学出版会）
明尾圭造
二〇〇〇「阿保親王墓と芦屋」、明尾圭造・西村美香（編）『伊勢物語と芦屋』（芦屋市立美術博物館）
阿部俊子（編）
一九七九『伊勢物語　全訳注（上・下）』（講談社学術文庫）
石田穣二（編）
一九七九『新版　伊勢物語』（角川文庫）
伊地知鉄男（編）
一九五六『連歌論集　下』（岩波文庫）
和泉市久保惣記念美術館（編）
二〇〇七『特別展伊勢物語　雅と恋のかたち』（和泉市久保惣記念美術館）
市島謙吉（編）
一九〇六『夫木和歌抄　全』（国書刊行会）
伊藤正義（編）
一九八八『新潮日本古典集成　謡曲集下』（新潮社）
大谷節子
二〇〇〇「世阿弥自筆本『雲林院』と中世伊勢物語秘説——又寝の夢が語るもの」、明尾圭造・西村美香（編）『伊勢物語と芦屋』（芦屋市立美術博物館）
今井源衛
一九八五『王朝の歌人三　在原業平』（集英社）

鏡味完二・鏡味明克
一九七七『地名の語源』(角川書店)
片桐洋一
一九九九『歌枕歌ことば辞典　増訂版』(笠間書院)
片桐洋一
二〇〇〇A「『伊勢物語』入門──その形成と享受」、明尾圭造・西村美香(編)『伊勢物語と芦屋』(芦屋市立美術博物館)
二〇〇〇B「江戸時代の『伊勢物語』版本」、明尾圭造・西村美香(編)『伊勢物語と芦屋』(芦屋市立美術博物館)
片桐洋一・福井貞助・高橋正治・清水好子(編)
一九七二『日本古典文学全集八　竹取物語　伊勢物語　大和物語　平中物語』(小学館)
片野達郎・松野陽一(編)
一九九三『新日本古典文学大系一〇　千載和歌集』(岩波書店)
河内厚郎他
二〇〇五『海松(Mirou)』(大手前大学交流文化研究所)
木藤才蔵・重松裕巳(編)
一九七二『中世の文学　連歌論集二』(三弥井書店)
楠原佑介・桜井澄夫・柴田利雄・溝手理太郎(編)
一九八一『古代地名語源辞典』(東京堂出版)
久保田淳(編)
一九八五『訳注藤原定家全歌集上』(河出書房新社)
久保田淳・平田喜信(編)
一九九四『新日本古典文学大系八　後拾遺和歌集』(岩波書店)
久保田淳・馬場あき子(編)
一九九九『歌ことば歌枕大辞典』(角川書店)

神戸女子大学史学研究室（編）
一九九〇『須磨の歴史』（幸吉学園）
国史大辞典編集委員会（編）
一九七九—九三『国史大辞典』（吉川弘文館）
小島憲之・木下正俊・佐竹昭広（編）
一九七一『日本古典文学全集二　萬葉集一』（小学館）
一九七二『日本古典文学全集三　萬葉集二』（小学館）
小島憲之・新井栄蔵（編）
一九八九『新日本古典文学大系五　古今和歌集』（岩波書店）
小町谷照彦（編）
一九九〇『新日本古典文学大系七　拾遺和歌集』（岩波書店）
小山弘志・佐藤健一郎（編）
一九九七『新編日本古典文学全集五八　謡曲集一』（小学館）
田中裕・赤瀬信吾（編）
一九九二『新日本古典文学大系一一　新古今和歌集』（岩波書店）
竹岡正夫
一九九六『古今和歌集全評釈（補訂版）下』（右文書院）
竹内理三・「角川日本地名大辞典」編纂委員会（編）
一九八八『角川日本地名大辞典二八　兵庫県』（角川書店）
谷山茂他（編）
一九九六『新編国歌大観 CD-ROM 版』（角川書店）
千野香織
二〇〇〇「『伊勢物語』の絵画——『伝統』と『文化』を呼び寄せる装置」、明尾圭造・西村美香（編）『伊勢物語と芦屋』（芦屋市立美術博物館）

坪井清足・平野邦雄（監修）
一九九一『新版古代の日本六　近畿Ⅱ』（角川書店）
土井久美子
二〇〇〇「『伊勢物語』の工芸意匠」、明尾圭造・西村美香（編）『伊勢物語と芦屋』（芦屋市立美術博物館）
永積安明他（編）
一九六〇『古典と郷土』（のじぎく文庫）
羽衣国際大学日本文化研究所（編）
二〇〇七『伊勢物語絵巻本大成　研究篇』（角川学芸出版）
野間光辰（監修）、上野洋三・榎坂浩尚・大谷篤蔵・今栄蔵・島居清・富山奏・宮田正信（編）
一九六九『近世文芸叢刊Ⅰ　俳諧類船集』（般庵野間光辰先生華甲記念会）
一九七三『近世文芸叢刊別巻Ⅰ　俳諧類船集索引　付合語篇』（般庵野間光辰先生華甲記念会）
一九七五『近世文芸叢刊別巻Ⅱ　俳諧類船集索引　事項篇』（般庵野間光辰先生華甲記念会）
萩谷朴・谷山茂（編）
一九六五『日本古典文学大系七四　歌合集』（岩波書店）
久松潜一・井本農一（編）
二〇〇四『古典俳文学大系 CD-ROM 版三　談林俳諧集一』（集英社）
兵庫県史編集専門委員会（編）
一九七四『兵庫県史二』（兵庫県）
平凡社地方資料センター（編）
一九九九『日本歴史地名大系二九Ⅰ　兵庫県の地名』（平凡社）
森野宗明（編）
一九七二『伊勢物語』（講談社文庫）
吉田東伍
一九八二『増補大日本地名辞書二　上方』（冨山房）

渡辺久雄（監修）
一九七七 『兵庫 史蹟郷土史』（講談社）

# 松瀬青々論

杉橋陽一

## 一　青々の経歴とその独自な句風

死後直ちに編まれた青々追悼号（『倦鳥』昭和十二年三月「青々先生追悼号」四頁、以下『青々追悼号』と略す[1]）の年譜によると、松瀬青々は明治二（一八六九）年四月四日、大阪東区大川町五十二番屋敷（現住友ビル構内）に生まれた。名は彌三郎。父は（旧姓・山本）信寂（明治四十二年一月没）、母は（旧姓・松井）ちか（明治十年七月没）である。家業は薪炭商を営み、父は二代目彌兵衛を名乗り、子なしであった初代彌兵衛の甥であり、養子に入ったのだ。家の屋号加賀屋が示すとおり、青々の父親は能登柳瀬の出身であった。弟は夭折し、また母は若くして亡くなった。父親は後妻を迎えたが、結局彼女は子どもを生まなかったので、青々は一人っ子として育った。

十五歳くらいで義務教育を終えたあと、青々は俳人として立つ三十歳近くまで世間的に宙ぶらりん状態にあって、この間青々はいくつかの塾で漢詩文や国学・和歌、また和算・洋算も学んでいる。早く家督を継いで三代目彌兵衛となるようにと強いる父親との確執で長く苦しんだ。

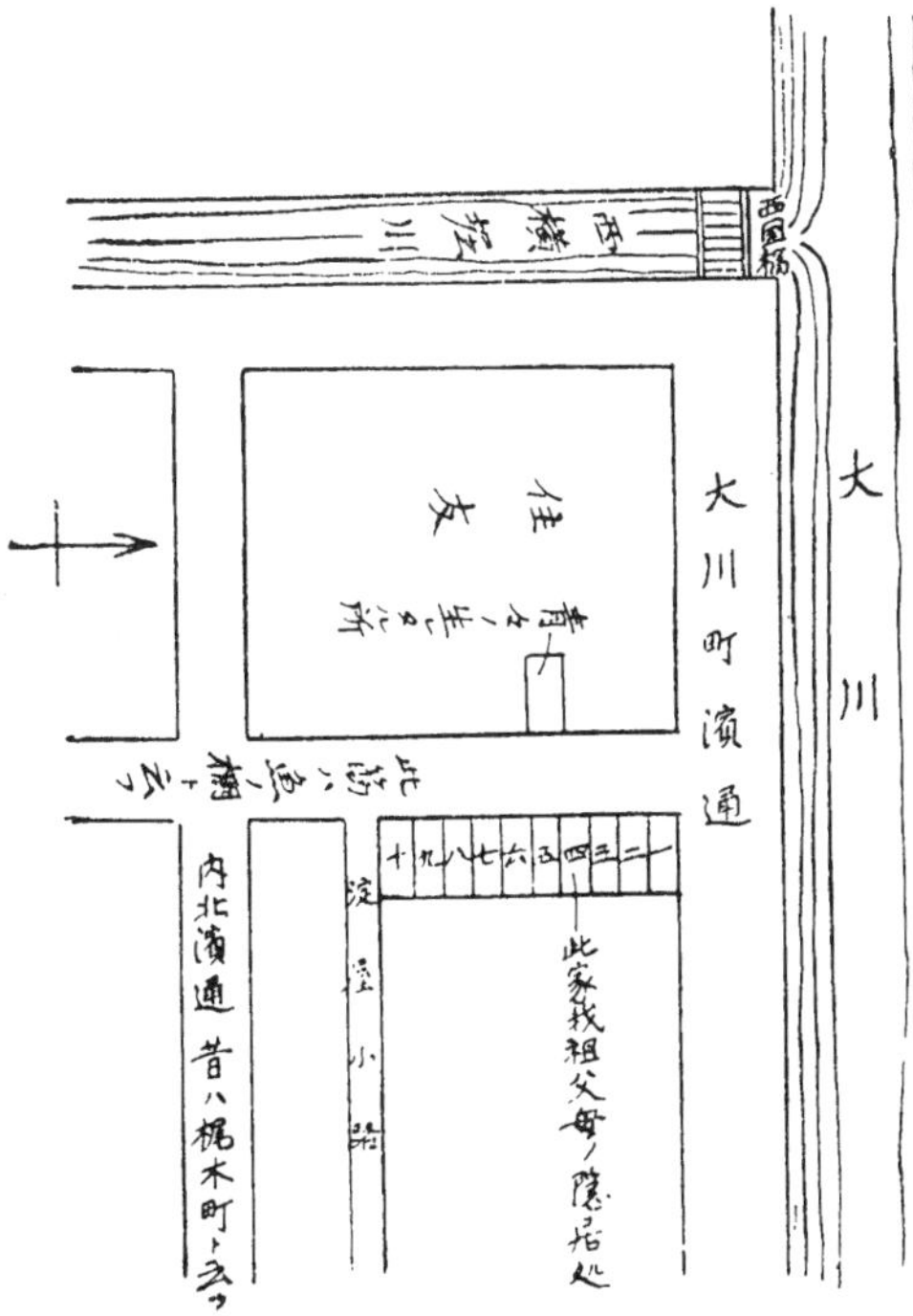


俳句を作りはじめるやたちまち一頭地を抜き、半年余『ホトトギス』の編集に参加して、帰阪ののち明治三十三年自分の俳誌『宝舟』を立上げた。これは大正四年『倦鳥』と改題された。明治三十六年から三十九年までに句集『妻木』（春俎堂、昭和十二年再版）を刊行、これは新派俳句の家集の先駆けになった。彼の結社は、大阪を中心に多くの会員を抱え、中央の『ホトトギス』写生一本槍の方針とは一線を画す自由な句法を主張した。昭和十二年没。

死後、倦鳥社から昭和十三年、句集『鳥の巣』、また同年から十五年にかけ四巻の句集『松苗』（倦鳥社）が刊行された。さらに昭和十二年『倦鳥巻頭言集』、昭和十五年上下二巻『添削小録』、昭和十七年『随感と随想』も同じ倦鳥社から世に出され、門人たちの師への敬慕の念の深さが伺われる。

幼時を回想した青々のめずらしい文章があるので、さしあたりそれを例にして青々の俳句の特性を瞥見してみる。それは彼が主宰をしていた句誌『倦鳥』昭和六（一九三一）年二月号に載った、書簡体の回想文で、彼自身が描いた生家近辺の地図も含んでいる。生家とその界隈のことが、幼時のエピソードなどとともに、俳句入りで説明されている。

右の図の如く大川町（東西）魚の棚（南北）南に入る東側に十軒の棟つゞきの家がある、一から九までは二間間口で十の家丈けが二間半の間口で有つたと覚えてゐる。

図に記したる通り北から第四軒目の家が我が祖父母の隠居所で有つた、而して我生れ家はその南隣なる第五の家の向ひで三間間口の家であった、ソノ生れた家はトクに取払はれ今は住友の自動車置に成つてゐる、東側十軒の家は今尚存して昔の俤をのこしてゐる、東側十軒の家について古い記憶を記して見ると

一が木村重兵衛と云ふ道具屋で有つた。(2)

以下、葉茶屋、指物屋、青々の祖父母の隠居所、提灯屋、沖仲仕、紙屋、妻が煎草を商って亭主は沖仲仕という家、「無商売」の家、豆腐屋とつづいている。青々はここで生まれ、結婚後もしばらくこの親元にすんでいたので、記憶は鮮明である。

青々の回想文のつづきを見よう。

我が嬰児の時夜々寝ぬことが多かつたと云ふ、其時は我が祖母が我を懐口に入れ「ネンコロロン」と云ふ子守唄を唄ふて魚の棚を歩いたのが毎夜で有つたと云ふ、近所の人がまた加賀屋の「ネンコロロン」が來たと云ふたものださうな、我家の商號は加賀屋で有つた、我が二十歳位迄の時代には私の幼時を知つてゐる人が過半であった、今は住み残ってゐる家が一軒もない。

思ひ出す昔にそゝぐ冬涙
ふところに尿《しと》して泣きし冬夜哉

煤掃きし人もちりちりに年経たり
　我が生れし地も我のみ知るなれば
ひとり知りしひとり淋しむ町の冬
　今昔生れ家問はるゝ年の暮
有懐奮の情問はるゝまゝ記すまゝに情に耐へざるもの有之候、御笑覧下され度候。
　十二月三十日　青々

物差しを当てて線を引いた几帳面な感じの地図の、「青々ノ生レタル所」という書込みが示すように、現在この五十二番屋敷の跡地には住友ビルが建っていて、片隅には、青々の誕生地であることを記した、高さ一メートルほどの、杭のような、細長い石碑が建てられている。石柱の辺りはひっそりとした佇まいで、周囲の喧騒からひとり離れた体である。

この回想文の中の句を一瞥したい。祖母のエピソードから添付の五句まで、緩やかながらもある種の流れが作り出されているのは注意すべきだろう。祖母の話が導入部になって、懐旧の句が五つ並んでいる。添えられた句は、青々自身「情に耐へざるもの有之候」と最後に断っているように、おおかた感傷的である。はじめの「思ひ出す昔にそゝぐ冬涙」は、末尾の「今昔生れ家問はるゝ年の暮」と対応している。生家と幼児を懐旧する連作のはじめと終わりである。また初句における涙は、現時点の作者が流す涙であり、作者は感傷的に往時を思い涙にむせんだ。「冬涙」は冬と涙とのあいだに、ちょっとした切れを置いてもよかろう。

次の「ふところに尿して泣きし冬夜哉」はいわば伝聞に基づく句である。かつてなかなか寝つかないで祖母をてこずらせた幼児の頃のことが、家人から伝えられたのであろう。この句や「思ひ出す」の句に対し、手紙本文中の「ネンコロロン」と子守歌を歌った祖母の物語が前振れになっていて、導入的な散文と俳句とがしっかかと噛みあった具合になっている。これは『奥の細道』と同じような、散文・俳句の関係であるといえるし、あるいはもっと古く、和歌も一緒に編み込んだ王朝の物語にも似ているといえる。

「煤掃きし人もちりちりに年経たり」は、店先や家の周囲に山積みにされた薪や炭の俵を搬入したり出したりして、店の入口の土間辺りが汚れるので、使っていた若い人が始終箒で掃いてきれいにしていたのではないか。「ちりちり」は「散《ち》り散《ぢ》り」であろう。もと複数でまとまっていたものが散ってしまうさまを示すのに使われるから、おそらく何人もいた能登出身の家子郎党たちも四散してしまったのだ。

彼が二十歳頃まで、この大川町の住まいの近所の大半は青々を小さい頃から知った人であったのに、この手紙を門人の北村南朝にしたためた頃には、そうした人々はまったくいなくなっていた。「ひとり知りしひとり淋しむ町の冬」と嘆く所以である。「ひとり」を反復してリズムを整える風だが、六音の上五からすでに不安定である。下五の「町の冬」は人の多さを感じさせず、冬の孤独感が強まっている。彼の祖父の初代加賀屋彌兵衛もとうに失せている。彼は明治十二年享年七十七歳で没しているから、青々は十歳くらいまで、向かいの隠居所にいた祖父の顔は見ていたはずだ。ただその記憶は薄いようである。それにたいし、祖母のきくは明治二十二年、青々が二十歳くらいまで存命だった。六つのときから青々は小学校に通いはじめた（青々著『随感と随想』倦鳥社、大阪、一九四二年、一〇九頁）が、しばらく学校までついて行ったのも祖母であった。

青々の俳句は単独でも多く発表されるにしても、いま見たように、いわゆる俳文のなかでしばしばより印象的にあらわれる。青々の句には俳句に伝統的につきまとっているこの非自立性が、明白に共振している。むろん青々の俳句すべてがこのように散文にくるまれて成立しているのではないにしても、散文はおのずと俳句も含むことになる。これが問題なのだ。

ところで青々にとっても慶賀すべきことに、ようやく平成十八年夏、茨木和生氏らの努力によって『松瀬青々全句集・下』（邑書林）が刊行され、一般的に青々の作品に接することが出来るようになった。青々に関心を持つ人が、東京大久保の俳句文学館に足を運んで、稀覯本であるオリジナルの俳誌に当たったりそのコピーを頼んだりする必要はなくなりつつある。しかし青々の句を読む場合固有の困難は解消されない。この『全句集・下』から、たとえば、

寒かろと来て見て塚の冬日かな　青々

なる、大正十三年一月の項に納められた句を見てみよう（同書、一七六頁）。

その句が載っているはずの大正十三年一月号の『倦鳥』を繙く。すると、「湖南の冬」と題した見開き二頁の青々の文章があって、彼はそこで十二月に大津の義仲寺を訪ねたことを報告しがてら、例によって、その散文では右に引いた句をはじめ十句あまりが見出せる。この文章を見れば一目瞭然、「塚」は義仲寺の芭蕉塚のことである。文中に「芭蕉塚には二百三十回忌の率塔婆が立て丶あつた」とあり、さらに木曾塚のことでもない。この回忌を念頭においての訪問であったことも推測されるが、前月彼は妻に死なれて、おそらく大谷に亡妻の分骨をする手筈の相談もあって京都に来ている。その序でに青々は義仲寺まで足を伸ばしたのだ。やはりこの句を含むテキストがないと、同じテキストに含まれる、

世や前後同じ冬なる塚二つ　青々

なる句も、作者の意図を忖度するのはかなり困難になる。まずは、墓の主の生きた時代は異なるものの、仲良く同じ冬の季節に並んで立って、冬の厳しさに耐えている、ほどの意となろう。しかしそれらが互いに五百年も離れた武将源義仲と俳人芭蕉とが今は同じ冬を迎えている、とはなかなか解しがたい。いわんやそうしたことから、かれらの墓が妻の墓を思い出させるという含意には、さらに到達しがたいだろう。

あれやこれや俳句混じりの文章の体裁だけからも知れるように、俳句に対する青々の態度は、子規以来の近代俳句の基本フォーマットのそれとはかなり異質である。また俳句の内容にしても、子規・虚子の唱導する写生俳句、客観俳句の尺度には到底当て嵌まらないものだ。しかし青々の俳句も日本派の俳句のなかで成長してきたものである。明治三十年四月頃青々は俳句を始めて、虚子が俳句欄を担当していた投稿雑誌『文庫』に投稿し、それから『ホトトギス』や『日本』など子規たちのいわゆる新派俳句の句誌や俳句欄にも出句してたちまち選者たちの注目を浴びた。しかしこのとき青々は二十九歳、それに対し『文庫』の選者虚子は二十五歳であった。青々はその俳人としての公の出発を、子規ら「日本派」の俳句グループに負うているのである。あるいはもっと厳密に云えば、虚子に負うている。彼がはじめに青々の真価を発見した。

明治二十八（一八九五）年八月創刊、明治四十三年八月に廃刊された雑誌『文庫』は、若い人向けの投稿雑誌として一時は評判を呼んでいて、ここを登竜門としたひとは多い。その評判は青々の耳にも届いていて、しかも「日本派」系の虚子が選者であることも知ったので早速青々は投句したのである。『文庫』、新聞『日本』、『ホトトギス』と、青々としては、全国メディアにおいて何とか名を揚げるための、渾身の波状攻撃であった。

虚子は、明治三十一年四月号において、はじめての青々――まずは彼は孤雲と号していた――の投句を秀逸と認め、寸評を加えた。このとき青々は俳句を始めて一年位しか閲していない。虚子の懇切で的を得た寸評形式は投句者たちに好感をもって迎えられたようだが、他方、寸評は新派俳句の要諦を広く世間に示す上で有効な宣伝活動にもなった。選者の虚子は、青々の寄せた二十句のうち十一句を取り、投句欄の巻頭を彼に与えていて、このことでも虚子の破格の扱いぶりがわかる。十一句中のはじめの三句を虚子の評とともに引くと、

朧夜や辻占売《つじうらうり》の小提灯。　大阪、孤　雲

雉鳴て鶯なくや山の畑。

「雉鳴て」といひ「鶯なく」とうち重ねところ、働きありて善し。

白梅の門見出すや主ぶり。

下五字俗に落ちず。

翌月から下五のあとに付した句点は付けていない。この表記はまずいと判断したのであろう。全体蕪村風の詠みぶりで、すでに青々の熾烈な勉強が蕪村に及んでいたことは明らかである。「日本派」は子規をはじめとしてやはり蕪村に向っていたからである。

しかし二十九歳まで青々は世の方便《たつき》として何をしていたのか。

おそらく北浜上等小学校を十四、五歳で卒業した後、学校は行っていない。薪炭商として成功していた初代松瀬彌兵衛の跡を継いだその甥の二代目彌兵衛は、弟を小さいときに失って一人息子となった彌三郎――これが青々の本名である――に当然家業を継がせるつもりであり、家の子郎党だれに聞いてもそれは自明のことであった。しかし彌三郎は、上等小学校を終えたあと、ひたすら学芸の研鑽に余念がなく、家業にはまるで関心を示さなかった。小原竹香の塾に入り漢詩文を学び、書は寺西易堂、漢学を池田芦州にそれぞれ学び、また福田金塘の

後を継いで先学の名を辱めなかった福田直之進が内淡路町松屋町で始めた数学塾にも通って珠算・洋算も学び、二十七歳になると、中村良輔（蓼生園）の和文会に加わり、国学・和歌を学び、松瀬邦武（一に国武）という号で桂園風の歌を作っている(3)。

大阪ではたとえば水落露石は、十一歳で小間物問屋の家督を継いだので、若くして漢学、絵画、茶道、謡曲、金石文を学び、二十歳頃から俳句をひねりはじめ、青々より一歩二歩先んじて子規たちの新俳句運動に呼応している。この運動は、時代の知的な新しさとは何か、それを尋ねる若者たちにとってさしあたりの取っ掛かりになった。また全国的なメディアとなった雑誌を介することで、全国区的な名声を得るチャンスともなったのである。露石と同じように商人層に属す青々も、汗牛充棟の和書漢籍に取り囲まれ、漢詩や和歌をつくり、ようやく二年後、二十八歳のとき俳句によって広い世間に出たのである。

しかし冒頭でも触れたように、青々の生母は彼が八歳のとき急逝した。さきに祖母が小学校に青々を見送っていったとあったが、弟ができ母親がそれに掛りっきりになっていた間、祖母が長男の彼の面倒を見ていたのだろう。彼より八歳年上の母方の叔母、というより少し年上の幼馴染と言った方がよかろう、池永むめの回顧談によれば、「齢の割合に大幹なので他家の子供は先生に頭を撫で、貰えへん、と付添ひの祖母がヤツキになりました。大き過ぎて撫でて貰はん方がえ、、と皆からなだめもしたり、笑ひもした事でありました」（『青々追悼号』八二頁）。母親の死、そしてその間もなく継母が家に入ることでこうした幸福な幼年時代の日々はピリオドを打つことになり、青々は途端に無口な少年になったといい、大人になって『倦鳥』グループの総師として多くの門人を率いる年になっても、彼の寡黙は変わらなかったようだ。

母の死は、彼の生涯において決定的な出来事であったかも知れない。さきの池永むめの話によれば、「海の物とも山の物とも分らぬ只一人の跡取少年が家業を余所に、くだらぬ書物いぢりをされた父の心境に焦心の湧いたのもあながち無理ではありません」（同書、八三頁）。ことによると青々の家がもっと資産家であれば、青々は民間の学者になったかもしれない。あるいは塾の先生になる可能性もあったろう。父親は芯が強くて無口な息子を「羽織を着た乞食」と罵り、息子は外に出て自立するためだろうか、一度は東京に出て働き病気になったり、神戸に出かけてペンキ塗に雇われ藁畚《もっこ》に乗って船腹にペンキを塗っただの、さまざまの努力はしたのだが、自ら望んではいない薪炭商を除いて、自立への手立ては見付からなかった。

青々は、新時代に相応しい「新派俳句」をモデルにして、三十年から俳句をはじめた。子規・虚子・碧梧桐の三人が選者をつとめる新聞雑誌の俳句欄に集中的に投句をして、たちまち彼は頭角を現した。その年の内に青々の多産な作品群は虚子の目に留まり、「中原に鹿を逐う」ところにまで辿り付けた。明治三十二年正月号の『ホトトギス』において発表された「明治三十一年の俳句界」なる、年頭恒例として前年の俳句界の活動を総括一望する子規の文章において、青々を俳句界にとって傑出した逸材と激賞したのである。「青々の句は昨夏初めて之を見る。而して初めて見る日既に堂に入りたると認めたり。其句豪宕にして高華、善く典故を用ひて勃率に堕ちず、多く漢語を挿みて渋晦ならざるを得る者、以て其伎倆を見るに足る。但、年月多からず、経験猶少なし、嗜好偏局、未だ変化する能はず、専ら高遠に馳せて時に失墜を免れず、却つて平淡の中に至味あるを知らざる者其欠点なり、若し勉めて已まざらんか、造詣する所測るべからざる者あり」（子規全集第五巻、講談社、昭和五十四年第二刷、一五三頁）。

これが青々の名を全国的に知らしめるきっかけになり、早速子規が絶賛したその年の七月には、勤務を開始してようやく三年になる銀行を退職、青々は『ホトトギス』社の編集に参加するため上京している。彼より早く東京の新派俳句の動きに呼応した関西の俳人も少なくなく、その代表格にはさしあたり青木月斗、水落露石が挙げられようが、青々は子規の手放しの賞賛によって一躍全国的に名を馳せることになって、両先輩を出し抜くことになった。しかし、特別富裕とまでいわないにせよ、わりあい生活に逼迫しない商人層の出身であることは興味深い。というのも、これは、東京で活躍を始めた子規・虚子・碧梧桐が下級武士の息子として教育を受け、その高等教育を原資として出世をはかろう、政治か文学の世界で大成しよう、と目論んだのと、かれら大阪の商人の息子たちは大いに異なるからである。

## 二　大阪文化と青々

青々は子規が激賞したあと、まず挨拶のため上京している。ジャーナリスト、政治家で、また俳句も作っていた赤木格堂は、青々が『ホトトギス』の編集手伝いに加わっていた頃、何度か句会で会ったことがあり、その外見的印象を次のように書き留めている。「句会に於ける青々君は頗る謙遜で且つ寡言であつた。句案の間に時々腰から煙草入れを出して煙管で一服吸ひ付けらる姿が今もありありと見るやうだ。いつも盲縞の着物で袴など付けたのを見たことがない。全くの上方商人風で、此人が漢詩句調の俳句を吐くとは聊か意外の感があつた。これは私のみならず、子規先生も同様意外に思はれ、芸術と生活の矛盾だなど、悪口を洩らされたこともあつた」（『青々追悼号』十頁）。

子規としては、虚子が見出した青々の才能は認めるもののどこかおもしろくない気持ちをもっていて、実際面晤してみると自分と反りが合わないのを如実に感じ、それが「悪口」になり赤木もその「芸術と生活の矛盾」説に賛同したのだ。この「上方商人風」が子規にも赤木にも挑発的に写ったようだ。その説にはあるいは「士族」の、「平民」に対する蔑視が潜んでいたのだろうか。赤木はさらに、「始めて青々の名を揚げた時、君〔青々〕は既に一家の学者であつた。古い歌集や詩集は固より和漢の群籍を渉猟して仏典に迄も眼を曝らして居た。字を書いても既に堂々たる一家をなして居た」（同頁）と書いているのに、江戸以来、関西には確乎とした民間学者の伝統が脈々と継がれ、ことによると青々もその末裔に属すかも知れないと、赤木は思ってもいないようだ。(4)

青々の服装は「盲縞の着物で袴など付けたの」は見たことがない、と赤木は書いているが、彼はまたここに一種の美学が隠れていることも思ってみなかった。二十代の始め、青々は堂島で株の仲買人めいたことをしていたようで、「その頃私は唐桟の赤入の半天を着てゐた。これは島の内の『みの屋』の処にある内で買つたんだが、その頃この唐桟の柄と色とが身にしみて或る感じを与へたものだ。帯は博多の厚い固い帯で是は大丸でズツト以前に祖母に買つてもらつたものだ。一方は紺無地で一方は恋心がにじみ出すやうな赤ばんだ焦茶に白糸の点々が一面に出てゐるものだつた」（『随感と随想』二五頁以下）と彼は大正十二年頃回顧している。このとき彼はまず格好から仲買人スタイルをキメテいて、父親はこれでやってゆけるのかと歎いたであろうが、しかし青々としてはごく真面目である。しかもこの頃すでに近松ものを見ていたかどうかはともかくも、帯の地の「赤ばんだ焦茶に白糸の点々」は「恋心がにじみ出すやうな」具合になっていた、という辺り、明らかに東京を意識した反東京の美学であった（同書、二五頁）。別な所でもこの経験に触れていて、「遺憾乍ら私も商運は拙かつた。夏相場の大きな奴に引ッかゝつて、どうにも方が付かず逐電の止むなきに到つたので、あと父がどうにか話を付けて呉れたが家には借金が出来、散々であつた」（同書、一三二頁）。世間知らずのボンボンが粋がって一人前の相場師のように株に手を出し親に迷惑をかけるという、ほとんど落語さながらのひとくさりであるが、晩年の青々にとってすら重大関心事は、大阪堂島でも当時流行りはじめていた東京蛎殻町風の「鯉の背中のやうに光る」「ギラギラ光る着物」は「唾棄したい」のに対し、「私は根本から堂島気質の木綿着に、帯丈けは筑前博多の、シュッとしたものを堂島風に結ぶ、これが好き」だった（同書、一三二頁）、ということであった。赤木の前にこの出立ちであらわれたのではなかろうが、「盲縞の着物」も青々の確信犯的な大阪ファッションの自己主張であったのは確かである。

堂島や牡丹の主《あるじ》糴《かひよね》す　　青々
木綿来て豪華はすてぬ牡丹哉

明治三十年代後半の作であろう、句集『妻木』所収のこれらには、大阪風に鯔背《いなせ》な相場師がまじで見栄を張っているところがある。

ただし赤木を瞠目させた彼の博学ぶりも俳人の知的基礎とするべく習得されたわけではない。昭和十一年に青々は覚書に、「前芸だ前芸だと思ふてしてゐる事が、それが本芸に成つて、自分は年の敵に知らぬうちにさいなまれて老の数のみが嵩むのである」（『随感と随想』一一七頁）と書いていて、めずらしく自己韜晦の気味である。俳人として過ごしたのが「前芸」の積りであったが、知らぬうちにそれは「本芸」になったと言っているようだ。これは死の前年に記されたものだから、青々は来し方を振り返って、自分の知の集積のバランスが世の俳人のそれとは多いに異なっているだけでなく、自分としても実現したものは、彼の獲得した知の布置に対応していないと歎いたものとも見える。しかし彼が獲得した知の布置は、俳人もひとつの職業とすれば（「業俳」という言葉もある）、俳人を職業として選ばなかったとしたら、もし青々が民間学者や僧侶、数学の教師など別な職業に就いていたとしても、それらはおおよそのところ互いに似ていて、「本芸」なるものに拘わるかぎり、彼が庶幾する「本芸」は見出せないかも知れない。

青々の一番弟子格の武定巨口は、師が亡くなってから手を変え品を替え青々俳句について語りはじめ、死の翌々年には「青々研究断片」として体系的ではなくラプソディー風に遺稿句集を繙いては短い文を書いている。その七（『倦鳥』昭和十四年八月）で巨口は、青々の牢乎とした大阪気質について言及している。「浪花の一商賈の子に生れて、その幼年少年時代を大川町に送られた先生の、古き浪花をしのぶ懐旧の句」は遺稿句集『松苗』の至る所に見られるが、「納涼」の季語のもとに納められる大阪懐旧的な幾つかの作品を四句あげている。括弧内の年月は作品発表の『倦鳥』の号である。

涼み舟浪花おろかに川埋む　青々（大正九年十月）
涼み舟のむかし語らん淀屋橋（昭和二年十月）
　懐旧
蜆川のありし時なり舟涼み（昭和五年九月）
　浪花大川川納涼の絶たるに
納涼のみか蜆川だに無りけり（昭和七年八月）

これらの「納涼」四吟にたいする巨口の、ゆるやかな評釈は以下のようである。

大川の景色、特に夕暮に見る大川の景色は實に廣々として、大川の名にふさはしい眺めであった。今のやうに中之島が伸びず、浪花橋も木橋で、大きな水の上にかゝつてゐるのがひよひよとして、一種昔ぶりのおもしろき景色をなしてゐた。納涼舟は岸につながれて客を待ち、又暮れ行く水の上に片々と浮んでもゐた。舟に在る納涼の人もおつとりとして行儀がよく、水のほとりは涼しかった。この水が廣いといふことが大阪の特色であつたのに、中之島を更に延長して埋め立てをしたのである。それは有用な事か、無用な事か先生は一言にして「浪花おろかに川埋む」と断定して憤りを漏らしてをらる、のである。

これら青々の諸吟において、大川の景観が日々変りゆくのと共に、「蜆川の無くなつたことが又大に先生を悲しませてゐる」が、決してたんなる「懐旧の句」「思ひの句」にとどまってはいない。さらにつづけて巨口が付言しているように、「いふまでもなく、近松によって謳はれた古き浪花の文化の跡の滅ひたことを悲しむ意は言外にある。大川の岸に立つて、蜆川のありしあたりを望んで、昔の舟涼みの賑はひを眼のうちに浮へてゐるのである。お初徳兵衛や小春の面影をも感じてをられたことであらうと想像する」のである。

蜆川は淀川の一支流であった。在りし頃は堂島と曽根崎村・曽根崎新地（現北区）、上福島村・下福島村（現福島区）の間を流れていたが、大江橋のところで堂島川から別れ、湾曲して堂島の西端でまた堂島川に合流していた。それが明治四十二（一九〇九）年の北の大火後、瓦礫の捨場となって一部が埋立てられ、大正十三（一九二四）年にまたも埋立てられ最終的に姿を消した。『日本歴史地名大系28・大阪府の地名1』（平凡社、一九八九年、三六七頁）によれば、蜆川はかつては蜆が取れたのでその名があるという説がある一方、川幅を縮めて堤防を造ったことに名前が由来するという説もある。貞享、元禄にかけて川の大規模な改修が行われ、両岸はどんどん市中に組み込まれ、新たに造成された堂島新地・曽根崎新地は色町として栄えたわけで、やはり川は現実に縮んでいったのである。色町の代名詞として機能していて、蜆川は、挙げ句に縮みきって消滅したわけだ。

青々が大阪のアイデンティティと解していた蜆川は、大火のあとのゴミ捨て場として使われてから結局明治末年から大正十三年の間にすべて埋立てられ、現在そこは北の新地の中の道路になっている。小さな支流で往時は納涼のため蜆川がいまは姿形もなくなり、『曾根崎心中』のお初徳兵衛や『天の網島』の小春治兵衛など、いわば有名な恋人たちを偲ぶ縁《よすが》がそれによっていよいよ消滅するばかりである。青々のはじめの俳誌『宝船』明治四十一年一月号において、「雑録」なる文字通り雑多な断片集のなかで彼は、江戸時代の恋人たちを偲んで「さて文学的遺跡中の戀の遺跡はどうであるか、戀はいづくの地でもいつの時でも止むものでは無い。心中は各所に屢起る事だ。けれども大いなる文学者がそれを記述せぬと直に煙滅してしまふ。此点から見て近松の記述にかゝる戀の遺跡は最も尊いものと成るのである。〔中略〕其外心中物も沢山あらうが、今日迄その遺跡の確に存してゐるのは、網島大長寺にある『心中天の網島』の小春治兵衛の墓計りである」と記している。青々に言わせると、文学者はこうした大阪文化の精髄たる恋の文学的記念碑を、少なくとも自分の筆で記述して保存しなければならないのである。

大阪文化をめぐる青々の思いにおいて際立つことは、巨口が正当に指摘しているように、近松への愛である。青々の覚書によれば、「力は煩悩と猥褻とに在り」（『随感と随想』一八頁）、「泥に命あり。勢い。力。濁れる動物的の所に力あり」（同、一四九頁）とあり、こうした「力」が創作の、あるいは真に「向上」する人間の糧になるのだが、「煩悩と猥褻」、「泥」、「濁れる動物的の所」は多く近松などの芝居に見出されたものである。

青々晩年の弟子・細見綾子は、彼のこのあたりをよく知っていたようだ。彼女が青々の句会に加わり始めた昭和一桁台、青々のお膝元の大阪の句会は、天王寺の梅旧院というお寺で行われた。この寺には小さな庭があり、一本の木槿が植わっていた。幾分貧相で丈ばかり高いという木槿であった。青々はこの木槿を詠んだものもあるが、彼女にとってもっとも印象的なのは、彼が「天王寺の曇った空に咲いている木槿がいゝ」と語ったことである。彼女としては、「晴れた日にどういう訳で天王寺の空が曇らなければならないのかそれは分らないけれども、やはりどうもその曇りは人間臭い。人間愛憎の果てしないように空はいつも混沌としているのである」（『わたしの歳時記』牧羊社、一九七五年、一〇〇頁）。青々は常日ごろ俳句の要諦として「混沌の境地」なることばを繰り返していたが、彼女は「混沌」というキーワードをきわめて正しいコンテキストのなかに嵌め込んでいる。というのも、「混沌」は、彼の人間理解、ことに近松ものの芝居を背景に置いたとき浮かび上がる彼の人間理解に、この上なくふさわしいものだからだ。俳句は形式的には芝居と別なジャンルに属すのは自明のことだが、こうした認識が作句に少なからず作用していたのも事実である。

綾子は、青々の文楽見物に幾度か随行したことがある。「曇った空の下の芸術家近松門左衛門を先生は尊敬していたが、二人は非常によく似た点が多かった。青々に随伴して、四ツ橋の文楽へ行った事があるが、先生は、ごわゝゝっとした着物のふところから、手拭いを出してほんとうに泣かれた。はじめての時、私は、驚いたけれども、驚きと共に一つの目を開かれたように思う」（同書、一〇一頁）。

近松が浄瑠璃を読みて獨燈火に泣くかの愛着の火いたづらにもえてあたら玉の緒を空しくする事多し
人は露我ならぬ恋の心を小《セム》

この句も初期の句集『妻木』所収。細見綾子はいっしょに文楽見物をしたら、青々が「ごわゝゝっとした着物のふところから、手拭いを出してほんとうに泣かれた」のに驚いたが、彼は近松の心中物を読んでもよく泣いたらしい。巨口に、「近松を読んで泣けば風邪などはなほつてしまふ」と青々は語った（『倦鳥』昭和十三年二月号）という。寡聞にして筆者は「小」を「せむ」と訓ませる例をほかに知らないが、「せばし」（狭し・小《せま》し）と「せむ」（逼む・迫む・責む・攻む）とが同根であるから、「小《セム》」という訓みは決して非合理的ではない。句の意は、ひとの命は露のように儚いが、儚いこの世の生のなかで、自分としては、とてもいつもの自分とは思えぬような恋をしてみたらどうかと、そうした心持ちが迫り高まってくる、といったところか。音調的にきわめて不規則で、上五以外は、切り方がはっきりしない。全体では五＋八＋六とでもなろう。

青々が八歳の頃母の死によって寡黙な性格に変り、身近の人間からも何を考えているのかわからないようになった、と叔母の語るところであった（『青々追悼号』八一頁）。彼の衝撃のただならぬ大きさが知れるところである。青々少年にとって世界に調和と平安とを失なわせた第一の出来事が、母親の早世であったといえようが、おそらく第二のそれは、社会化というか、職業人として世間に出てゆくに際しての困難であっただろう。先に触れた相場で大損をして東京に逐電したことについて、結局彼は東京にしばらく暮して、「脚気で動けぬやうに成つて負ふて貰ふて汽車に乗り大坂に帰」り、たしかに脚気は直ったはいいが、「処世の道が無く自分は此世に生存して行く価値のないものだと信じ出すやうな事もあり」（『青々追悼号』一三二頁）、と述べていて、彼にとって社会化プロセスが如何にむつかしいものであったか、如実に示している。この間のことは記録も証言もなく不明なことが多いが、おそらく仏教に対する関心もこの時期に萌したにちがいない。こうしたなかで形成されたのが、あるいは「煩悩と猥褻」としての力、あるいは「濁れる動物的の所」についての考えであろう。

青々の愛読した『扶桑隠逸伝』に示されるような「隠逸」が、彼が徐々に養って育てた己が理想像ではあるまいか。「世俗的悪風習に反抗して、高く自己を抱持してゐるのである。人間生活の浸潤してゐる世俗的悪風潮に反抗して魚に鹽を与へるやうなものである。芭蕉は当世には高邁な乞食がないといふて慨歎してゐる。

鷹をきて誰人います春の春　　芭蕉

現代の積極的時代と齟齬するものではない。扶桑隠逸伝が消極的なものと早了するは世俗の見である。世俗の流行に反抗した強い抱持があるのである」(『随感と随想』一九六頁)。こうした隠逸は、国に用いられれば「国士」となり、用いられないときは、「世俗の汚れを避けて高き心を抱持して、身を土竹視して隠遁者となり乞食とも成るのである」(同書、一九七頁)。父親はかつて、「処世の道」に入ることなく日がな一日中本を読んでいる息子を「羽織を着た乞食」と罵倒したわけだが、皮肉を交えて言えば、現実において、青々の生はほぼこの線に落着いたわけである。

幼くして母を失い寡黙になった男は、生涯「淋しさ」を根本的感情として引摺ることになった。この「淋しさ」は広い意味でメランコリー、ヒポコンドリー、心気症、塞ぎ虫の別名といってもよかろう。

さびしさや七夕すぎし天の川　　青々
さびしきに決して嬉し秋の暮
淋しうてならぬ時あり薄見る

この悲哀感・淋しさは、西洋で言う「生の倦怠」につながる。やはり若い頃には重症のヒポコンドリーに苦しんだゲーテは「恋愛を繰返し恋愛をすること以上にこの倦怠感を惹起こすものはないだろう。初恋が唯一の恋だというのは理由がある。というのも、二番目の恋において、また二番目の恋によってもう愛の最高の意味は失われるからである。永遠なるもの、無限なるものの概念が恋を高め、それを担っているのだが、この概念は破壊され、愛は、すべて繰返しやってくるものと同じく、無情の儚いものになる」と往時を回顧している(HA9: S. 579)。

青々が「句は人生の空虚を満たす」（『随感と随想』一五九頁）と述べるとき、やはり「退屈」と「生の倦怠」を見据えている。このメモと類似した、彼の詩ないし新体詩めいた文章を掲げると、

人間は此世へ何しに来た歟。
恋するは淋しい為か。
淋しい時の慰は何か。
無信の悲哀。（同書、一五一頁）

「恋するは淋しい為か」などの文言は、ゲーテ的なメランコリックな孤独と波長がよく合っている。あるいは「智者の淋しさ。佛教のほろ苦さ。大根のほろ苦さ。〔改行〕青々曰く、俳句の『寂ビ』の味。夜の中に眼の覚めた淋しさ。群衆の笑ふ中にひとり居る淋しさ。真実を知る者の悲哀。真実の世の中と真実の己を知ると一抹の愁がある。〔改行〕世尊は一切衆生の上に悩をもち、憂の中に安住す」（『随感と随想』一四七頁）も、類想の断章である。

## 三　「ぼつとりとした女」と吉祥天女

しかしこの前月号（大正九年八月号）に載せられた巨口の「日記断片」の八月一日の項を見てみよう。この日は日曜日であった。「昼より香櫨園なる艸公君新居句会に行く。会者、青々、素史、甲南の三子。句は作らず、雑談に賑ふ。青々氏の女人観を傾聴す。僕も今迄女に就て大分知つてゐた積りなれど、青々氏の話を聴いてみる

と、まだまだ大分修業して観察しなければならぬと思ふ。例へば『ぼつとりとした女』といふ事を云はれても僕にはそれがハッキリと具体化して想像し得られなかつたり、吉祥天女をよく知らなかつたりといふやうな事でさう感じたのだつた。」艸公居での句会とはいいながら、結局酒が出ておしゃべりをしているうちに、酔いが回り、そうなるとお決まりの艶っぽい方向に話は進んでいったようである。

彼は、八月に巨口たちに「ぼつとりとした女」ともいえる吉祥天について語っているが、それには理由がある。五月に当時の有力な青々の大パトロンであった政治家中島久万吉（華水）に招待され、その大磯の別荘にしばらく滞在したその足で、東京にも足を伸ばしそこで「ぼつとりとした」吉祥天女を見ていたからである。大正八年正月号の「社告」によれば、大正六年十一月号からしばらく休刊した『倦鳥』が復活をとげ無事一年を経過したが、この度「深厚なる同情者」三氏から計千四百円の基金の寄贈を得た、と報告している。「某氏」と名を伏せられた最高額千円を寄附した人物は、その後の経緯からしておそらく中島であろう。『倦鳥』は一部二十五銭だから、寄附金額は相当なものである。これで青々はようやく雑誌経営の心労から解放されたのである。彼は大磯滞在のあと、東京、仙台、松島、東京と往復してから帰阪したのだが、東京では、帝室博物館に展示されている浄瑠璃寺の吉祥天を見ていた（「倦鳥」大正九年七月「東游稿」）。しかも、この旅行の際二度もそれを見た。

帝室博物館を見る。さきの日根岸庵訪問の折にも立ち寄りたり、浄瑠璃寺の吉祥天女像を叉飽かず眺めかへせり、紫式部が源氏物語に女としての吉祥天女を評して法げたりといふてゐる、この仏法臭ひといふ意味或は他の吉祥天女には當るかも知らざれど浄瑠璃寺の像には絶えて當らず、自分は是に依り兼てより紫式部の女を見る審美眼を疑ひゐるなり、この像の豊艶にして殊にその腕と手つきの肉感的蠱惑的なる、たゞ讃嘆の他ないと思ふ、曾て此像の為に奈良より浄瑠璃寺を尋ねた事が有つたが、此方へ出陳せられて不在であつた、今回は幸に之を見る事を得たり。
日本霊異記に和泉国血渟止《チヅト》山寺に吉祥天女像あり、信濃国の優婆塞来り住し、天女像を見て愛慾の心を生じ六時ごとに天女の如き好女を我に賜へと願ふた或夜優婆塞天女を犯す夢みて翌旦像を見れば裙で不浄に染たり云々とある、此像なども優秀なる像で有つた事が想像するに難からぬ。吉祥天女を紫式部の所謂法げたりといふ評は劣つた像を見ての評か或は仏法といふ事に拘泥した皮相の見である。

青々は浄瑠璃寺の吉祥天女にいたく執心で、「この像の豊艶にして殊にその腕と手つきの肉感的蠱惑的なる、たゞ讃嘆の他ないと思ふ」と諸手を挙げての賛仰ぶりである。『源氏物語』の「帚木」で、有名な「雨夜の品定め」中の、「吉祥天女《きちじょうてんにょ》を思ひかけぬとすれば、法気《はふけ》づき霊《くす》しからむこそ、また、わびしかりぬべけれとて、みな笑ひぬ」なる文章をいっている。頭中将が、もし吉祥天女のような女性を妻とするなら、抹香臭くて人間離れしていてたまらないな、と言って皆で大笑い、とあるわけだが、青々に言わせると、吉祥天女と「法気づく」とを結びつけるとはもってのほか、和泉国血渟止《チヅト》山寺の吉祥天女像を見て「愛欲の心」を抱き実際ことに及んだ在家信者もいたではないか、「紫式部の女を見る審美眼」はおかしい、と主張するのだ。

この豊満な天女はもとはインド神話の神であって、ヴィシュヌ神の妃ラクシュミーとして知られているので、むしろラクシュミーについての説明の方が分りやすい。中村元の説明に従うと、「吉祥天、功徳天などと漢訳された。幸運の女神。太古、ヴィシュヌ神を始めとする神々がアムリタ（甘露）を得るために乳海を攪拌した時に出現した。それ故、『乳海の娘』とも呼ばれる」（『図説仏教大辞典』、東京書籍、昭和六十三年、六九〇頁）しかし青々の官能性への拘りを念頭に置くなら、定方晟による吉祥天女の説明の方が分りやすい。「ヒンドゥー教のラクシュミー Laks.mi（別名シュリー Sri。吉祥の意）が仏教に取り入れられたもので、ヒンドゥー神話においてはビシュヌ神の妃《きさき》であり、『大海から生まれたもの』の異名をもち、愛欲神カーマの母である。キューピッドを息子にもつ美の女神ビーナスに似る点で、ギリシア・ローマ神話との交渉が考えられる。仏教ではバールフトやサーンチーにその美術的表現が現れる。女神は蓮華《れんげ》の上にいて、片手に何物かを持ち、左右のゾウ（象）の降り注ぐ水を頭に受けている。このモチーフは、諸神の乳海攪拌《かくはん》によって彼女が出現したとき、天のゾウが浄水を金瓶《びょう》にくんで彼女に浴びせたというヒンドゥー神話に対応する。仏教では毘沙門天《びしゃもんてん》の妃とされる。日本では古代に、彼女を本尊として福徳を祈願する吉祥天女法《てんにょほう》（吉祥悔過《けか》法）が大極殿《だいごくでん》や国分寺で行われたが、後世には、彼女への信仰は庶民的な福徳の神、弁才天の人気の陰に隠れたようである。薬師寺の画像や浄瑠璃《じょうるり》寺の彫像が有名で、左手に如意宝珠《にょいほうしゅ》をのせている。」（小学館ＣＤ・ＲＯＭ『スーパーニッポニカ』）

「ぼつとりとした女」ということでは以下の句が参照されよう。（　）のなかの句は、その前句の柳、紫陽花が女性的なものをイメージしていたことの証左になろう。

ぼつとりと居かゝる雨の柳かな　　昭和四、七『松苗』春・一一二
（柳ほど女に類ふものはなき、　　昭和九、五『松苗』春・一一六）
ぼつとりと富みて潤ふ椿かな　　昭和五、四『松苗』春・一二〇
紫陽花のぼつとりとして肌ふる、　　昭和六、九『松苗』夏・一一八
（紫陽花の闇に女を感じけり　　大正九、九『松苗』夏・一一八）

昭和十四年三月主を失って二年目の青々一門は、貸切バス二台で、浄瑠璃寺に吟行ハイキングに出た。此の寺にはない吉祥天女について、塚本虚明は次のように記している。十四世紀後半、行基に建立を命じた聖武天皇は

「御妃光明皇后の御病脳の砌この本尊薬師如来に祈願せらる、と忽ち平癒せられましたので、天皇は叡感の余り、自ら吉祥天女の像を刻むで御寄付になりました。その天女の御容貌は光明皇后によく似てゐらる、と申しますが、藤原時代の彫像としては尤も著名なもので、こ、で拝めると実にい、のですが、ずっと前から東京美術学校の所蔵となり上野の帝室博物館に奇托せられゐます。（中略）私も博物館で拝みましたが三尺ばかりの木彫彩色像で、御顔の面を白く塗つて頭部には美しい宝冠を飾り豊麗優美な三日月眉で目も口も艶美、人を魅する程で、左手に宝珠を捧げられ、衣紋には極めて華麗な極彩色のが施されてあります。実に藤原時代の芸術の香りの高いものでありますす。かやうな勝れた仏様又喩へば法輪寺の虚空蔵菩薩とか申すものでも、博物館のケースの中で拝むと勿論崇敬な感じが薄れ」（一四頁）るものなので、吉祥天女とても例外ではない、と虚明は主張しているが、青々の執心のことは知ってか知らずか、肝心の吉祥天女が「豊麗優美な三日月眉で目も口も艶美、人を魅する程」であることは見逃していない。

（1）青木茂夫『評伝松瀬青々』（俳句研究社、一九七二年）、山口誓子『鑑賞の書』（東京美術、一九七四年）、堀古蝶『俳人松瀬青々』（邑書林、一九九三年）の三著が、伝記的に青々を顕彰しようとした数少ない試みになっている。青々が就いた塾の先生たちに関して、誓子は『東区史』にあたって多くの成果を挙げている。しかしデータ的にはいまだに昭和十二年青々死去の直後に出された『倦鳥・青々追悼号』がもっとも豊富な資料になっている。さらに、青々の俳句に丁寧な鑑賞を施したものには、古屋秀雄『増補版青々秀句』（邑書林、一九九〇年）がある。青々に関する包括的な論考としては、筆者の「松瀬青々論」（俳誌「堅香子」二〇〇二年七月から現在まで、見開き四頁で毎号連載）を参看されたい。

（2）十軒続きの家屋の一番北で東側の木村重兵衛なる道具屋は、数年後にも青々の回想にあらわれる。その昭和九年の回想文から引いておこう。

大川町の東側十軒ある長屋の北の端の家が、木村重サン（重兵ヱサン）、と言ふ道具屋であつた。そこの主人は余程の大人だと当時は思つてゐたが、只今ソノ姿を思ひ出すと、まだ若い人であつた。その時分には本当の古道具の、上等のものとは言へないが懐かしいものが、店一杯に並べられてゐた。

父は時々こゝで掛物やら、花生けを求めた。椿の掛物も有つた。筒の焼物のかけ花生もあつた。花生の方は今に私が持ち伝へてゐる筈である。古道具屋は、この重兵ヱサンと心安かつた御霊筋修町へ入ル東側にも一軒あつた。そこの主人の姉で有つたか、女兄弟の人が店にゐた事を覚えてゐる。位置は今の梅月あたりかと思ふ」（松瀬青々『随感と随想』、昭和十七年、倦鳥社、一一三頁）。

「梅月」とは大阪市生野区勝山北にある生菓子の老舗のことであろう。父親と近所のつきあい方の一端がうかがえるが、きっと少年の青々も父親といっしょに道具屋に行ったのであろう。
（3）この歌の学習も役に立たないわけではなかった。明治三十二年四月、はじめて根岸に子規を訪ねた折り、子規が岡麓、香取秀真、五百木飄亭、山本鹿洲、木村芳雨とともに開いた第三回の根岸短歌会に青々も参加して、「展覧会を見る」なる題詠として、

梅檀の古仏かしこし石膏の裸女が寐よげなるもよし　青々

を詠んでいる。子規全集第六巻、四七六頁。

また青々は和歌の師匠蓼生園中村良顕とはるか年を経てから、思いがけぬところで間接的に出会っている。昭和二年夕霧二百五十年忌が、正月六日新町吉田屋において催されたときである。青々もこのとき吉田屋を訪ね、展示された夕霧の遺品に往時を偲んで九句をつくっている。そのうち最後の三句の前書きによれば、「夕霧二百年忌の折に催したる吉田屋の茶会の記を見るに来客の中に浪速に住まれし歌人中村良顕先生の名を記せり、我も其庭に通ひし蓼生園の昔思ひ出されて淋し　三句」

なき名見る涙更なり夕霧忌　　青々
うつしみの何と詠まれし夕霧忌
俤も年経し蓼の枯生かな

（4）赤木は前述の『青々追悼号』の同じ文章の中で、「尤も青々君は若年より旧派の俳句を学び、最初は無心と号して居たが、ホトトギスに擡頭すると同時に青々と名乗りを挙げたのであつた」としている。青々が無心から青々に俳号を変えたのは、明治三十一年一月『ホトトギス』からであって、それ以前八ヶ月ほど『ホトトギス』でも無心

の号でやってきていたので、この点赤木の情報は不正確である。また明治三十年四月十四日の大坂満月会立上げの会に向けて、その少し前から青々は「日本派」風の習作を作りはじめたとされるが、勤めていた銀行の同僚に荒木井蛙など「日本派」系の俳人がいて、その縁でもっぱら青々は新派の俳句を作ったように推測される。彼がすぐに面識を得た露石は、二十七年から子規の添削を受けていたので、こうした人間関係を念頭に置くと、青々がいまさら旧派の宗匠俳句、月並俳句に戻る可能性は少なかったようだ。旧派俳句云々の発言からすると赤木は「上方商人風」の青々に反感を抱いていたようだ。

II

# 谷崎潤一郎と阪神間　そして三人の妻

辻　一郎

## はじめに

谷崎潤一郎が関西に住むことになるきっかけをつくったのは、大正十二（一九二三）年の関東大震災である。彼は昭和九（一九三四）年『中央公論』に書いた「東京をおもふ」のなかで、そのときの様子をこう述べている。

想ひ起す、大正十二年九月一日のことであつた。私は同日の朝箱根の蘆の湖畔のホテルからバスで小涌谷《こわきだに》に向ふ途中、蘆の湯を過ぎて程なくあの地震に遇つたのであるが、そこから徒歩で崖崩れのした山路を小湧谷の方へ降りながら、先ず第一に考へたのは横濱にある妻子共の安否であつた(1)。

谷崎は八月の初旬から家族とともに小涌谷のホテルへ避暑におもむいていた。しかし九月一日から娘、鮎子の学校がはじまるため、いったん横浜の自宅に戻り、前夜から今度は単身、蘆の湯にもどっていて地震に遭遇した。

彼はその瞬間、横浜にいる家族の安否をきづかう一方で、「しめた、これで東京がよくなるぞ」との歓喜の念がわいてくるのをとめられなかったと記している。

あの亂脈な東京。泥濘と、悪道路と、不秩序と、險悪な人情の外何物もない東京。私はそれが今の恐ろしい震動で一とたまりもなく崩壊し、張りぼての洋風建築と附け木のやうな日本家屋の集團が痛快に燒けつゝあるさまを想ふと、サバ〳〵して胸がすくのであつた。私の東京に對する反感はそれほど大きなものであつたが、でもその燒け野原に鬱然たる近代都市が勃興するであらうことには、何の疑ひも抱かなかつた。かゝる災厄に馴れてゐる日本人は、このくらゐなことでへタバル筈はない。サンフランシスコは十年を經て前より立派な都市になつたと聞いてゐるが、東京も十年後には大丈夫復興する。(2)

だから谷崎は「妻子のためには火の勢ひが少しでも遅く弱いやうにと祈りながら、一方では又『焼けろ焼けろ、みんな焼けちまへ』」と思ったのだ。

谷崎は一刻も早く家族のいる横浜に帰りたいと願ったが、交通機関の途絶ではたせず、三島から沼津に出て夜の下り急行列車で大阪に向かった。神戸から船で横浜にもどる方法があると考えついたからだ。大阪に着くと白いヘルメット、手にこうもり傘、背中にリュック、肩から水筒の姿のままで真っ直ぐに中之島の大阪朝日新聞社にむかい、遭難の体験を語って二百円の謝礼を得た。有り難かった。しかしその後神戸に行き、船をさがしてもなかなか乗せてはもらえない。そこで彼はふたたび朝日新聞社にむかい「右者ハ本社社員ニシテ震災視察新聞記事通信ノタメ東京及横浜市へ派遣スルモノニ相違無之候」(3)の証明書を出してもらった。さらに学芸部の小倉敬二に頼んで新聞小説の前借をした。小倉はこう書いている。

「今、谷崎さんが来られている。東海道をてくてく歩いて、ここへ辿り着かれたのだ。すぐ会ってくれ」デスクからの指令で、そのときはじめて谷崎さんにお目にかかったわけだが、これが谷崎さんと交渉をもつに至った最初の出会いだった。（略）そのとき谷崎さんは、「ボクは今全く無一文なんです。東京朝日には既に借り出し超過だし、そうそう無理も言えない。で、これは勝手なお願いなんですが、大阪朝日の方で次の小説をボクにお許し下さるなら、その稿料前払いとして、今ここで金をお借りしたい。これを持って直ぐ横浜へ引返し、家族の手当てをすませたら、直ぐ大阪へ帰り、ゆっくり腰を落ちつけて小説を書くつもりですが、どうでしょうか」という実に単刀直入的な、サバサバした話しぶりである。そのことを学芸部長に伝えたところ、そりゃ願ってもないことだと、あっさりＯＫされた。

谷崎はこうして千円を借りた。やがてその稿料で書かれたのが、『痴人の愛』である。女主人公のナオミにちなんで「ナオミズム」という言葉ができるくらいの反響をよんだが、「女が男の馬乗りになって部屋を歩きまわせるなんて言語道断、発売禁止だ」と検閲当局の神経を逆撫でするここになり、新聞での連載は自ら申しでて中断し、続きはプラトン社の『女性』に引きつがれた。だが谷崎はこうして縁を結んだ小倉や、このとき紹介された神戸支局員の岡成志と、このあと関西での生活のさまざまな局面で、深いかかわりをもつことになる。

谷崎が日本郵船の上海丸に乗りこんで横浜に向かうことができたのは九月九日である。船長は谷崎家に出入りしていた若い作家、今東光の父親、今武平だった。

そのころ横浜の自宅を焼けだされた谷崎の家族、妻千代、娘鮎子と妻の妹せい子は、東京杉並村の谷崎の従兄の家に避難していた。千代はこの途次、本郷西片町の今東光の家に立ち寄り、谷崎への連絡を頼んでおいた。今東光は連絡を朝日新聞と毎日新聞に依頼し、おかげで谷崎は神戸をたつ前、すでに家族の無事と避難先を知っていた。

家族との再会をようやくはたすことができたのは九月十一日（十二日だとの説もある）だった。谷崎は瓦礫の街になった東京や横浜に見切りをつけて関西への移住を決意。家族ともども、もう一度上海丸にのりこんで神戸に向かった。そしてひとまず京都に住んだ上で、十二月には兵庫県の六甲苦楽園万象館に、さらに翌大正十三（一九二四）年三月からは兵庫県武庫郡本山村北畑に住んだ。いまの神戸市東灘区本山町、阪急電車の岡本駅の近くである。

谷崎はこの岡本の地をよほど気に入ったのだろう。住んで二年後、『改造』に連載した「饒舌録」に、「気候はよし、食ひ物はうまし、人の心ものんびりとしてゐて關東よりは住み心地がよく、このくらゐならなぜもつと早く来なかつたのかと、今ではさう思ふほどである。それで據《よ》ん所ない用事でもなければめつたに東京へは行く氣にはなれない。たまに出て行くと昔の友達が待ち構へてゐて、彼方此方へ招待されて御馳走になるが、酒や食ひ物がまづいので一向舌の保養にはならず、東京と云ふ所はかうもひどい田舎だつたのかと今更のやうに驚かれる(4)」と書いている。

ここには八年も住んだ。そのことを谷崎は「三つの場合」に、「岡本にはその年から昭和六年、年齢にして私の卅九歳から四十六歳の六月まで足掛け八年の間住み、最初は本山村北畑の多田侑史氏の借家、次に好文園の伊藤萬商店の借家、次に梅園に近い梅ケ谷の丘の中段の相當に庭の廣い古風な民家を譲渡して貰ひ、それにやゝ支那風の、臺湾檜ではあるが総檜造りの御殿風の二階家を増築して住んだ(5)」と述べている。そして借財のかたとして仕方なくこの家を手放すまで、ここを拠点に創作活動に励んだ。

なお前述の本山村北畑の借家の持ち主、多田侑史とは、のちに京都大学教授になる多田道太郎の叔父であり、その縁で「僕が生まれたとき、谷崎さんがお祝いに産着をくださったそうです」と多田道太郎は安田武との『エナジー対話』所載の対談[6]で語っている。

また谷崎が昭和三（一九二八）年、岡本梅ノ谷（現　神戸市東灘区本山町岡本七丁目十三番八号）に建てた家とは、円本ブームで十万円の印税を得て四百坪あまりを四万三千円で購入、自分で設計した豪邸だった。当時の十万円といえば、いまの二〜三億円にあたるだろうか。電気風呂と水洗便所が二つずつあり電気式の囲炉裏もあって、電気代だけで月百円もかかったそうだ。月百円と言えば当時の中級のサラリーマンの月給に相当する。

ところで谷崎は関西へ移住した当初は、そんなに長く住むつもりはなく、いわば一時的な避難のつもりだったらしい。

そのことは昭和四（一九二九）年に書いた「岡本にて」[7]に、「震災の明くる年の九月に蘆屋へ逃げて来て、その翌年の春今の岡本へ家を持つたのは、つい此の間のやうな氣がするのだが、もう足かけ六年になる。實際早いものだなと思ふ。それでも最初は決して此處にゐつく氣はなく、早くて五年、晩くも十年以内には東京が復興するだらう。まあそれまでの腰かけと云ふつもりだつたが、その後時々上京してみると、復興どころか益々亂脈に、木ツ端みたいなバラツク建が殖えるばかりなのに、あのあんばいでは十年はおろか、二十年たつても、とてもムヅカシイと愛想をつかして次第に臀が落ちついてしまつた」とあることからも読みとれる。また谷崎はこのエッセイで、「一つ土地にまる二年と居たことはないのに、それが岡本ではすつかり癖が止んでしまつた。いくらか歳のせゐもあるにしてからが、よつぽど此處が気に入つたことはたしかである」と書き、「家を造つたので（東京には）もう永久に帰る氣はない」とまで断言している。

彼自身が書く通り、それまでの彼の生涯は転居の連続だった。瀬戸内晴美は、「谷崎潤一郎氏はほぼ八十年の生涯に、何度住居を変えただろうか。自分で所帯を持つまでの引越は、親の責任として、大正四年（一九一五）二十九歳で千代夫人と結婚して以来、昭和四十年（一九六五）七十九歳で死亡するまでに、ざっと数えて四十回は転居している。年譜に表われただけでも三十八回はあるが、ホテルの別荘やマンションの仮住居もいれると、優に四十回は越している。五十年に四十回といえば、ほとんど平均毎年くらい越していたことになる」と書いた上で、「これはもう只事ではない。引越マニアというより、病と呼ぶ方がふさわしい(8)」と評している。おそらく谷崎は新しい作品にとりくむにあたって、環境を新しくしたいとする強い思いをつのらせることが多かったのだろう。

その谷崎がごく近所で多少は動いたというものの、岡本には大正十三年から昭和六年まで、さらに阪神住吉には昭和十一年から十九年まで住みつづけたとは驚きである。安住の地を得て彼の創作意欲はもえさかった。その思いを谷崎は「岡本にて」を書いたのと同じ年の五月、佐藤春夫にあてた手紙(9)のなかで歌に託し、

をかもとの宿は住みよしあしや潟
　海を見つつも年をへにけり

と詠んでいる。

野村尚吾はこのころの谷崎を、「東京生れの潤一郎は、関西の風土に、一種のエキゾティシズムを感じて目を見張ると同時に、ノスタルジアをも強く抱くことになったといえよう(10)」と評している。このエキゾティシズムとノスタルジーが、関東大震災前ややスランプ気味だった谷崎を蘇生させ、『痴人の愛』『卍』『蓼喰ふ蟲』『春琴

抄』などを誕生させた。さらに『蘆刈』をはじめとする古典回帰をもたらした。

その意味でもし関東大震災がなく、もし関西移住がなかったら、「大谷崎」の誕生はなかったかもしれない。少なくとも『卍』から『細雪』にいたる作品は生まれなかったろう。

それだけではない。谷崎はこの阪神間での生活を通じて、最初の妻、千代との別れ、二度目の妻、丁未子との出会いと別れ、そして谷崎の最後を看とった三度目の妻、松子との出会いをはたした。そしてそのことごとくを糧にして、彼の文学の世界を広め、深めていった。

本稿は谷崎と三人の妻を中心に記したい。また単なる偶然でしかないが、私はその三人の女性すべてにお目にかかった。その折りの印象も短くではあるが記したい。

その意味でこれはあくまでもエッセイである。周知の事実にわざわざふれたり、多くの研究者の著作を遠慮なく引用させていただくのも、その気安さからであることを、あらかじめお断りしておきたい。

## 一　谷崎潤一郎の関西観の推移

すでにふれたように谷崎は、大正十二（一九二三）年の暮、兵庫県に移り住んでから、昭和十九（一九四四）年四月まで実に二十一年間にわたって阪神間に住みつづけた。彼はこの年、太平洋戦争の激化にともなう空襲の危険から逃れるため熱海市西山に疎開するが、このときには「近きあたりの人別れの言葉を求めければ」として、

ありׂ經なばまたもかへらん津の国の
　住吉川の松の木かげに

と詠んでいる。[11] もしこの戦争がなかったら、阪神間を離れることも、戦後の京都への転居も、終焉の地を熱海に求めることもなかったろうと思える「津の国」への気持ちをこめた語感である。この阪神間の生活で谷崎は、「天下に斯かる安住郷もありけるよと阪神沿線の風土を謳歌しつゝ、関西人に同化[12]」し、それにつれて関西を見る目も大きく変った。その軌跡を彼の著作のなかから拾ってみよう。

彼は関西に住んで二年目には『文藝春秋』に「阪神見聞録[13]」を書き、三つの理由をあげて大阪人を罵倒した。まず第一は公徳心の欠如である。「大阪の人は電車の中で、平気で子供に小便をさせる人種である、――と、かう云つたらば東京人は驚くだらうが、此れは嘘でも何でもない。事實私はさう云ふ光景を二度も見てゐる。尤も市内電車ではなく、二度とも阪急電車であつたが、此の阪急が大阪附近の電車の中で一番客種がいゝと云ふに至つては、更に吃驚せざるを得ない」と例をあげた。また大勢のひとが車中で立っていて、もう少し詰めればまだ座れるのに、譲りあうことをしないのが大阪人だとも指摘した。

次に彼が腹立たしく感じたのは、新聞の借り読みである。たとえば谷崎が朝日と毎日を買って電車にのると、読んでいない方の新聞を「ちよいと拝借」と理由もなく持っていってしまう紳士がいる。しかも場合によってはその新聞は、もう帰ってこない。阪急の梅田では電車のなかまで新聞を売りにくるのだから、買うチャンスはいくらでもあるのに、こんなことをするのは、よほど「馬鹿なのか」「づうづうしいのか」と怒っている。

第三は見ず知らずの人に馴れ馴れしく話しかけていく不作法ぶりだ。「一體に、東京人は見ず知らずの人に向つて話しかけることはめつたにない。それは不作法な事であり、田舎者のする事だとしてゐる。大阪人は此の點に於いて東京人ほどはにかみ屋でなく、人みしりをしない」と書き、「斯うして見ると、人間の方はどうも喰ひ物ほど上等ではないやうである」と決めつけている。

つまりこの時点では、「関西の食べものはいいとして、人間はよくない」が谷崎の感想だった。だが彼はもっと若いころには、その関西の食べものについても苦情を述べた。

たとえば明治四十五（一九一二）年、二十七歳のときに書いた「朱雀日記」には、「京都の食物は、淡白で水ツぽくて、東京人の口には合ひさうもない。第一に醤油の味が餘程違つて居る。人に依つてそれぐの嗜好があるとしても、鰻、すし、そば、などは遙に東京より劣つて居る。一般に海の魚は種類が乏しくて、而も品質が悪いやうである。京都に長く滞在して、何よりも不自由を感じるのは、東京流の女と食物の缺乏である。酒がうまいだけに、猶更其れを遺憾に思ふ(14)」と不平を書いた。ただ京大教授だった上田敏にご馳走になった「瓢亭」の料理だけは、「捨て難い味がある(15)」と褒めている。

この「朱雀日記」は『大阪毎日新聞』と『東京日日新聞』に連載された続きものだが、この前年、大毎は東日を吸収合併し、面白い読みものが期待された。それに応えるため、売り出したばかりの旬の新進作家を京都に派遣し、チャキチャキの江戸っ子の目でとらえた京洛見聞記を書いてもらう企画が生まれたのだろう。このとき京都には長田幹彦が一足先に着いていた。谷崎は彼を誘い三ヵ月もの間、連日連夜、茶屋酒を楽しんだ。京都のお茶屋は、月払いか、盆暮れの二季払いである。たちまち借金は二千円もたまってしまった。

明治四十五年の二千円といえば、いまの貨幣価値でどれくらいだろう。少なくても家の一軒や二軒は楽に買えた金額だろう。谷崎はこの借金を長田などに不義理をした恰好で「徴兵検査」に間にあうように、さっさと東京に帰ってしまった。この「分不相應な負債の山(16)」をつくるにいたったいきさつは、谷崎の「青春日記」や長田の「京都時代の谷崎さん(17)」に詳しい。谷崎が若いころから、途方もない浪費家であったことがよくわかるエピソードだ。

さて、本題にもどれば「朱雀日記」でこのように関西の食べ物にケチをつけた谷崎は、すでに紹介したように昭和二（一九二七）年の「饒舌録」で食い物は「うまし」と書いた。そしてさらにその五年後、昭和七（一九三二）年の「私の見た大阪及び大阪人」では、かつて自分がこきおろしたことを忘れたのか、「私の場合には、幸ひにして此方の気候と食物とが最初から東京よりも自分の體質や嗜好に合つてゐた。私の叔父や親戚なぞの中には、たまに此方へ遊びに来ても白い刺身に箸を付けず、煮物の水つぽいのが物足らず、醤油の仇鹽《あだじほ》つ辛《から》いのが気に入らずと云ふやうな頑固な江戸つ児があるが、私は味覺の點に於いては始めから關西好みであつた」(18)と胸をはっている。

それだけではない。「東京流の女の缺乏」についての不満も、このころにはかげをひそめ、大阪の女性の服装について多少の悪口を書きながらも、美質も大いに認めている。たとえば大阪の女性の声について、「私は劇場で俳優のセリフを聴く時以外に日本語の發音の美しさなどに注意したことはなかつたのだが、大阪へ来て日常婦人の話し聲を耳にするやうになつてから、始めてそれをしみ〴〵と感じた。京女の言葉づかひが優しいことは昔から知られてゐるが、京都よりも大阪の方が一層いゝ。京都人の發音は、東京に比べればつやがあるけれども、大阪ほど粘つこくない。だから例のドス聲を出すやうなイヤ味もない代りに、それだけ魅力にも乏しい。私に云はせると、女の聲の一番美しいのは大阪から播州あたり迄のやうである」と記し、これにつづけて「西洋の樂器にたとへれば、東京はマンドリンで、——ひどいのは大正琴で——大阪はギタアである。座談の相手には東京の女が面白く、寝物語には大阪の女が情がある、と云ふのが私の持論であるが、つまり性的興味を離れて、男に對するやうな氣持で舌戦を闘はす時は、東京の女は大膽で、露骨で、皮肉や揚足取りを無遠慮に云ふから張合ひがあるけれども、『女』として見る時は大阪の方が色気があり、魅惑的である。つまり私には、東京の女は女の感じがしないのである。しかし、それは大阪の女が淫蕩であるとか、野卑であるとか云ふ意味でない。東京の方が、る。

アケスケで、お俠《きゃん》で、蓮ッ葉であるだけに、何んとなく擦れつ枯らしの感じがして、却つて下品だ」[19]と書いてい

マンドリンとギターの比較はどうかと思うが、要するに友達にするには東京の女性が面白く、恋人にするには大阪の女性の方がいいといいたかったのだろう。ただ谷崎の時代に「女友達」の概念があったかどうかは、定かでない。

また谷崎は文楽や上方舞、地唄をはじめとする上方芸能の素晴しさにも目を開いた。

この谷崎が大阪の若いインテリ女性に接したいと、自分の設計で建てた岡本の自慢の新居に、大阪府立女子専門学校（現大阪女子大）の学生を招いたのは昭和三（一九二八）年の暮れである。[20]

当時、谷崎家にはこの学校の卒業生、武市遊亀子が助手として起居していた。『卍』の大阪弁を手伝うためである。その武市が一年後輩の江田（高木）治江に、「谷崎先生が、大阪のお嬢様方に夕食を差し上げたいとおつしやつてゐますので、貴女を含めて五人のお友達を誘つて、（略）来て下さい」と誘いの手紙をだしたのだ。このころ谷崎は武市の後任の助手をさがしはじめていた。その候補者を見つけるための誘いだった。手紙をうけとって江田は迷った。『痴人の愛』の発表以来、エロチックな作家との評判が高い谷崎の誘いに応じたのでは、学校にどう見られるかと怖れたのだ。一方、話を聞いた古川丁未子は大声をはりあげ、「嬉しい。わたし行きたいわ。谷崎先生を見られるだけで素敵だのに、その上御馳走がいただけるなんて！　行かせてよね。たのむ、たのむ」といったという。

この丁未子がやがて谷崎の二番目の妻になる。

一方、江田は谷崎のメガネにかない、武市遊亀子のあとをついで谷崎の助手として谷崎家に住みこみ、『蓼喰

ふ蟲』の京都弁を手伝った。この『蓼喰ふ蟲』では主人公の斯波要が、次第に東京の文化よりも関西的なもの、人形浄瑠璃など関西にある旧い文化に惹かれるようになっていく。この主人公は、谷崎の投影である。

さて、こうした谷崎の関西観の変化を論じた対談がある。前掲の『エナジー対話』所載の多田道太郎と安田武の対談[21]である。

このなかで多田は、「最初は（谷崎と）関西とのあいだにかなり齟齬があった。ところが馴染んでいくうちに、関西が『夢』になってゆく。松子夫人との出会いにも、そういうところがありますね。夢にみていた人が現実にあらわれたのに違いはないんだけれども、その相手に馴染んでいくうちに、それがまた『夢』になっていく。馴染むにつれて『夢』がいわば高次元化するといった趣きがある。これが面白い」と発言し、安田は、「いまの話から言うと、船場の深窓育ちで富豪根津家の御寮人様《ごりょんさん》であった松子夫人との出会いが谷崎の関西への傾倒になったのか、あるいは、関西への傾倒という谷崎内面のロマンの裡で松子夫人という女性がつくられていったのか。このあたりは、重要なポイントですね」と語っている。

つまり多田と安田のふたりがともに認めているように、谷崎の関西観の変化の背景にはそれが原因であれ、結果であれ、松子夫人の存在が大きくあった。

私がこの松子夫人に熱海のお宅でお目にかかったのは、昭和三十九（一九六四）年の六月である。これは十年もの間、居所とされてきた伊豆山鳴沢の雪後庵をひとに譲り、湯河原の湘碧山房に移られる一ヵ月前であり、熱海のお宅とは湯河原への移転にそなえ、一時借用され、仮り住まいをされていた故吉川英治の別邸だった。

ここで谷崎から聞いた話は、すでに拙著『忘れえぬ人々』[22]におさめたので多くは書かない。しかし、

「いまも関西の方がじつは好きなんですが。ことに食いものの点ではね」

「料理ばかりでなしに、お菓子とか牛肉とか鶏とか、ああいうもの、すべて旨いと思うんですよ」

「ことに京菓子は美味しいものです。まるで品がちがいます」

「（それに比べて）江戸料理ってものは、田舎料理です」

「（江戸前のものは）ゲテです。魚でも何でもゲテですよ。秋刀魚だとか鰯だとか。鯛のような魚は、東京はもうぜんぜん駄目で」


などといった短いフレーズが、いまでも頭にのこっている。谷崎が晩年可愛がった義理の息子の嫁、渡辺千満子は、「（昭和三十六、七年ごろ）谷崎は京都へ又住むことをかなり本気で考えていたようです[23]」と書いている。暑さ寒さにことのほか弱かった谷崎が、気候のいい熱海からふたたび京都へ移りたいと考えていたとは、よほど上方の食べものが恋しかったということだろう。

私が谷崎家を訪ねたその日、和服姿の谷崎のかたわらには、ご主人の体調を気づかうように、やはり和服姿の松子夫人がよりそっていた。私は彼女の気品のある美しさ、艶やかさにひそかに目をみはった。そこにはこれまで写真で接してきた彼女とはまったくちがう、もっとしっとりとした女性がいた。谷崎は「雪後庵夜話」のなかで、松子夫人を戸籍上の妻とするときに考えたことを、「妻と云ふよりは幾分か他人行儀の、互に多少の間隔を置いた附き合ひでありたかつた。根津家の夫人としての彼女と世を忍びつゝ逢つてゐた時代の陰翳を、今も家庭のどこやらに残して置きたかつた。何よりも私は、世話女房と云ふが如き存在を家の中に持ち込みたくなかつた[24]」と書いているが、まさに谷崎が望んだ通りの松子夫人が、いまそこに座っているのを実感し、谷崎に会った喜びよりもさらに大きな感動を味わったことを思い出す。

明治三十六（一九〇三）年生まれの松子夫人は、そのころすでに六十歳をすぎておいでだった。しかし私の目には、せいぜい四十代前半としか見えなかった。

そういえば、昭和二十二（一九四七）年から昭和二十六（一九五一）年まで谷崎の秘書をした末永泉は、松子夫人の美しさを「咲き誇っている満開の桜の大木の花の美しさに似ていた。明るくて、おおらかで、華麗、そして何といっても大きさを感じさせた」と表現し、さらに、「このころ松子夫人は四十三歳だったが、どのように見ても三十歳にしか見えなかった。当時、京都市内を走る市電のパスを持っておられたのだが、そこに記入している年齢と、実際に見る本人、松子夫人とがあまりにかけ離れた感じから、それを車内で点検する車掌が、これは他人のパスだといって松子夫人を本人と認めようとせず、しつこく注意されたことが二、三度あるということだった(25)」と証言している。松子夫人を実年齢よりもはるかに若く見たのは、必ずしも私の目の錯覚だけではなかったようだ。

しかもその日の松子夫人は、見た目の若さばかりでなく、匂やかな気品のある婀娜っぽさを存分に身にまとっていて若い私を魅了した。だが谷崎が松子夫人とはじめての出会いをはたしたのは、この三十年も前である。そのころには当然のことながら、私の見たような臈長けた質感のある落ちつきや艶やかさはまだ身についていなかったろう。そのことは出会いから十五年後、四十歳になった松子夫人についてさえ谷崎が「初音」のなかで、「茶や侘びの趣味を弄ぶにはまだ流石《さすが》に若く、血の氣があり過ぎる(26)」と評していることからもうかがえる。しかしそうではあっても二十五歳の松子には艶やかさの代わりに若さがあった。そしてそれはそれで、谷崎の男心を大いにときめかせたにちがいない。

それを思えば谷崎が松子とあいまみえて、関西への思いを急速に改めた心情はよくわかるし、別のいい方をすれば谷崎は、関西と同化し、関西をとりこむことによって、憧れの松子との距離を埋めていったともいえるのだろう。

では松子と結ばれるまで谷崎はどのような女性遍歴をたどったのか、次にそれを順にたどりたい。

## 二　千代夫人との結婚生活

谷崎が最初の妻千代と結婚したのは大正四年（一九一五）年である。この時、谷崎は数えで三十歳、千代は二十歳だった。

ふたりを結びあわせたのは、千代の姉、お初である。谷崎は自分より三歳年上の芸者お初の「伝法肌で、くよくよしない気転のきく性質が好きで、時にはいりびたるほどの間柄だったが、お初は年上でもあり、またちゃんとしたいわゆる旦那があったため(27)」、芸者を廃業して姉のところに身をよせていた千代を「あなたには一寸過ぎものかも知れないけれど」と言って結婚相手として谷崎に勧め、ふたりは結ばれた。しかし一緒に生活するようになってはじめてわかったことだが、千代は姉とはちがい従順で貞淑な世話女房タイプだった。つまり姉が谷崎の名声におかまいなく無遠慮に接するところ、千代はつつましい奥様ぶりを発揮した。谷崎はそれが気に入らなかった。

若い日の千代が相当の美人であったことは、結婚から九年後、二十九歳の千代を泉鏡花が、「薄色のセル、羽織なし、不断着で、瀬戸通《せどがよ》ひの駒下駄を素足に引掛けたまゝながら、黒髪の柔かな、明麗楚婉《めいれいそえん》なる女性《にょしょう》(28)」と評したことからもうかがえる。また橋本芳一郎は、「美人であったが、芥川龍之介も文壇随一の夫人と褒めていたくらいの温順貞淑でよく気のつく(29)」女性であったと書き、武市遊亀子の後をついで谷崎家に住みこんでいた秘書の高木治江は、「（千代夫人は）一歩下がって、先生に落度のないよう蔭の人となって、うまく女中をさばき引き廻していた。それが嫉妬もなく奢りもなく時には冷たい女のように見えもしたが、今から思えば、それが夫の厭がることはしないという妻としての最高の愛情であった[30]」とごく身近で観察した印象を記している。

だが谷崎は千代の身ぶりそぶり、その存在そのものが気にいらなかった。早くも結婚の翌年には、弟の谷崎精二にあてた手紙[31]で、「私は自分自身の結婚に就いてすら、目下後悔してゐる」と嘆き、「結婚問題ばかりではない。私は自分の藝術家としての根本の立ち場に就いても、ひどく迷つたり悲しんだりして居る最中だ」と書いた。つまり結婚を「究極する所私の藝術をよりよく、より深くする爲めの手段[32]」としたいと願っていた谷崎は、きわめて家庭的で夫に黙々とつかえる千代があまりに真面目な優等生で、創作へのインスピレーションをかきたててくれないと、いらだちをつのらせていたのである。

この冷えきった夫婦仲を大谷晃一は「(千代は)素直で、貞淑で、温和であった。世話女房として申し分なかった。だが、潤一郎は失望した。冗談でもしようものなら顔を真っ赤にして逃げた。寝間着のしどけなさは少しもなく、嗜みが固かった。もの静かで、寂しみが漂い、つつましいが意固地な半面もあった。潤一郎はその一つ一つが気に入らない。その単純さと平凡さにあきれて、自分の芸術生活にとって大きな損亡だと考えた。『お前は頭が旧式で、ばかだ』とどなり、あるいは無言のうちによそよそしい素振りを続けた。千代はどうしていいか分からずにおろおろし、めそめそと泣いた。それがまた、潤一郎には我慢ならない[33]」と、実に巧みに表現している。おそらくこれは、河野多恵子が指摘したように「千代を択んだことが失敗だった、というよりも結婚生活に入ったのが失敗だった[34]」のだろう。つまり谷崎は結婚生活に「ないものねだり」をし、それがかなえられなくていらだっていたということだろう。

その千代がはたせなかった役割を、代わって実現してくれたのは、後に『痴人の愛』のモデルとされた千代の妹、せい子だった。谷崎はおとなしくて面白味にかける千代よりも、六歳年下で、天衣無縫、驕慢で才気煥発な彼女を気に入り、金をかけて贅沢の味を覚えさせた上で誼しみを通じた。この時期は、谷崎の結婚三〜四年後、「彼女の十七、八歳くらいのとき」[35]と松本清張は推測している。

だが千代は谷崎が妹と結ばれているなどとは夢にも思わず、妹の面倒までみてくれる谷崎に感謝していた。そしてその一方で、なぜ自分がうとんじられるのかわからずに悩んでいた。谷崎は癇癪をおこして千代をステッキで撲りつけることまでしたらしい。いまならば家庭内暴力として社会問題になるところだが、当時は知識人の家庭でも、そのような乱暴が必ずしも珍しくはなかったようである。

やがて千代はせい子と谷崎の関係を、姉のお初から聞かされた。しかし信じられなかった。思いあまって、訪ねてきた佐藤春夫に事情を話し、近所に住む北原白秋夫人にも「本当だろうか」と相談した。佐藤は千代に同情し、やがてふたりの間に愛が芽生えた。これを見て谷崎は佐藤に、「自分は千代と離婚して、せい子と結婚する。ついては君の方で千代と鮎子をひきうけてくれ」と頼みこんだ。こうしていわゆる「小田原事件」の幕が開いた。大正九（一九二〇）年、谷崎と千代が結婚して五年目である。

このいきさつを佐藤は後に『この三つのもの』で書いている。それによれば谷崎は佐藤に、「僕にはお八重（千代）の心持は大てい察しがつく。あれは君を好いてゐるんだ。尤も別に深い意味ではなく、夫の友人といふ意味かも知れないがね」といった上で、「そこで僕望（ママ）むのだが、出來ることならあの女と君とが、單に同棲とか共同生活とかいふやうなものではなく、形式的なことだが結婚の式を上げて友人たちには披露でもするといふやうなことでもあれば、さうして僕がそれに立會ひでもすれば、これは社會の目から見ても、その秩序から言つても、新奇には思へても不合理ではなからうと思ふ。さういふ莫迦々々《ばかばか》しいことはいやだと、君さへ思はなければだね」[36]と話をもちかけ、佐藤も千代も承知した。これで三人とも幸せになれるはずだった。

だがことはそうは進まなかった。谷崎からの結婚の申し入れをせい子が断り、あげく「離婚をとりやめる」と

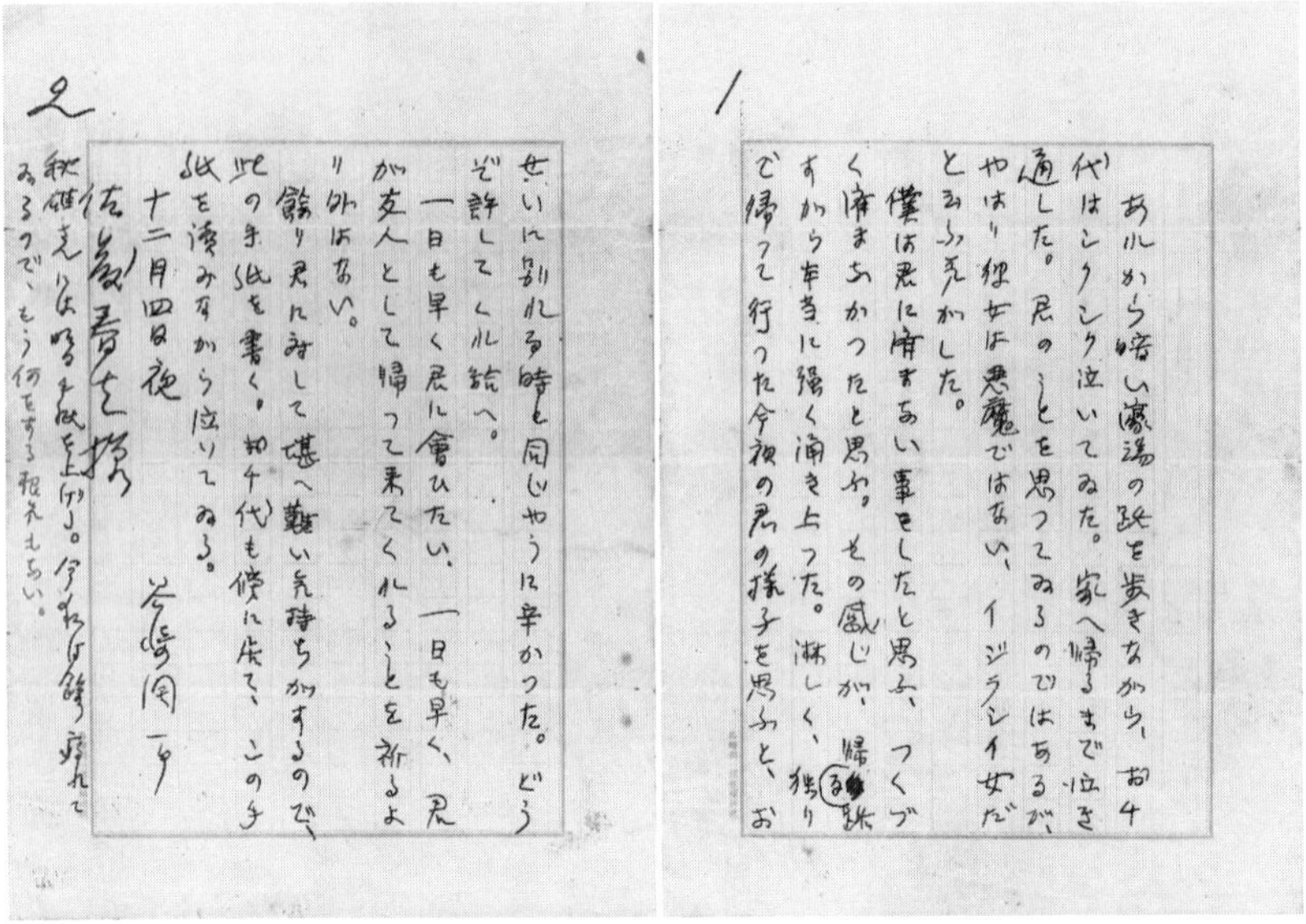
1

あれから暗い濠端の路を歩きながら、お千代はシクシク泣いてゐた。家へ帰るまで泣き通した。君のことを思つてゐるのではあるが、やはり彼女は悪魔ではない、イジラシイ女だと云ふ気がした。

僕は君に済まない事をしたと思ふ、つくづく済まなかつたと思ふ。その感じが、帰る路すから本当に強く湧き上つた。淋しく、独りで帰つて行つた今夜の君の様子を思ふと、お

2

互いに別れる時も同じやうに辛かつた。どうぞ許してくれ給へ。

一日も早く君に會ひたい、一日も早く、君が友人として帰つて来てくれることを祈るより外はない。

餘り哀れみして堪へ難い気持ちがするので、此の手紙を書く。お千代も僕に依て、この手紙を讀みながら泣いてゐる。

十二月四日夜　谷崎潤一郎

佐藤春夫様

秋雄君には明日手紙を上げる。今夜は餘り疲れてゐるので、もう何をする根気もない。

図１　谷崎潤一郎から佐藤春夫に宛てた手紙（1920年（推定）12月４日）　（神奈川近代文学館蔵）

谷崎が土壇場で態度を変えたからだ。この背景には、佐藤から愛を告げられた千代が、谷崎にとっても突然魅力的な女性に変貌した事情もあった。谷崎は後に「佐藤春夫に與へて過去半生を語る書」にこう書いている。

君は二十五歳にして初戀を知つた千代子が、いかに無邪氣に少女の如く興奮したかをよく覺えてゐるだらう。それ迄の彼女は、夫の仕打ちを恨みながらも罪を己の愚かさに歸して、ふつつかに生れた我が身の不幸を歎いてゐる昔風の女に過ぎなかつたが、あの時彼女は俄に若さを取り返した。その頰には生き生きとした赤味がさし、その眼には理智の色さへ輝やき出した。(37)

それを見て谷崎は、この千代となら、「やっていける」と考えた。それは永栄啓伸が『評伝　谷崎潤一郎』のなかで「(谷崎にとって)妻が突如として大きな意味を持ちはじめ」、谷崎が「一転して夫婦愛回復へ

何の意欲を見せ[38]」たと書いている通りだった。つまり谷崎は佐藤のおかげで「（千代の）愛すべき所以を知り、何物に換へても彼女を君（佐藤）に渡すまい[39]」としたのである。

それにしてもずいぶん身勝手な谷崎のふるまいだ。中村光夫が手厳しく、「谷崎氏が疎んじきつてゐた妻を急に惜しむ気持になつたのは、物置の隅に轉がしておいた瀬戸物を、骨董屋が高く引取るといふと急に珍重する田舎の金持の心理に似たものとも、あるひはもつと單純に、人にやるときめたものが急によく見えだす、子供じみた心の動きからとも説明することができませう[40]」と評したのも頷ける。三十男のする行為とは思えない。ただ河野多恵子は、「谷崎と佐藤との千代をめぐる恋争いが永く、執拗なものになるしかなかったのは、（略）谷崎の芸術においては、恋の発展や得恋こそが創作衝動となり得、失恋はそれを萎えさせるものでしかなかった[41]」からだと谷崎の行動に一定の理解を示した上で、「谷崎は千代を気に入らないだけではなく、彼女の良さに魅かれてもいた」と谷崎の心の裡をおしはかっている。女性の作家だからこそ見抜くことのできる男の心理かもしれない。

谷崎が前言をひるがえすと佐藤は激昂した。これは怒るのが当たり前だ。このころ谷崎から佐藤に宛てた手紙がのこっている（図1）。ここで谷崎は「あれから暗い濠端の道を歩きながら、お千代はシクシク泣いてゐた。家へ帰るまで泣き通した。君のことを思つてゐるのではあるが、やはり彼女は悪魔ではない、イジラシイ女だと云ふ気がした。僕は君に済まない事をしたと思ふ。つくづく済まなかつたと思ふ。その感じが、帰る路すがら本当に強く湧き上つた。淋しく、独りで帰つて行つた今夜の君の様子を思ふと、おせいに別れる時と同じやうに辛かつた。どうぞ許してくれ給へ。（略）餘り君に対して堪へ難い気持ちがするので、此の手紙を書く。お千代も傍に居て、この手紙を読みながら泣いてゐる[42]」と謝っている[43]。

これをうけて佐藤も千代宛におそろしく長い手紙を書いた。四百字詰め原稿用紙で五十枚にもおよぼうかという手紙である。そのなかで佐藤は、何しろ、逢ひたい。逢つて話したい。それにつけてもいつもあなたをそばへ置いて、勝手な時にあなたをよびつけて話したり、それ以上の何でも出来る谷崎といふ男はなんといふ幸福な男だらう。あんなにあなたをいぢめてさんぐ\な事をして置いてしかもなほあなたから愛せられてゐるのです。私はこれだけ一途に思ひつめて、あなたのためには何を言はれ何をされても笑つて忍んで来たのに、それでもなほはかりにかけて谷崎よりも私の方が軽いのですか。私はこの上にも、何でもします。世間の名誉、何も僕はほしくはないのです。えらくなりたくも何ともないのです。ああ、ただあなたの愛がほしい。思ふ存分あなたを愛して見たい。（略）私はあなたと夫婦になつて、あなたに僕の子を生んでもらつて、静かに平和に一生をおくりたい。それより外には何の希望もない。

と思いのほどをぶちまけている。ただしこれが投函されたかどうかは不明である。

それにしてもわからないのは、佐藤にこれだけ愛されながら、しかも谷崎に厭というほどうとんじられながら、千代がなぜ〈佐藤のもとに行くことをためらったのか〉である。むろん、娘鮎子の気持ちが心配であったろうことはよくわかる。しかし血のつながりはないものの、佐藤の方がいい父親になってくれそうな気配があった。それに何より佐藤は自分を愛してくれている。谷崎のもとを去った方が確実に幸せになれそうである。

しかし千代は谷崎を選んだ。何故なのか。

谷崎は前掲の「佐藤春夫に與へて過去半生を語る書」のなかで、「千代子は到底僕と別れる勇気のないことを自覺して、兎も角も家庭の風波は静まつたけれども、彼女の眼底に依然として君の幻影が去りやらず、朝夕そのなつかしい思ひ出に闘かひつつある様子を見ては、僕は彼女が君に依つてなまじひに戀愛の味を教へられたことを、一再ならず呪はずにはゐられなかつた」[44]と述べている。

千代はこのように佐藤を激しく愛していた。しかし谷崎がいう通り「到底僕と別れる勇気」はなかった。この心中にうずまいていたのは何だったろう。恋しい人が目の前にいて、しかも向こうも自分を強く求めている。であれば、一直線にそちらに向けて駆け出せばいいものをと思うのだが、千代はそうはしなかった。この背景にあったのはくりかえしになるが、何だろう。「嫁しては二夫にまみえず」だろうか。どうもそれだけではなさそうだ。この千代の気持を河野多恵子は女の視点で、「千代にとっては、佐藤が慕わしい男性である一方、谷崎の心中は理解しきれずとも、佐藤と必死になって自分を争っている谷崎がどうでもよい男性に思えるはずはあるまい」[45]と分析している。それはたしかにそうだろうが、それだけではまだ納得しずらい。さらに何か理由がありそうだ。

ところでこの時期、佐藤と千代との関係はあくまでもプラトニックなものだったらしい。「小田原事件」以前、佐藤は主人が不在がちな谷崎家の二階に二ヵ月もの間、滞在していた。その間、千代は佐藤と一緒に風呂に入り、不精で不潔な佐藤を洗ってやったりした。そのことを谷崎は知りながら、ふたりの間に間違いがおこることは絶対にないと信じていた。谷崎は前掲の「佐藤春夫に与えて過去半生を語る書」のなかで、「今にして考へると、もしさうなつたら、矢張り僕の潔癖はそれに堪へられないで、案外簡単に事が決してしまつたかもしれない」[46]と述べ、一方佐藤も、「若し望みさへあれば、そんな機会はいつでもありながら、僕とお千代との愛情はプラトニック・ラブに終始した。もしあの時、僕とお千代とがどんな関係を結んでゐても、谷崎は文句をいふ理由は少しもない事情にあつたが、しかしそれにしてもそんな関係にまで踏み入つてゐたら、僕はお千代をそれきり顧みる気になれなくなつてゐたかも知れない」[47]と書いている。

この佐藤の言い分はよくわかる。確かにそのような関係になっていれば、佐藤の気持ちが長く尾をひくことにはならなかったかもしれない。男にはそういう一面がある。しかしそれにしても、愛しあっているふたりが何度も一緒に風呂に入りながら、何もなかったというのにはびっくりする。佐藤のロマンチストぶりを示す格好のエピソードだといえるだろう。

あげく谷崎の豹変に激怒した佐藤は、「ぼくは白髪になるまでお千代さんを争つてもいい(48)」との言葉をのこして谷崎と決別し、千代とも「敵味方(49)」の間になった。そうなると気持ちは一層つのる。佐藤はその思いを詩に託して千代に伝えた。「秋刀魚の歌」は大正十一年十一月号の『人間』に発表された。

あはれ／秋かぜよ／情《こころ》あらば伝へてよ／夫《をっと》に去られざりし妻と／父を失はざりし幼児《をさなご》とに／伝へてよ／——男ありて／今日の夕餉《ゆうげ》に　ひとり／さんまを食ひて／涙をながす　と。

こうした詩は千代の気持ちを激しくゆさぶった。そのことを谷崎は「君は僕と絶交してから、始終作物を通して君の存在を千代子の脳裡《ママ》に刻み付けることを怠らなかつた。或る時は狐獨の侘びしさを訴へ、或る時は彼女の境涯を憐れみ、或る時は進んで僕の家庭を攪亂するやうな題材を擇んだ。君は詩の形を以て僕に挑戦状をさへ附きつけた(50)」と正直にぶちまけている。

ところで瀬戸内寂聴は平成五（一九九三）年、九十一歳になったせい子を訪ね、谷崎からの結婚の申しこみが本当にあったかどうか、本人に確かめている。せい子の答えは「あんな背のひくい人好きじゃない。ですから、『結婚してくれ』って言ったけれども、『いやあだよ』と言って断わりました。それはそれはがっかりしたような顔をしてしょんぼりしていましたよ。それで急に姉をたいせつにしだした。極端なんだから(51)」である。

またこの話を聞くためせい子に会った印象を瀬戸内は、「鼻筋がすっきり通り色白で、脚の美しさは日本人離れしていた。この人は千代さんたちとは種がちがうのではないかと、私は目を見はった。谷崎が『あんな美しい脚の女はいない』と絶賛した脚は、九十一歳のいまも尚、健在であったのだ」[52]と記している。

せい子もいうように前言をひるがえしてからの谷崎は一時期千代を大事にし、夫婦仲をとりもどすための努力を試みた。いまや千代はそれに値する女だった。だが今度は千代が素直に応じなかった。人に愛され人を愛したことで、彼女はもう前の彼女ではなくなっていた。彼女が求めているものはもはや夫の愛ではなく、もっと激しく熱い恋人の愛だった。この千代の姿に谷崎は戸惑い困惑した。これはおそらく、笠原伸夫がいう通り、「不貞の妻になったというのではなく、美質はいぜんとして美質のまま残りながら、彼女の内面に不可視の領域が層をひろげたこと」への驚きであり、「馴れ親しみ、くまなく知悉したつもりの妻の内部に、見知らぬ影がうごくのを」[53]谷崎は見て畏れたということだろう。女性は誰でも、重層的な内面をもっている。千代も恋を知って変身し、谷崎に黙ってついていくだけの従順な女性ではなくなった。だがそつのない世話女房である点は変わらなかった。

## 三　千代夫人との別れ

「小田原事件」以後、ふたりはもとのさやにおさまり、平穏な生活がつづいているように見えた。しかしやがて谷崎は夫婦仲をとりもどす努力を放棄した。恋を失った千代からは一時期宿った魅力がいつか消えてなくなり、谷崎にとってふたたび「悲しい音楽」[54]（実にたわいもなく単純なくせに、へんに涙を催させるその調べ）を奏でる女でしかなくなったからである。かたや佐藤は失意の気持ちを花街でいやしたあげく、赤坂の芸者、小田中タミと結婚し、五年後には谷崎との絶交の宣言も取り消した。

谷崎は昭和三（一九二八）年の十二月からは、大阪毎日新聞と東京日日新聞で『蓼喰ふ蟲』の連載をはじめている。ここでは彼の女性観が端的に語られている。

要に取つて女といふものは神であるか玩具《ぐわんぐ》であるかの孰《いづ》れかであつて、妻との折り合ひがうまく行かないのは、彼から見ると、妻がそれらの孰れにも屬してゐないからであつた。彼は美佐江が妻でなかつたら、或は玩具になし得たであらう。妻であるが故にそう云ふ興味が感ぜられなかつたのでもあらう。「僕はそれだけ、まだお前を尊敬してゐるんだと思ふ。愛することは出来ないまでも慰《なぐさ》み物にはしなかつたつもりだ」と、要はその晩妻に語つた。「そりやあたしだつてよく分かつてゐるわ。有りがたいとさへ思つてゐるわ。……だけどあたしは、慰み物にされてゞももつと愛されたかつたんです」妻はさう云つて激しく泣いた。

よく知られているこの一節は、谷崎の女性観を示すものであると同時に、相変らず夫婦仲がうまくいっていないことを佐藤に伝えるメッセージでもあった。谷崎は千代とふたたび別れたがっていた。そのさなか、千代は和田六郎という八歳年下の青年と恋愛事件をおこし、子供を宿して流産した。一方佐藤はタミと離婚し、独身の身にもどった。

やがて和田六郎が千代の前から逃げるようにして去ると、佐藤は谷崎の願いをうけ、千代を娶る決意をふたたびかためた。しかし千代の決意はなかなかつかなかった。谷崎の末弟の谷崎終平(55)は、佐藤と千代と終平が寝床の上で横になって、夜遅くまで堂々めぐりの話しあいを続けたことを記している。そのさなか、蚊取線香が倒れて布団に火がつき、あわやボヤになりかけたこともあったそうだ。

千代がここにまでおよんで、まだためらっていた理由は三つあった。一つは十六年間も連れ添った谷崎のもとを去る決心がつかなかったこと。二つ目は佐藤への恋心はいまは友愛の気持ちに変わっているのに、結婚がもし失敗に終われば、その友愛まで失せてしまう。その不安。三つ目は佐藤の別れた妻、タミへの申しわけなさだった。

しかし迷いに迷っていた千代の気持ちの整理もようやくつき、千代夫人譲渡の意を記した挨拶状(56)が友人知己や新聞社に送られたのは、昭和五（一九三〇）年八月十八日だった。このとき谷崎四十五歳、佐藤三十九歳、千代三十五歳だった。

千代が谷崎のもとを去り、佐藤の妻になるというこのニュースを、大阪の朝日新聞と毎日新聞はともに社会面のほとんど全部をさいて大きく伝えた。これを読んで、千代が佐藤と不倫の末、谷崎のもとを去ったとか、谷崎と佐藤がお互いに妻を交換しあったとか、あらぬ想像をたくましくした人がたくさんでた。おかげで一番被害をうけたのは千代だった。

佐藤は二ヵ月後「僕らの結婚～文字通りに読めぬ人には恥あれ」を発表し、「谷崎とお千代とは同じ家に棲んではゐたが、それはほんの名ばかりのもののやうであつた。どんな心持とどんな態度とでさうであつたかは谷崎の作品『蓼喰ふ蟲』を見ればわかる。（略）谷崎にとつてお千代は実に大切な邪魔物であつた。谷崎はお千代を不幸にしてゐるのは自分だといふ自責の念を何時も忘れることは出来なかつた。その癖、お千代を幸福に導くために努力する気には一向なれなかつたらしい。谷崎は、一口にいふと宿命的にお千代が嫌ひであつたらしい。（略）谷崎はお千代を愛してゐないのではなかつた。愛してはゐるが好まなかつたのだ。一切はこの矛盾から来てゐる」(57)と書いた。

ところでここで少し余談をはさみたい。

この千代夫人譲渡のニュースでは朝日新聞がスクープをものにするはずだった。そのことを元朝日新聞記者の山下滋子が同僚の小倉敬二から直接聞いた話として、

（小倉が）ちょうど日曜のことゝて久しぶりに谷崎氏とダベろうかと岡本を訪れたところ、ガリ版刷り（野村尚吾は『伝記谷崎潤一郎』で、「キャナデアン・グラスの石版刷機による手刷りである。謄写版でもコンニャク印刷でもないハイカラなものだった」と説明している）の手紙をせっせと封筒に入れている最中で、小倉氏の顔を見るなり、「ちょうどよいところへ来たね。これ、君のところへも送るつもりだったから今渡しておく」と渡されたのが例の手紙で、小倉氏はそれを見るなりダベるどころではなく、直ちに新聞社へ飛んで帰って社会部に報告、本来なら朝日だけの特ダネになるところを、新大阪ホテルに宿泊中の山田耕作氏に感想を求めたので、山田氏から英文毎日の主筆をしていた甥のところに通じ（毎日新聞にも伝わった）(58)。

と書いている。

ここに登場する小倉とは、関東大震災の直後、朝日新聞に谷崎が原稿料の前借を申しこんだときに応対した記者であり、その縁で谷崎とは木戸御免のつきあいを許されていた。また山下滋子は大阪府女専出身で『谷崎家の思い出』の著者、高木治江の一年先輩にあたる。私も昭和二十年代の末ごろ何度か東京世田谷の彼女のお宅でお目にかかったことがあるが、元婦人記者らしい闊達な女性だった。しかしここに「山田耕作から英文毎日にいた甥のところに」流れ、朝日のスクープにならなかったとあるのはどうも間違いらしい。おそらく山下滋子の記述をそのまま踏襲したためだろう。大谷晃一も『仮面の谷崎潤一郎』(59)のなかで、同じあやまちをおかしている。

では毎日はこのニュースを、おくればせながらにしても何故キャッチできたのか。毎日新聞ＯＢの北野栄三が

『おもろい人やなあ』（講談社　昭和五十九年刊）での小谷正一の発言にもとづいて、同人誌『千里眼』(60)にこんな裏話を書いている。

この事件当時、大阪毎日の社会部長、徳光衣城と大阪朝日の社会部長、原田穣治とは同年輩、しかも早稲田の同窓で、ほとんど毎晩、社の近くの飲み屋で杯をかわす仲だった。

谷崎からの手紙が小倉の手を通じて届いた日も、原田は取材を指揮し、朝刊のゲラに目を通した上で飲み屋にむかった。やがて徳光もその店に顔をみせた。

しばらく話すうちに原田は、徳光が事件を知らないらしいことに気がついた。谷崎の手紙を読んでいないらしい。となると、何とか朝刊の締め切りまで徳光をひきとめてスクープを確実なものにしたい。彼はいつもより頻繁に酒をすすめ、徳光は原田の様子がどこかいつもとちがうのに気がついた。

しかし何も気づかぬふりをして徳光は時間をすごし、やがて朝刊の締め切りがせまったころ、原田が重い腰をあげたのを見届けて、徳光は急いで社に帰り、きっとある筈の大ニュースを、居残っていた社会部員全員にあたらせた。そしてやがて谷崎からの手紙がこの日不在だった奥村信太郎常務の机の上で眠っているのを発見した。

このあと徳光はどうしたか。以下、北野の文章をそのまま紹介しよう。「手紙を開封した徳光は、直ちに部員とカメラマンを谷崎邸へ走らせた。同時に、徳光は大阪市内と阪神間の販売店に電話をかけさせた。すでに刷り上った朝刊が届いているか、やがて届こうとする時間である。『前の朝刊は全部捨ててくれ。間もなく新しい朝刊が届く。それが本当の朝刊だ』。こうして短時間の間に関係者の談話なども全部そろえ、夜が明けそめるころになって取材完了した社会面を印刷し直して発送した。翌日、朝日と毎日の新聞を手にした読者は、同じようにこのニュースに驚いたが、紙面の出来ばえは甲乙つけ難かった」。

さて話を本題にもどせば、佐藤は若い日の千代を、つつましく嫋々とした梨の花にたとえて、

夕月あはき梨花にして　汝が立てるこそ切なけれ
ああかかる日に君をみて　かたりし人ぞ妬ましき

と歌っている。ここから思い浮かぶのはいかにも日本的、楚々とした美人である。

しかし私がお目にかかった昭和三十九（一九六四）年には、千代は明るくてあけっぴろげ、いかにも気のいい下町タイプのおかみさんに変貌していた。「千代夫人譲渡事件」からすでに三十年余がたっていた。変貌するのは当然だが、読んだものでつくりあげていたイメージとあまりにもちがうのには少しおどろいた。

この変りようを千代の妹せい子と瀬戸内寂聴も語っている。(61)

せい子　（千代は）なかなかおとなしくはないんですよ。何しろ申の五黄ですから。
瀬戸内　私は、千代さんに晩年お会いしてるんです。佐藤さんがお尻に敷かれてるの。
せい子　春夫さんがあんまり大事にしたんで、佐藤のところへ行ってから悪くなった。（笑）

佐藤が千代を梨の花にたとえたのは「美しい誤解」だったとしても、「女性とは相手次第でこうも変わる存在なのか」と若かった私はおどろいた。だがこの変化をいち早く予言していたのは、谷崎である。「佐藤春夫に與へて過去半生を語る書」をもう一度引用すれば、このなかで谷崎は「千代子には子供らしい無邪氣な明るさもあつたであらうが、さう云ふ陽気な方面は君の方がよく知つてゐる筈で、僕の前に出る彼女はい

つも淋しい涙もろい女だつた。僕は何よりも實に彼女の涙を恐れた」[62]と書いている。つまり谷崎は自分の前では「陰」の千代が、佐藤の前では「陽」であることを早くから見抜いていた。

佐藤春夫は門弟三千人といわれ、佐藤家には連日若手の作家や新聞記者、出版社の編集者が訪れて賑わっていた。その客さばきを一手にひきうけていたのが千代である。私が佐藤のもとを訪れたときも、真先に応対してくれたのは、明るくて愛想のいい千代夫人であり、谷崎のいう「陰」の印象はどこにもなかった。しかしその千代も佐藤が亡くなった後は泣いてすごした。

そのことを潤一郎の末弟、谷崎終平は、

思えば千代夫人は数奇な運命の人であった。文化勲章受賞者二《ママ》人と結婚し、谷崎には一女を生み、佐藤では一男を生み、受け身の様でありながら強い人でもあった。丁度定年退職をしたばかりの私は、殆ど半年間、佐藤家で泣き暮した千代夫人を慰めた。一週間か十日目位に家に戻るだけだった。（略）良く涙が涸れぬものと思う程千代夫人は泣き泣き暮した。[63]

と記している。

## 四　謎の多い丁未子との結婚

谷崎は千代と別れた翌年（昭和六年）一月、大阪府女専英文科出身、二十一歳年下の古川丁未子を口説き落して婚約し、反対する丁未子の両親を説得して四月に式をあげた。丁未子と知りあって二年。その僅かな間に、日ごろは頼まれても嫌がって他人の世話などしようともしない谷崎が、丁未子の就職では二度も紹介の労をとっているくらいだから、早くから憎からず思っていたのは間違いないが、それにしても電光石火、周囲の皆がびっくりする早業だった。このとき谷崎、四十六歳、丁未子、二十五歳である。

式のあと、まるで「十代の新婚夫婦のようなはしゃぎ方で」前を歩くふたりの様子を見て、丁未子の父が、媒酌人をつとめた岡成志に、「昔から釣合わぬは不縁のもとと言いますが、何一つ釣合う点を私は見つけることが出来ないのです。年齢と言い、過去の環境と言い、娘のような田舎育ちのどこがどう気に入って下さったのか私には全く解《げ》せないのです。私は祝言の間中、熱病だ、熱病だ、どうせ捨てられるだろうが、どうか惨めな捨て方だけはしないで下さいと祈り続けていました。今は先生と引き合わした運命を呪いたくなります」(64)と、不安な気持ちを伝えたことを高木治江は書いている。

しかも丁未子の父は知らないことだが、このころすでに谷崎の視野には、三番目の妻になる松子の姿が入っていた。それなのになぜ谷崎は慌ただしく丁未子との結婚にふみきったのか。多くの研究者がこの疑問にとりくんできた。これまで流布されてきた説はこうである。

谷崎は昭和二(一九二七)年、初めて松子に会って以来、彼女に強い思慕の念をいだいてきた。しかし相手は大阪一を誇る船場の根津商店の御寮人である。簡単に手が届く女性ではない。だから高嶺の花とあきらめ、身近な存在だった丁未子と結婚した。ところが松子の夫、清太郎が家業を顧みなかったため根津商店が急激に傾き、おまけに清太郎が松子の妹と浮気をしたことがわかるにおよんで、松子が射程の範囲に入ってきた。これを見て谷崎は松子に走った。つまり丁未子との結婚は、松子とすぐに結婚できないためのワンポイントリリーフであり、松子との可能性が生まれた時点ですぐに捨てたという見方である。

この見解をとる代表的な研究者に秦恒平がいる。彼は「(谷崎の)昭和初年の殆ど全部の文業は、根津(森田)

松子との出逢いと結婚に至る豊饒かつ華麗な通過儀礼ないし引出物の体をなしていた[65]」とし、「（丁未子と結婚したとき）根津夫人のことを谷崎が忘れていたかというと、あらゆる状況から推して全くそうではなかった。むしろん事情やむをえず夫人との結婚はできそうになかったし、それだけに根津夫人との今後の交際にはむしろ世間的にも谷崎自身が独身では工合がわるいくらいの条件の方が先行していた[66]」と書いている。

松子と出会ったことが谷崎の作品に大きな影響をあたえたことは、谷崎自身が松子に宛てた手紙のなかで繰りかえし述べている。野口武彦が『吉野葛』から『陰翳礼讃』にいたる昭和初年代後期の谷崎の作品群を「松子サイクル[67]」と命名したのもそのためだ。しかしその松子は人妻であり、人妻とつきあっていくには、谷崎も妻帯者である方が好都合だ。谷崎が丁未子と結婚したのはそのためだと秦は見る。

ただその秦も丁未子の魅力をまったく認めていないわけではない。「二十五歳の丁未子夫人という『妻』は、久々に『神』とも『玩具』とも訓練しうる『女』の素質を谷崎に十分期待させたらしい[68]」と書いてはいる。しかし谷崎にとっての憧れ、本命の女性はやはり松子であり、丁未子との結婚は所詮、緊急避難であり「かくれ蓑」だったというのである。これが「松子神話」である。

松子自身は瀬戸内寂聴との対談[69]で、瀬戸内から、「谷崎先生は、お会いになったすぐから、奥様をお好きだったんでしょう。それなのにどうして丁未子さんと結婚されたんでしょうね」と聞かれたのに対し、「そこは私にも、はっきり言ってくれませんでした。でも、『少しでもそういう気持ちがあれば、どうしてあのときに、丁未子さんと結婚なさったんですか』と聞きましたときに、『どうしてもああしなければ、結婚できなかった』と、そういうことを言いました」と答えている。そのあと対談はこう続く。

瀬戸内　「奥様と？　深慮遠謀ですね」

松子　「そうともとれますね」
瀬戸内　「ワンクッション置いたわけですよ」

思うに松子に問いつめられた谷崎は、そう答えるほかなかったろう。これをうけて松子が「はじめから本命は私」と自負の念をいだいたのはよくわかる。だがこのような経緯で誕生した「松子神話」に疑問をいだく声がこのところ高まっている。その代表的なものを二、三紹介しておこう。

まず紹介したいのは、小谷野敦の説である。彼は「（このころ）既に松子には二人の子供がいる。あれほど子供を嫌った谷崎が、いかに憧れの女性だったとはいえ、子のある女性と結婚するわけには行かなかっただろう。多くの伝記類は、谷崎が松子とすぐに結婚しなかったのは、高嶺の花だったからだなどと書いているが、これも松子神話の幻惑であって、谷崎の子供嫌いのことを忘れている(70)」と記している。

しかしそれにもかかわらず、やがて谷崎が松子と結ばれたのは何故か。小谷野はその背景には、〈没落した根津といつまでも一緒にいたのでは、二人の子供をかかえて路頭に迷うことになる〉と懸念した松子からの激しい攻勢があったと見る。松子は結婚してすぐ丁未子とともに高野山にこもった谷崎のもとに、窮状を切々と訴える手紙を次々に書き送った。そしてこちらを向いてくれた谷崎を、彼女のもつ「熟練した性の技(71)」でからめとったと見るのである。

そういえばたつみ都志も小論のなかで、谷崎がなぜ松子を選んだか、吉田精一から宴席の無責任な発言ではあるが、「簡単なことだよ。丁未子は性的に未成熟だった。谷崎も若けりゃ、一から教えるという楽しみもあるがね。それより遊び人根津清太郎に鍛えられた松子の成熟に惹かれたのさ(72)」と聞いたことを紹介している。

つまり小谷野敦も吉田精一も、松子は谷崎を性のテクニックで籠絡したにちがいないと考えている。だが松子は、『湘竹居追想　潤一郎と「細雪」の世界』のなかで、谷崎との出会いを重ねた阪神電車沿線の青木での思い出にふれ、「私は二十七、八歳であつた。夜露に濡れて肌が冷たくなると抱きしめられることもあつたが、すぐに我にかへると波の音を耳にした。いつもそれは淡々としたもので、私から求めてゆくこともなかつた。結婚してゐたが、性に対しては全く幼稚でされるがままに二児を生んでゐた(73)」と書いている。

ここに見えるのは、性にむしろ奥手な松子の姿である。いったいどちらが正確な事実だろう。

心情的には松子の証言を重視したいところだが、松子の息子の嫁、渡辺千満子は、「松子は私に対してだけでなく、それぞれの人に、いつも一番よい言葉をかけ、一番よい顔を見せていました。涙を流すことも止めることも自由自在でした。三〇分後に他の人に向かって反対のことを言ったとしても、その時その時では、それは嘘でもなく、彼女にしてみれば『本気』なのです。その場限り、一回だけで、後々松子と関わりあいのなかった人の中には、松子を心から良い人だと思っている人は沢山あるでしょう(74)」と嫁の立場で松子を評している。

なかなか怖い言葉であり、これをもとに考えれば、松子の書いたものを、そのまま信じるのは危険だということになる。松子夫人の文章の虚飾性については、あとでもう一度ふれることにしたい。

また小谷野敦とは別の視点で、丁未子をショートリリーフとする見方に疑問を投げかける研究者がいる。吉田精一の意見を紹介するくだりで名前を出したたつみ都志だ。彼女は谷崎が書いた丁未子宛の「ラブレター(75)」（昭和六年一月付）の事実上の発見者で、この手紙に平成二（一九九〇）年に接して以来、「松子神話」に疑問をいだくようになったという。

この手紙で谷崎は、「私はあなたの美に感化されたいのだ。あなたの存在の全部を、私の藝術と生活との指針とし、光明として仰ぎたいのだ。あなたとの接触に依って、私は私の中にあるいい素質を充分に引き出し、全的に働かしたいのだ。（略）私の藝術はあなたの藝術であり、私の書くものはあなたの全部から流れ出たもので、私は単なる筆記者に過ぎない。私はあなたとさう云ふ結婚生活を営みたいのです。あなたの支配の下に立ちたいのです[76]」と訴えている。

たつみはこれを読んで、「松子に対する、例の神話化した『恋文』と同工異曲[77]」ではないかと感じ（三島佑一はこれに異論を唱えている[78]）、「谷崎の書簡のそれぞれが、その時々の『真実』の声であるならば、丁未子あて書簡もやはりこの時期の真実に違いなかろう。谷崎は迷いのない強い男、ただひたすら松子のみを追い求めていた、とする松子神話はもうここいらで減速すべきではないか[79]」と書いた。

なかなか興味深い説である。このときすでに四十六歳、けっして若いとはいえない谷崎がこの結婚を実現するにあたっては、丁未子を口説くために二度も東京まで出向き、その上で鳥取まで行って反対する丁未子の両親を説得するという面倒なことをしてのけている。本気で丁未子を求めていたのでなければ、とてもとれない行動だろう。ではそこまでして結婚したいと思わせた丁未子の魅力とはいったい何か。どこに惹かれたのか。

私なりの憶測を書けば、それは〈若い丁未子に漂う、初々しい印象〉ではなかったかと考える。当時、谷崎のまわりにいたのは、松子をはじめとしていわば大人の成熟した女性たちだった。しかし二十一歳も年下の丁未子は、見たところ未熟で頼りなくてかぼそく、包みこんで守ってやりたくなる存在だった。谷崎はそこに惹かれたのだろうと見る。だが一緒になってみると、そのはかなげな外見の背後にある勝気な自負心が目についてきて鼻白み、やがて破局にいたったように思えてならない。つまり丁未子のもつ近代インテリ女性としての自我や自立心が、谷崎の美意識にそぐわず我慢ならなくなったのだ。しかしこれはあくまでも若い日の丁未子の発言や写真に接しての印象である。確たる根拠もなく、こんなことを書くのは無謀である。つい筆がすべってしまった。

ところでたつみの小論をさらに読み進むうちに、懐かしい旧知の名前に出会っておどろいた。丁未子と鳥取の女学校での同級生で、ともに大阪府女専に進んだ杉野美恵の名前である。

ここで白状すれば、私の母は丁未子と同じ学校の一年後輩。丁未子は英文、母は国文と専攻した学科はちがっていたが、ふたりは寄宿舎で一緒だった。そもそも母が寄宿舎に入れたのは、病気になった丁未子が休学して郷里に帰り部屋がひとり分空いたからである。丁未子は病気が癒えると寄宿舎にもどったが、ここは二人部屋が二室と三人部屋が二室、全員で十名の小さな所帯だった。だから先輩や後輩といった域をこえて深いつきあいがつづいたらしい。

また杉野は母の二年先輩だが、同じ国文だった。その関係で私は学生時代、杉野家をよく訪ねて美味しい食事にありついた。杉野家は京都の吉田にあり、大学から十分ほどの距離だった。その後東京へ転居されてからもよくうかがい、晩年、ご主人を亡くされてからは、大阪のわが家におみえいただいたこともある。

その杉野がたつみ都志に、こう語ったそうだ。

（丁未子とは）女学校が一緒で下宿も一緒でしたが、正直言って、彼女のことをそれほど美人だとは思ってませんでした。でも女の見る目と男の見る目は違うのでしょうね。ふたりで道を通っていると、向こうからくる浪速高校（現大阪大学）の学生がどよめくのをいやが上にも認めざるを得ませんでした。あるとき丁未子さんが彼らの通り過ぎたあとで私にこうささやくのです。「後ろを振り返ってごらんなさい。きっとこっちを見ているから」と。私はなにげなく振り返りますと、本当に三・四人のいま通り過ぎた学生がいっせいに立ち止まってこっちを見ているではありませんか。私はあわてて前を向きました。その時丁未子さんは私にささやいたんです。「誤解しちゃだめよ。あの人たちはあなたを見ているんじゃないの。私を見ているんだから」って。そのとき初めて、ああこの人は美人なんだ、って思ったんです。(80)

丁未子の人柄が見えてくるような話である。学生時代の彼女が語られるときには、「おっとりした」の形容詞がつくことが多い。私の母などもそうする。しかしその内面には、このような強い自負心があった。ただ丁未子が杉野よりも美人だったかどうかは疑問だし、杉野の「ああこの人は美人なんだ、って思った」のくだりも、そのまま真にうけていいかどうかに、首をかしげる。

杉野の本音は冒頭の「彼女のことはそれほど美人だとは思ってませんでした」にありそうだ。杉野自身、とても綺麗なひとだった。私が大学を卒業し毎日放送に入社して間もないころ、当時大丸東京店の副店長だったご主人とご一緒に、和服姿で社に立ち寄られたことがあった。そのとき社の先輩から、「あの人、君のお姉さん？綺麗な人だね」といわれ、びっくり仰天して、「とんでもない。おふくろの先輩ですよ」と否定したことがある。しかしそう思われても不思議がないほど、彼女も実年齢より若く見えた。

このふたりの比較を母に聞いたことがある。

古川さんはとても育ちのいいお嬢さんね。鳥取藩の家老の家柄の生まれ、という噂があったけど、それが頷ける、おっとりした、それでいて華やかさのある、とても綺麗なひとだった。杉野さんもやっぱり綺麗な頭のいいひとだったけど、どちらかといえば、テキパキした職業婦人ってタイプだわね。

それが母の答えだった。

さて本題にたちもどれば、谷崎が丁未子と結婚した理由を、さらに別の視点で説明する研究者がいる。三島佑一だ。彼は谷崎は『蘆刈』を書くために丁未子と結婚したと考えている。『蘆刈』は臈たけたお遊さまに憧れた慎之助が事情があって結ばれず、お遊さまの勧めにしたがい、妹のおしづと結婚する物語だ。この夫婦は結婚してもお遊さまに操を立て、肉体的な契りは結ばない。そこに喜びを見出している。

この作品の登場人物のモデルを誰とみるかについてはいくつもの説がある。そのそれぞれを紹介した上で、三島は自説をこのように展開する。

谷崎がお遊さまに松子を擬したことは、松子に宛てた手紙[81]のなかに、「目下私は先月號よりのつゞきの改造の小説『蘆刈』といふものを書いてをりますがこれは筋は全くちがひますけれども女主人公の人柄は勿體なうごさ（ママ）いますが御寮人様のやうな御方を頭に入れて書いてゐるのでございます」とあって明らかだ。また慎之助は谷崎である。問題はおしづのモデルが誰かであり、河野多恵子説はこれを松子の妹重子と見るが、三島は重子ひとりでなく、それに重ねる形で丁未子をおいたのだろうと考える。

谷崎は『春琴抄』で現実にはありそうもない男女関係を創造し、それにリアリティをもたせるために、〈自らが佐助になり切り、松子を春琴に目すること〉を必要とした作家である。だからさらに人間関係が複雑な『蘆刈』の執筆にあたっては、松子と重子の姉妹を遠くから見ているだけでは納得できず、丁未子を実生活のなかで詳しく観察する必要にせまられた。それが結婚にふみきった理由だった。つまり三島は、「（谷崎は）お静と慎之助の人間像を、丁未子との結婚によって『充分に』『全的に』造形[82]」しようとしたのだとする。しかも「残酷な言い方かもしれないが、丁未子は『蘆刈』という名作を花咲かすための『肥料』で[83]」あり、『蘆刈』を書きおえた時点で不要になり捨てたと見る。

『蘆刈』でのおしづといえば、「おしづさんだけを見てゐればさうでもございませぬけれどもお遊さんとならべましたらお姫さまと腰元ほどのちがひがある」とされる存在だ。そのお遊さまに松子、おしづに丁未子を擬したとすれば、それだけでも心の痛む話だが、『蘆刈』の完成とともに不要になり捨てたとするのはさらに無残な話である。私には谷崎がそこまで無情のひととは思えない。丁未子との別れの時期と『蘆刈』の完成とが一致したのは、たまたまであり、計画的な行為ではなかったろう。
では丁未子との結婚が、実質一年にも満たない短期間で破綻してしまったのはなぜなのか。次章ではそれを考えたい。

## 五　丁未子夫人との離別

丁未子は結婚にあたって、それまで自分が勤めていた『婦人サロン』（文藝春秋刊）に、「われ朗らかに世に生きん」と題する一文をよせ、「私たちは結婚するのだけれども、當分はまだ先生とお弟子であり、一人の作家とその秘書である。（略）私は平凡な女で、たゞもう今までの先生の生活に、小さくなつてついて行くだけだ(84)」と記している。

この丁未子にとって不運だったのは、結婚した当時の谷崎が二万三千円の借財をかかえ、三千円近い所得税を滞納していたことである。この窮状から脱するには梅ノ谷の豪邸を売るより仕方がなく、その間、仮の住居としたのは、高野山龍泉院にある泰雲院だった。ここで丁未子は誰の手助けもうけられずに家事をした。だが女学校を卒業してすぐ女専に進み、親元をずっと離れていた彼女には、料理の基礎がまったくなく、当時の女性としては珍しいほどの家事音痴だった。前年まで谷崎家の家事は、万事そつのない千代夫人が切りもりしていた。千代が直接手をくださなくても、家には代々料理のうまい女中がいた。ところが丁未子はそうした助けをうけられないいまま、ひどい食事を、食事にうるさい谷崎の膳に供した。

高野山に籠もる直前、谷崎は「戀愛及び色情」を『婦人公論』に連載し、「平安朝の文學に見える男女關係は、（略）女性崇拝の精神である。女を自分以下に見下して愛撫するのでなく、自分以上に仰ぎ視てその前に跪く心である。（略）平安朝の貴族生活に於いては、『女』が『男』の上に君臨しない迄も、少くとも男と同様に自由であり、男の女に對する態度が、後世のやうに暴君的でなく、随分丁寧で、物柔かに、時には此の世の中の最も美しいもの、貴いものとして扱ってゐた様子が思はれる[85]」と書いた。また『蓼喰ふ蟲』では、理想の女性像を「美しいもの、愛らしいもの、可憐なものである以上に、何かしら光りかゞやかしい精神、崇高な感激を與へられるものでなければ――[86]」と描いてみせた。

これが谷崎の追い求めたあらまほしい女性の姿であり、それだけに愛する女性が厨房に入るのを好まず、松子と一緒になったときには「台所に行くと、手が汚くなる[87]」と家事をすることを禁じたほどだった。このことからわかるように、谷崎が妻に求めたものは良妻や世話女房でなく、世俗離れした美しく崇拝できる女性だった。ところが丁未子の場合は高野山という場におかれ、仕方なく慣れない家事に手を出さざるを得ないことになってしまった。しかしそつのない世話女房という点では、生活知にすぐれた千代の方がはるかに上である。このときの谷崎の思いには、かなり複雑なものがあったにちがいない。丁未子をはからずもこのような生活に追いこんでしまったことへの自責の念、「それにしてももう少しマシな食事を用意できないのか」といういらだたしさ。常のままなら女中の手助けをうけて何のさわりにもならないはずの丁未子の家事音痴が、ふたりの生活に不響和音をもたらすことになり、幼くぎこちないしぐさが谷崎の気持をいらだたせた。しかし律気で生真面目な丁未子は、自分のいたらなさを逆手にとって笑いに変えるような奔放さやしたたかさ、芝居気などとは無縁である。だから『婦人サロン』に書いたように、「先生の生活に、小さくなって」ついていこうとした。つまり丁未子はいたらない新妻を懸命に演じるほかなかったのだ。

それでも新婚当初は谷崎は崇めるように丁未子を可愛がった。それは丁未子が高木（江田）治江に、「そりゃ可愛がってくれるのよ。毎晩、私をお風呂に入れて足の先まで洗ってくれたり、そうそう、エーちゃんにはまだわからないと思うけど、潤一郎はねえ、私の体がいいって有頂天なのよ」(88)と惚気ていることからも伝わってくる。

高野山での生活が一ヵ月あまりすぎた七月半ば、これはあまり知られていない話だが、ふたりは山を降り、丁未子と寮で一緒だった下級生、青木せつの九度山の自宅を訪ねている。六月二十七日に高野山と極楽橋を結ぶケーブルカーが開通し、そのニュースを知って「一度、乗ってみましょうよ」となったのだろう。おそらく丁未子には、自分がいかに愛され、大事にされているかを、親しい下級生に見せたい思いもあったにちがいない。また自炊で困りはてていただけに、「一夏くらい世話になれないだろうか」との淡い期待もあったかもしれない。

このときせつの父親は、夏休みで帰省していた関西学院大学の先生だったせつの姉婿に応対にあたらせ、近くの旧蹟、真田庵や国宝の三重の塔で知られる慈尊院に案内したり、隣町からお膳をとったりとねんごろにもてなした。その好意に甘える気持ちになったのだろうか。青木家の客間の見事なつくりにほれこんだ谷崎は、「一夏、こちらをお借りできないでしょうか」と申しこんだ。これはおそらく丁未子と事前に打ちあわせずみの行為だったろう。さもなければ、いくら何でも唐突すぎる。だが青木家は丁重に断った。秋にむけてせつの縁談がすすんでいて、それどころではないことを理由にした。そのことがせつから母に届いた手紙に記されている。

しかしもしこのとき、青木家の客間を一夏借りることができていれば、丁未子は家事から解放され、ふたりの先行きはもう少し変わっていたかもしれない。

高木治江の『谷崎家の思い出』にはこんなくだりもある。

九月のある日、高木のもとに丁未子から手紙が届いた。「潤一郎が十日ほど下山して娑婆にをりますので（略）とても淋しいので、その間泊まりに来て下さいませんか」という内容だった。泰雲院に出向いてみると、丁未子は小さいかんてきにお鍋をかけ、小さい団扇《うちわ》でバタバタあおいだ。びっくりして「先生ともこんなおままごとみたいなことしてたの？」と聞くと、「初めのうちはね。二、三日は芯のある半熟ご飯で、その後はびちゃびちゃのご飯なのよ。とうとう潤一郎は腹を立ててね、外食にしたの」と答えた。谷崎がどういう用事で下山したのかを訊ねると、「根津さんの家の方がうまくいかなくってね。松子さんが悲しい悲しい手紙を度々寄越すものだから、私が一度会って聞いてあげてちょうだいとすすめたのよ」との返事がもどってきた。聞いて高木は不安をいだいた。女性の直観で松子の真意をあやしんだのだ。「丁未子さんよりは私の方が先生の性質も、松子夫人の性質もよく知っている。このおままごとのような三度の食事毎の先生の苛らつきや不機嫌さも想像出来る。丁未子さんは無邪気さと、愛されている側の過信とで、すんなりと受け流しているが、先生の心中穏やかならざるもののあることは想像に難くない(89)」。

谷崎が高野山で執筆した『盲目物語』は『中央公論』の九月号に発表された。織田信長の妹で浅井長政に嫁いだお市ご料人に仕える盲目の遊芸人、彌市の物語である。谷崎が翌年松子に出した手紙のなかで、「實は去年の『盲目物語』なども始終あなた様の事を念頭に置き自分は盲目の按摩のつもりで書きました、今後あなた様の御蔭にて私の藝術の境地はきつと豊富になること〻と存じます、たとひ離れてをりましてもあなた様のことさへ思つてをりましたらそれで私には無限の創作力が湧いて参ります(90)」と記したように、この作品の主人公お市ご料人は、松子のいわば写し絵である。

高野山のせまい庵で丁未子と一緒に暮らしながら、頭のなかは松子のことでしめられていたとは、思えばずいぶんな話だが、たつみ都志はこの『盲目物語』を読んで松子は、ここに託された自分への「愛のメッセージ」に気づいたのではないかと推論する。そして「松子はついに行動に出る。今、動かねば自分は一生後悔する。金と女にだらし無いぼんぼん亭主・根津清太郎には見切りをつけ、自分に終始熱線を送り続けてくれる作家に行く末を託そう、と(91)」。高木治江が丁未子に会うため高野山を訪ねたとき、先に書いたように谷崎は山を降りていて留守だった。この下山の折りにふたりは結ばれたのではないかと、たつみは見る。「この日を境に谷崎の行動に松子の影が濃厚に出てくる」(92)からである。

だが谷崎が松子と結ばれた時期については、もっと早く、昭和四年ごろと見る研究者もいる。これについては後でふれよう。

谷崎と丁未子が高野山から降りて大阪に住むのは九月下旬である。新しい住まいは松子夫人の口添えで借りた根津商店の寮だった。谷崎はここでこれまで何度も引用してきた「佐藤春夫に與へて過去半生を語る書」を執筆し、千代のことだけでなく丁未子にもふれて、こう書いた。

御承知の通り現在の僕は自分より二十一歳も年の若い妻を迎へて、夫としては至極幸福に暮らしてゐる。（略）自分の口から云ふのも可笑しいが、丁未子は僕が最初に考へてゐたよりもずつと缺點の少ない女であることが、一緒になつてみてよく分つた。（略）ここで正直に云つてしまふが、僕は丁未子との結婚に依つて、始めてほんたうの夫婦生活といふものを知つた。精神的にも肉體的にも合致した夫婦と云ふものの有り難味が、四十六歳の今日になつて漸く僕に分つた譯だ。千代子との十六年間に亙る生活が、いかに不具な夫婦生活であり、いかに双方のために不幸なものであつたかが、（略）此の頃になつて一層はつきりと呑み込めて来た。(93)

始めから今の丁未子のやうな婦人を妻にしてゐたら、僕の過去半生は今と違つてゐただらうことも、恐らくは確かだ。(94)

これが谷崎の本心だとすれば、この時点ではまだ、まずい食事に閉口しながらも丁未子を見限ってはいなかったことになる。だがこの僅かあと、十月下旬、高木治江が丁未子を訪ねると、食事のことで谷崎の雷が落ちたところだった。「私、一生懸命やるわ」という丁未子に、「君のそういうところが僕は嫌いなんだ。飯どころか、風呂だって、常時水風呂じゃないか。あの湯加減くらい考えてほしいね」と谷崎の不機嫌は最高だった[95]。

谷崎の気持ちが離れはじめたのは、おそらくこのころからだろう。いったんそうなると破局への足どりは急ピッチである。その背後には逢う瀬がふえた松子の姿がせまっていた。谷崎は後に松子への手紙[96]で、「創作家に普通の結婚生活は無理であることを発見したのでござります。私もC子T子と二度の結婚に失敗してその体験を得ました。（略）その原因は、芸術家は絶えず自分の憧憬する、自分より遥に上にある女性を夢見てゐるものでござりますのに、細君にしますと、大概な女性は箔が剝げ良人以下の平凡な女になつてしまひますので、いつか又他に新しき女性を求めるやうになるのでござります」と書いた。これは千代や丁未子との過去を語りつつ、望む妻のあり方を松子に示した文面とも読みとれる。

十一月、谷崎は中央公論の雨宮庸蔵に、「もう家には金が五円しかない始末です」と手紙[97]に書いた。

この直後谷崎は西宮市夙川の根津家の別荘の離れ座敷を暫時借りて住むことになり、「風呂、食事の苦労から丁未子さんを解放し、これで女神の如く仕えられると一と安心した。丁未子さんも雀《こ》踊《おど》りして喜んだ[98]」。

しかし谷崎はこの転居で松子とさらに一歩近づくことになり、十二月末には「倚松庵主人」を名乗りはじめた。住まいとする根津家別荘の松が見事だったことに因んだ命名だが、同時に「松（子）に倚る」という意味もあり、松子への慕情の表現ともうけとれる。年があけると、谷崎と松子との接近はさらに露骨になる。

翌昭和七（一九三二）年三月、谷崎は次に武庫郡魚崎町の根津家の隣りを借りて住んだ。松子の住まいと庭続き、垣根越しで往き来できる家であり、これは松子と相談づくでの転居だったにちがいない。だが天女のように疑いを知らない丁未子はまだ何も気づいていない。

四月、創元社社長の矢部良策が出たばかりの本、『倚松庵随筆』をもって谷崎家を訪問する。「佐藤春夫に與へて過去半生を語る書」は、はじめはここに採録される予定だった。しかしできた本では、付録として添えられていた。おそらくこれは出稿段階から本になるまでの間の谷崎の心境の変化の反映であり、「丁未子との結婚に依つて、始めてほんたうの夫婦生活といふものを知つた」のくだりを満天下に示すことに消極的になった谷崎の気持ちを示すものだったとうけとれる。この日谷崎は「どこかあどけなさが抜け切れず、はでな着物を着て、先生の後ろにペルシャ猫をだいて坐って」いる丁未子を矢部に紹介した。(99)

八月、谷崎は丁未子に離別をはっきり告げ、丁未子は親しくしていた妹尾健太郎の家に身をよせた。このころ銀行の破綻などでさらに貧しくなった根津家は、谷崎と隣りあわせの住居から移り、かつて根津商店が社員の海水浴の休憩所に使っていた阪神沿線青木駅に近い海辺のあばら家に住んでいた。だがそのささくれだった陋屋でも松子の妹、重子の優雅な身のこなしは変らなかった。そのことを谷崎は驚嘆の目で眺めている。

九月、谷崎は丁未子の面倒をみてもらっている妹尾夫人に、「今回は又とんだ事にて御配慮を煩はし御芳情筆紙に尽し難く候わけて丁未子は女同士の事故何かにつけ奥様に御すがり申こと、存候当人は心中の苦しみを伝へる人他に一人もなき有様にて余計御迷惑をかけること、存候私も、丁未子が御宅へ上つて居る時は一番安心にて」云々とお礼の手紙を書いている。(100)

松子への憧れを具象化した『蘆刈』が発表されたのは、『改造』の十一月号と十二月号である。

前田久徳はこの作品で谷崎がもくろんだのは、「彼固有の〈永遠女性〉の形象化と、それに拝跪しそこから与えられるマゾヒスティックな快楽の享受という、谷崎における至福の世界の定着」だったろうと書いている。(101)やがて谷崎はこれを実生活でも実現しようと考えはじめる。松子を「御主人様」と呼び、自らは「順市」と名乗り、「泣いてみろと仰つしやいましたのに泣かなかつたのは私が悪うございました」(102)などといった遊戯をくりかえしはじめたのもこのためだ。

松子はこの谷崎の芝居に見事につきあい、自分の役柄を飲みこんで演じきった。そこが千代や丁未子と根本的にちがっていた。それだけの遊び心と余裕とを身にそなえていた。思えば作家を恋人や配偶者にするのは面倒なことである。特に谷崎の場合はそうだった。

十二月、谷崎は丁未子と別居、翌年五月には事実上の離婚をはたした(103)。

谷崎と別れた直後、丁未子はしばらく無惨な荒れ方をした。秦恒平の『神と玩具との間　昭和初年の谷崎潤一郎』は、丁未子の書簡を紹介することで、この実態を伝えている。しかし丁未子はやがて東京に戻って文藝春秋に復社し、鷲尾洋三と結婚した。

それから二十数年後の丁未子の様子を伝える証言がある。

> 上天気で燦燦と振りそそぐ光の中を、和服の婦人客が歩いて来る。鷲尾丁未子さんである。昔から天女型の美人で、円らな眼にはいつも微笑があった。量の多い黒髪を無造作な髷にまとめているのが、和服によく似合っていた(104)。

文藝春秋でかつて菊池寛の秘書をしていた佐藤碧子の昭和三十四（一九五九）年の記述である。

## 六　「松子神話」への疑問

谷崎の没後つくられた「松子神話」に疑いの目を向ける動きが、このところ高まっていることはすでにふれた。

その急先鋒ともいえる小谷野敦は、「『盲目物語』『聞書抄』『春琴抄』『蘆刈』といった谷崎の名作群は、理想の女性たる松子との出会いによって導かれたものであるといった神話が、長く流布してきた。しかしそれは、谷崎死後、松子が自ら作ったと言っても過言ではない。谷崎生前、松子はむろん、『細雪』の次女幸子のモデルとして認識されていたが、死後、谷崎から松子に宛てた、下僕として使ってください式の手紙を松子が公表して、神話化が始まったのである[105]」と書いている。

私も偶像を壊すことには異論はない。松子夫人にきびしい目をよせるのもいいだろう。だがここまでいうことには疑問をいだく。すでにふれたことだが、谷崎は松子に宛てた手紙のなかで、「御寮人様のことを思ひますと筆がいくらでもす、むのは唯〻不思議でございます、御蔭様にて私の藝術は一生ゆきつまることはござりませぬ[106]」といったことをくりかえし述べている。むろんこの表現のなかには演戯の要素も多分に含まれている。だがすべてが虚構ではなく、松子夫人のおかげでイメージが生まれ、多くの作品が世に出たのも事実である。つまり松子抜きでは『盲目物語』以降の谷崎の文学は語れない。

しかしその反面、松子の記述にも、「おや?」と思わされるところがいくつかある。以下、その主なものをとりあげたい。まず「プロポーズ」のくだりである。

松子へのプロポーズはふたりが隣りあわせに住んでいた魚崎で、ある日、谷崎が卒然に畏まり沈痛な響きを帯びた掠《かす》れたこえで、「お慕い申しております」ときっぱりと伝えられたと「倚松庵の夢」には記されている。この記述はさらに次のように続いていく。

谷崎には知的で美しいまなざしの夫人が心優しくかしずいていらっしゃる。此の人を不幸にするようなことがあってはならない。いっそ何も聞かなかったことにして、私は姿を隠そうかと思い惑うたが、未だ頑是

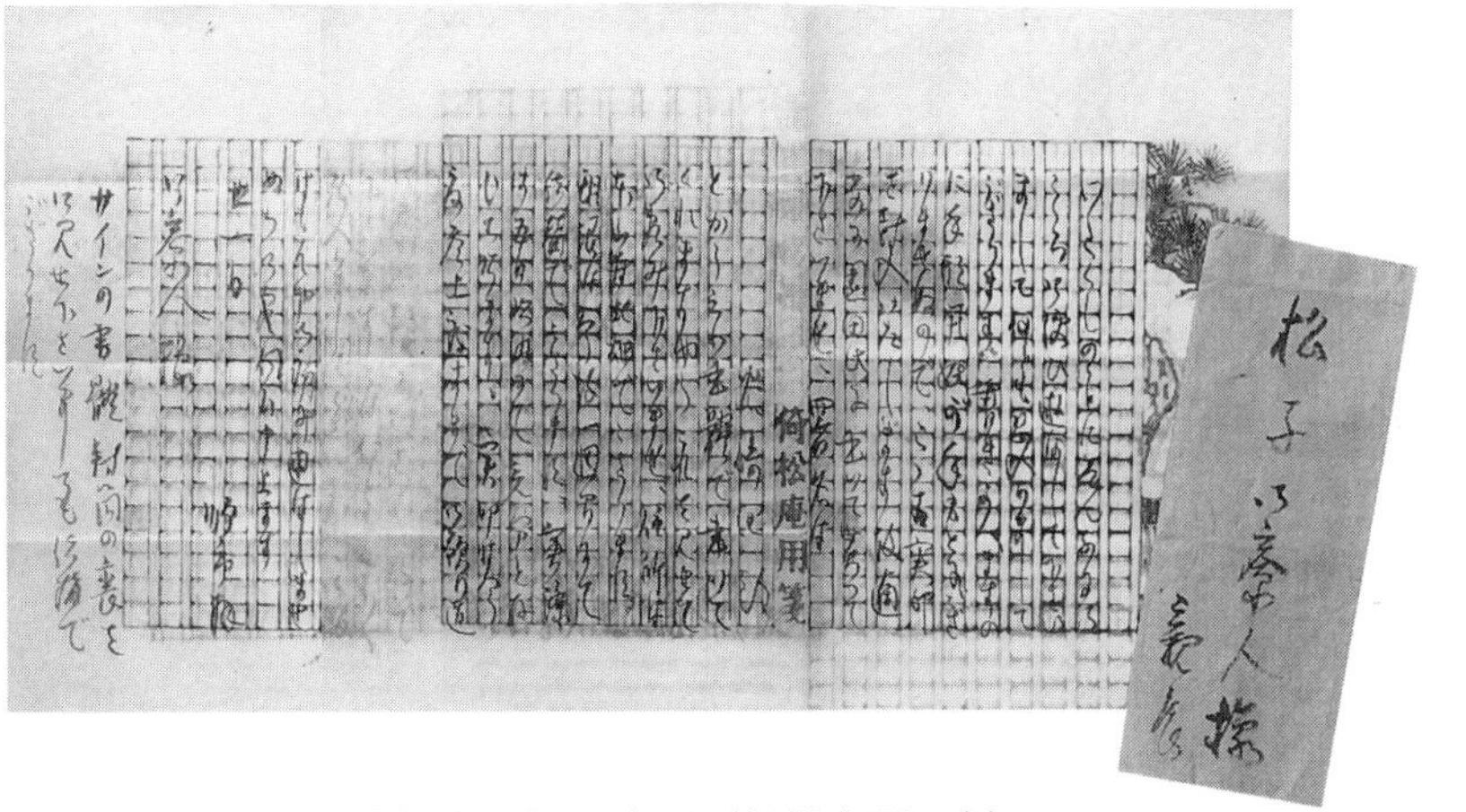

図２　谷崎潤一郎から結婚前の松子夫人に宛てた手紙（推定昭和８年）
（芦屋市谷崎潤一郎記念館蔵）

ない子供を置いてそれも決し兼ねた。一方、抑制しようとすればする程思いはいや増す結果となり、逢瀬を重ねた(107)。
　総ての手続きが終了する迄、私たちは寄り添うことはあってもまことの契は交さなかった(108)。

　松子のこの言葉を信じれば谷崎がプロポーズしたのは、昭和七（一九三二）年の三月から八月の間ということになる。だがこれは可笑しい。何故なら前年の四月には谷崎は松子と抱擁をかわしているらしいからである。そのことを松子自身が告白している。

　昭和六（一九三一）年四月の下旬、谷崎は丁未子との新婚旅行をかねて、室生寺から道成寺をめぐる旅をした。谷崎夫妻には五人の連れがいた。佐藤春夫夫妻、若い芸術家志望の妹尾健太郎夫妻、そして根津松子である。二組の夫妻はまあいいとして、ここに松子がひとりで加わっているのが奇妙である。

　この旅を松子は、「そういうお仲間にどうして私が一人加わったのか、今考えても奇妙でならないが、勿論谷崎に誘われたから従いて行ったのであろう。旅程は谷崎が周到に立てゝいて、室生寺を振り出しに――此処では確か一泊――それから根《ね》来寺《ごろ》に粉川寺《こかわ》、粉川寺でも一泊したと記憶しているが、何でも薄汚い宿で、内心もっと他に宿を借る処もありそうなものをと思っていた。私だけが独り寝の遺る瀬なさもあった故かも知れぬ(109)」と後で回想した。だが松子が谷崎と抱擁を交わしたとされるのは、この旅でのことである。

これは「自分が生きている間は公表しないとの約束で」松子が柳沢秀夫にした回顧談で語られているもので(永原啓伸『評伝　谷崎潤一郎』からの引用(110))、そこには、「七人で室生寺へ泊まった時のことでした。ほかのことは何も覚えていませんの。いつ、どうしてそうなったのかも記憶にございませんの」ただ覚えてるのは、真っ暗闇の中で、谷崎と抱き合って、キスしてたってことだけ。どうしてそうなったんだか、どうやって二人で部屋を抜け出したんだか、果して、しめし合せてそうしたのか、何も記憶にございませんの。(柳沢秀夫『秘本谷崎潤一郎』第二巻　限定百部　平成四年一月　未見)とある。これが事実だとすれば松子は「私だけが独り寝の遺る瀬なさ」どころか、新婚旅行中の谷崎をこっそり誘い出し、新婦をさしおいて逢瀬を楽しんだことになる。永栄啓伸は同書でこの柳沢の記述を紹介した上で、「根津夫人だった松子への接近には、谷崎はずいぶん慎重だったと言われる。とすれば仕掛けは当然松子から始められ、見通しがついてやっと谷崎が動いたと見るべきであろう。樋口富麻呂は、昭和四年の時点で根津松子から谷崎との結婚の相談を受けたと言い、(略)二人の恋愛というより、松子の誘惑はかなり早くから始まっていたことは事実である」とまとめている。

だとすれば谷崎が丁未子と結婚したころ、松子は「高嶺の花」でも何でもなかった。「倚松庵の夢」に記されているプロポーズも作り話だ。そしてそうした事実をふまえ小谷野敦は、「松子は、女学校時代、一種の不良少女で、男と遊びに出て学校をサボることが多く、女学校を退学になったのもそのせいだという。(略)谷崎と結婚してからも、炊事、育児は、女中と、妹の重子に任せていたというし、ただ、男を喜ばせる術には長けていた(111)」とし、昭和四(一九二九)年にはふたりの密通がはじまっていたろうと見る。だが谷崎が丁未子と結婚したのでいったん「別れ」、その後「焼けぼっくいに火がついた」[112]とふたりの仲をとらえるのである。

またかりにそこまでの深読みはしないとしても、松子が「総ての手続きが終了する迄、私たちは寄り添うことはあってもまことの契は交わさなかった」と書くくだりは、にわかにうなづきがたい。その点では「松子神話」の信奉者の秦恒平も同意見だ。谷崎が書いた「雪後庵夜話」には、谷崎、松子、重子の三人で旅に出た折りに、宿泊した宿で臨検にあった話が紹介されている。このとき松子は谷崎の部屋で寝ていて、あわてて重子の部屋に逃げもどりことなきを得た。この旅はまだ「総ての手続き」が終る前のものである。だとすると松子は「寄り添う」だけのために谷崎の部屋にひそかに出向いていたことになるのだが、秦はそれでは「面白さが過ぎる気がする」[113]といぶかっている。それは確かにそうだろう。

また秦は「倚松庵の夢」には明らさまな嘘はないというものの、「不思議な韜晦の筆が使われ」「丁寧な作為を秘めて念入りに上塗り」をして、「何かしらが守られている」と指摘する。つまりここには「入念な谷崎その人の付託、遺志、示唆をすら思わせる或る特殊な態度、姿勢、心理が籠められている」とし、「倚松庵の夢」を読むにあたっては「慎重な吟味を欠いてはならない」[114]とするのである。

こうした「丁寧な作為」は、谷崎から松子に宛てた昭和七（一九三二）年九月二日付の「恋文」にも施されている。

この恋文を松子は「倚松庵の夢」のなかで、「はじめてお目にかゝりました日から一生御寮人様にお仕へ申すことが出来ましたらたとひそのために身を亡ぼしてもそれが私には無上の幸福でございます。殊に此の四五年来は御寮人様の御蔭にて自分の芸術の行きつまりが開けて来たやうに思ひます」[115]と紹介した。

ところが同じ手紙を『谷崎潤一郎全集』で探すと言葉遣いが少し違っている。ではどうちがうのか。『全集』には「一生あなた様にお仕へ申すことが出來ましたらたとひそのために身を亡ぼしてもそれか《（ママ）》私には無上の幸福でございます、はじめて御目にかゝりました日からぼんやりさう感じてをりましたが殊に此の四五年來はあな様《ママ》がの御蔭にて自分の藝術の行きつまりが開けて來たやうに思ひます[116]」とある。つまり『全集』での「あなた様」が「倚松庵の夢」では、すべて「御寮人様」に書き換えられている。

問題はこれをどうとるかである。『全集』には谷崎が松子とはじめて会ったときから昭和十（一九三五）年一月、ふたりが結婚するまでの書簡として、六通が採録されている。そのうちの四通で「御寮人様」が使われており、「あなたさま」は二通である。それをふまえて考えれば、原文の「あなたさま」を「御寮人様」と書き換えても一向に構わないような気もするが、谷崎の没後発表した文章で、あえてこう書きかえた意図は何か。

最後にもうひとつ、解せない実例を紹介しよう。

松子が子供を孕んだとき、谷崎は中絶させた。その理由を「雪後庵夜話」では、「私がM子（松子）に妊娠中絶の相談を持ちかけた時、M子は悲しい顔をした。そして自分の生んだ私の子を世に遺したいと云つた。彼女の心の奥に睡つてゐた母性愛が俄に目覚め、私と云ふものを改めて自分の夫として認め、それに妥協した家庭生活を営みたくなつたのである。だがさうなればこれまでのやうな藝術的な家庭は崩れ、私の創作熱は衰へ、私は何も書けなくなつてしまふかも知れない、と、さう云つて私は繰り返し〳〵彼女に説いた[117]」と書いている。松子もそのときの悲しい思いを、「湘碧山房夏あらし[118]」や『湘竹居追想[119]』で回想しているが、いずれも「雪後庵夜話」をうけての記述になっていて、出産できる躰だったのに、谷崎の芸術至上主義に殉じて中絶したと述べている。

ところがその二十年以上も前、昭和十七（一九四二）年に書かれた「初昔」では、様子がちがう。ここには谷崎が子供を欲したかどうかについての記述はなく、A医師が「萬難を排しても生むと云ふならお止めすることは出来ないけれども、母體のためを考へれば中絶をおすゝめする[120]」といい、もうひとり意見を聞いたB医師は、もっと強く否定的な意見を述べ、中絶せざるを得なかった子細が語られている。

中絶が法律で禁じられていた時代のなかでの記述である。あるいはこう書かざるを得なかったのかもしれないが、同じ谷崎の文章でありながら何故こうも事実がちがっているのか不思議である。こうした読みくらべをしていくと、さまざまな点で松子の美化がくりかえし行われ、その結果「松子神話」が形成されていったさまが見えてくる。そのことを多くの研究者が指摘し、それにともなって「松子神話」への疑問がこのところ急速に高まってきた。

ところで谷崎は昭和九（一九三四）年、「二年越しの激しい愛情交換の後に」松子との同棲生活に入った。旧姓の森田に復した松子と正式の祝言をあげるのは、翌昭和十（一九三五）年の一月である。(121)

谷崎は女性の魅力を語る上で、「世俗離れ」「人間離れ」を重く見た。たとえば「雪後庵夜話」で谷崎は、「東京人の眼から見ると、京大阪の女性たちは、われ〳〵に比べて幾分か人間離れしてゐるやうに感じられる。さうしてそれが、私の彼女たち（森田家三姉妹）に惹き寄せられた所以《ゆゑん》であり、（略）私とM子（松子）とが『夫婦であつて夫婦でないやうな、互に一種の隔たりを置いた特別な間柄』でありたかつた理由（略）もそこにある」(122)と書いている。先にすでにふれたように、単なる「夫婦」になったのでは、松子が醸しているせっかくの味わいが色あせることをおそれたのだ。

野口武彦は、「女を人間離れした美しさのうち

図３　昭和11〜18年に住み『細雪』の舞台となった谷崎の住宅（倚松庵）
（神戸市都市計画総局用地課提供）

に保っておくための精神的な距離の設定とは、いささか逆の比喩ながら女人の周囲に一種の結界を張りめぐらすことに似ている。世にある女人結界とはまったく反対に、ここでは女が接近不可能性を象徴する或る種のしるしを身に帯びるのである」[123]と書いた。だがその状態を保つためには、女性が日々の生活のすべての領域に日常性をもちこまないこと、つまり「妻」が「主婦」にならないことが求められる。ところが女性は概して、こんな気疲れのする演戯には加わらない。千代や丁未子、特に千代はそうだった。だが松子は演戯をつづけ、おかげで谷崎は三度目の結婚生活を全うできた。秦恒平はこのような「物畏ろしい『芝居気』にぴたりと歩調を合わせつづけた、つづけられた、松子夫人の驚嘆に値する文学者の妻としての努力と適性とに眼を瞠る」[124]と書く。

だがその松子夫人にしてからが、内心はそう平穏でいたばかりではなかったようだ。それは、「罰当りと思われるかも知れぬが、私とて女の身、普通の夫婦として睦みたいとどんなに望んだことであろう。（略）ある隔てが置かれていたことは、女心に最後まで寂しい限りであった」[125]と書いていることからも読みとれる。あるときには針の筵であり、疲れたのだ。

結婚間もなく谷崎は松子の妹ふたりもひきとって共に暮らした。そしてその女人世界で、昭和十（一九三五）年九月から『源氏物語』の現代語訳にとりかかり、ついで昭和十七（一九四二）年春からは美しい姉妹が登場する『細雪』の執筆に手をつけた。

だがその谷崎も昭和二十七（一九五二）年ごろには、「御寮人様」を庇う真似はもう出来なくなる。「順市」の役をおり、遊戯の生活にピリオドをうつ。健康がその遊びを許さなくなったからだ。そのことを孫の渡辺たをりが書いている。その結果、「食べる物、着るものなど、私の知っている祖父はすでに祖母の管理下にいて、食事のたびに何か言われていたし、つきなみな夫婦げんかも展開していた」[126]。

また松子の書いたものには、「夫と永劫の別れを告げる十日程前に、私は禁句を舌端に載せてしまった。それもいそいそと最後に気に入られていた人を連れて行こうとする人の背に……是だけの気力を取り戻したことを喜びながら『長い間心配ばかりした私をおいて』と云いながら顔を掩い寝室のベッドに打ち伏した。いつもは気持よく送り出すのに此の日はどうしたのであろう」[127]の一節がある。ここにはまことに人間くさい松子がいる。松子夫人が「神」ではなく、人間としての素顔を見せてくれるこの記述は、渡辺たをりが垣間見せてくれた晩年のふたりの様子とともに、何かほっとするものを感じさせてくれる。

谷崎は昭和四十（一九六五）年、この世を去った。ついで昭和四十四（一九六九）年、鷲尾丁未子が、昭和五十七（一九八二）年、佐藤千代が、平成三（一九九一）年、谷崎松子が逝去した。谷崎との結婚生活が短かった順に、亡くなっていったことになる。

谷崎はこう詠んだ。

我といふ人の心はたゞひとり
　われより外に知る人はなし

この小論はその谷崎にしかわからない心のうちを覗こうとした。これは所詮よしない行為だったかもしれない。

（1）「東京をおもふ」『谷崎潤一郎全集（新書版）第二十二巻』中央公論社、昭和三十四年四月、一四三頁
（2）同右、一五二〜一五三頁
（3）小倉敬二「『卍』と『黒白』のころ」『谷崎潤一郎全集（没後版）第十一巻』月報、中央公論社、四〜五頁
（4）「饒舌録」『谷崎潤一郎全集（新書版）第十六巻』中央公論社、昭和三十三年七月、二〇一頁

（5）谷崎潤一郎『三つの場合』中央公論社、昭和三十六年四月、四一頁
（6）多田道太郎　安田武『エナジー対話　第十八号』「関西——谷崎潤一郎にそって」エッソ・スタンダード石油広報部、昭和五十六年六月、五頁
（7）「岡本にて」『谷崎潤一郎全集（新書版）第三十巻』中央公論社、昭和三十四年七月、一三～一四頁
（8）瀬戸内晴海「三つの場所」『新潮日本文学アルバム7　谷崎潤一郎』新潮社、昭和六十年一月、九八頁
（9）昭和四年五月二日佐藤春夫宛書簡『谷崎潤一郎全集（没後版）第二十四巻』昭和四十五年七月、二六七頁
（10）野村尚吾『谷崎潤一郎　風土と文学』中央公論社、昭和四十八年二月、七二頁
（11）「都わすれの記」『谷崎潤一郎全集（新書版）第三十巻』中央公論社、昭和三十四年七月、一〇九頁
（12）「韮崎氏の口よりシュパイヘル・シュタインが飛び出す話」『谷崎潤一郎全集（新書版）第二十三巻』中央公論社、昭和三十三年四月、九七頁
（13）「阪神見聞録」『谷崎潤一郎全集（新書版）第十四巻』中央公論社、昭和三十四年七月、二六二～二六七頁
（14）「朱雀日記」同右、四五頁
（15）同右、二五頁
（16）「青春物語」『谷崎潤一郎全集（新書版）第二十一巻』中央公論社、昭和三十三年七月、二三六～二七八頁
（17）長田幹彦「京都時代の谷崎さん」同右付録、三～四頁
（18）「私の見た大阪及び大阪人」『谷崎潤一郎全集（新書版）第十七巻』中央公論社、昭和三十四年三月、二二六頁
（19）同右、二三八～二三九頁
（20）高木治江『谷崎家の思い出』構想社、昭和五十二年六月、四～七頁
（21）前掲、多田道太郎　安田武「関西—谷崎潤一郎にそって」一三～一六頁
（22）辻一郎『忘れえぬ人々　放送記者40年のノートから』清流出版、平成十年十月
（23）渡辺千満子『落花流水　谷崎潤一郎と祖父関雪の思い出』岩波書店、平成十九年四月、一三六頁
（24）「雪後庵夜話」『谷崎潤一郎全集（没後版）第十九巻』中央公論社、昭和四十三年五月、三九八～三九九頁
（25）末永泉『谷崎潤一郎先生覚え書き』中央公論新社　平成十六年五月、七八～七九頁
（26）「初昔」『谷崎潤一郎全集（新書版）第二十三巻』中央公論社、昭和三十三年四月、一三三頁

(27) 野村尚吾『伝記　谷崎潤一郎』六興出版、昭和四十七年十一月、一九八頁
(28) 泉鏡花「玉造日記」『大阪朝日新聞』に大正十三年七月～九月に連載
(29) 橋本芳一郎「小田原事件の意味するもの」『解釈と鑑賞』昭和五十一年十月号
(30) 前掲、高木治江『谷崎家の人々』二〇四～二〇五頁
(31) 大正五年九月十七日谷崎精二宛書簡、前掲『谷崎潤一郎全集（没後版）第二十四巻』二〇八頁
(32)「父となりて」『谷崎潤一郎全集（最新版）第二十二巻』中央公論社、昭和五十八年六月、二九頁
(33) 大谷晃一『仮面の谷崎潤一郎』創元社、昭和五十九年十一月、一五頁
(34) 河野多恵子『谷崎文学と肯定の欲望』文藝春秋社、昭和五十一年九月
(35) 松本清張「昭和史発掘　潤一郎と春夫」『松本清張全集』第三十二巻、文藝春秋社、昭和五十三年四月、二八九～二三〇頁
(36)「この三つのもの」『佐藤春夫全集第二巻』講談社、昭和四十一年五月、二七四頁
(37)「佐藤春夫に與へて過去半生を語る書」『中央公論』昭和六年十二月号、一四三～一四四頁
(38) 永栄啓伸『評伝　谷崎潤一郎』和泉書院、平成九年七月、一〇三頁
(39) 前掲、「佐藤春夫に與へて過去半生を語る書」『中央公論』昭和六年十二月号、一四〇頁
(40) 中村光夫『佐藤春夫論』文藝春秋新社　昭和三十七年一月、一〇四頁
(41) 河野多恵子「谷崎文学の愉しみ（九）」『谷崎潤一郎全集（最新版）第九巻』付録、中央公論社、昭和五十七年一月、六頁
(42) 神奈川近代文学館蔵
(43) 佐藤春夫「谷崎千代への手紙」『中央公論』平成五年六月号、一三八～一四四頁
(44) 前掲、「佐藤春夫に與へて過去半生を語る書」『中央公論』昭和六年十二月号、一四〇頁
(45) 前掲、河野多恵子「谷崎文学の愉しみ（九）」六～七頁
(46) 前掲、「佐藤春夫に與へて過去半生を語る書」『中央公論』昭和六年十二月号、一四三頁
(47) 佐藤春夫「僕らの結婚――文字通りに読めぬ人には恥あれ――」『定本　佐藤春夫全集第二十巻』臨川書店、平成十一年一月、二三二頁

(48)前掲、「佐藤春夫に與へて過去半生を語る書」『中央公論』昭和六年十一月号、一五一頁
(49)前掲、佐藤春夫「谷崎千代への手紙」『中央公論』平成五年六月号、一五五頁
(50)前掲、「佐藤春夫に與へて過去半生を語る書」『中央公論』昭和六年十一月号、一四八頁
(51)和嶋せい子・瀬戸内寂聴「対談『痴人の愛』のモデルと言われて」『つれなかりせば なかなかに――妻をめぐる文豪と詩人の愛の葛藤』中央公論社、平成九年三月、一八四頁
(52)同右、二〇〇頁
(53)笠原伸夫『谷崎潤一郎――宿命のエロス』冬樹社、昭和五十五年六月、一二七頁
(54)前掲、「佐藤春夫に與へて過去半生を語る書」『中央公論』昭和六年十一月号、一四五頁
(55)谷崎終平『懐かしき人々――兄潤一郎とその周辺――』文藝春秋社、平成元年八月、一六五～一六六頁
(56)拝啓 炎暑之候尊堂益々御清栄奉慶賀候 陳者我等三人此度合議を以て千代は潤一郎と離別致し春夫と結婚致す事と相成り潤一郎娘鮎子は母と同居致す可く素より雙方交際の儀は従前の通りにつき右御諒承の上一層の御厚誼を賜度何れ相当仲人を立て御披露に可及候へ共不取敢以寸楮御通知申上候 敬具
谷崎潤一郎 千代 佐藤春夫
(57)前掲、佐藤春夫「僕らの結婚――文字通りに読めぬ人には恥あれ――」二二八～二二九頁
(58)山下滋子「思い出の人々」、前掲、高木治江『谷崎家の人々』二二九頁
(59)前掲、大谷晃一『仮面の谷崎潤一郎』九五頁
(60)北野栄三「メディアの茶話 続々々」『千里眼第五五号』千里文化財団、平成八年九月、七八～九三頁
(61)前掲、和嶋せい子・瀬戸内寂聴「対談『痴人の愛』のモデルと言われて」一八六頁
(62)前掲、「佐藤春夫に與へて過去半生を語る書」『中央公論』昭和六年十一月号、一四四頁
(63)前掲、谷崎終平『懐かしき人々――兄潤一郎とその周辺――』一七七頁
(64)前掲、高木治江『谷崎家の思い出』一八八～一八九頁
(65)秦恒平『谷崎潤一郎』筑摩書房、平成元年一月、二三七頁
(66)同右、二四五頁
(67)野口武彦『谷崎潤一郎論』中央公論社、昭和四十八年八月、一六七頁

(68) 前掲、秦恒平『谷崎潤一郎』二四五頁
(69) 谷崎松子・瀬戸内寂聴「対談　愛と芸術の軌跡　文豪と一つ屋根の下」『つれなかりせば　なかなかに――妻をめぐる文豪と詩人の愛の葛藤』中央公論社、平成九年三月、一四八～一四九頁
(70) 小谷野敦『谷崎潤一郎伝――堂々たる人生』中央公論新社、平成十八年六月、二〇五頁
(71) 同右、二三三頁
(72) たつみ都志「知られざる古川丁未子(3)」『芦屋市谷崎潤一郎記念館ニュース8』平成五年九月、五頁
(73) 谷崎松子『湘竹居追想　潤一郎と『細雪』の世界』（中公文庫）中央公論社、昭和六十一年九月、八～九頁
(74) 前掲、渡辺千満子『落花流水　谷崎潤一郎と祖父関雪の思い出』一二八頁
(75) たつみ都志「知られざる古川丁未子(1)」『芦屋市谷崎潤一郎記念館ニュース6』平成五年三月、四～五頁と、西口孝四郎「谷崎潤一郎が妻丁未子にあてた三通の手紙」『中央公論　文芸特集秋季号』（一九九四年）にこの「ラブレター」発見のいきさつは詳しい。
(76) 前掲、たつみ都志「知られざる古川丁未子(1)」五頁
(77) 同右、六頁
(78) 三島佑一『谷崎潤一郎と大阪』和泉書院、平成十五年十一月、四〇～四五頁
(79) 前掲、たつみ都志「知られざる古川丁未子(3)」三頁
(80) たつみ都志「知られざる古川丁未子(2)」『芦屋市谷崎潤一郎記念館ニュース7』平成五年六月、二頁
(81) 昭和七年十一月八日根津松子宛書簡『谷崎潤一郎全集（最新版）第二十五巻』中央公論社、昭和五十八年九月、一三二～一三三頁
(82) 前掲、三島佑一『谷崎潤一郎と大阪』四三頁
(83) 同右、七三頁
(84) 古川丁未子「われ朗らかに世に生きん」『婦人サロン』昭和六年三月号、三三頁
(85) 「戀愛及び色情」『谷崎潤一郎全集（新書版）第十七巻』中央公論社、昭和三十三年三月、一九九頁
(86) 『蓼喰ふ蟲』『谷崎潤一郎全集（新書版）第十六巻』中央公論社、昭和三十三年七月、二九～三〇頁
(87) 前掲、谷崎松子・瀬戸内寂聴「対談　愛と芸術の軌跡　文豪と一つ屋根の下」一六六頁

(88) 前掲、高木治江『谷崎家の人々』一八二頁
(89) 同右、一九五〜二〇〇頁
(90) 昭和七年九月二日根津松子宛書簡、前掲『谷崎潤一郎(最新版)第二十五巻』一二七頁
(91) たつみ都志「知られざる古川丁未子4」『芦屋市谷崎潤一郎記念館ニュース9』平成五年十二月、二〜三頁
(92) 同右、二頁
(93) 前掲、「佐藤春夫に與へて過去半生を語る書」『中央公論』昭和六年十一月号、一三九〜一四〇頁
(94) 同右、一四五頁
(95) 前掲、高木治江『谷崎家の人々』二〇六頁
(96) 谷崎松子「倚松庵の夢」、『倚松庵の夢』(中公文庫)中央公論社、昭和五十四年十二月、六〇頁
(97) 『芦屋市谷崎潤一郎記念館資料集(2)雨宮庸蔵宛(昭和六年十一月三日付)谷崎潤一郎書簡』平成八年十月、十九頁
(98) 前掲、高木治江『谷崎家の人々』二一一頁
(99) 前掲、野村尚吾『伝記　谷崎潤一郎』三八五頁
(100) 秦恒平『神と玩具との間　昭和初年の谷崎潤一郎』六興出版、昭和五十二年四月、二八七〜二八八頁(昭和七年九月二十三日付)
(101) 前田久徳『谷崎潤一郎　物語の生成』洋々社、平成十二年三月、一八〇頁
(102) 昭和七年十月七日根津松子宛書簡、前掲『谷崎潤一郎全集(最新版)第二十五巻』一三〇頁
(103) 前掲、野村尚吾「谷崎潤一郎年譜」『伝記　谷崎潤一郎』五二四〜五二五頁
(104) 佐藤碧子『瀧の音　懐旧の川端康成』東京白川書院、昭和五十五年十二月、三五〇頁
(105) 前掲、小谷野敦『谷崎潤一郎伝——堂々たる人生』二二八頁
(106) 昭和七年十一月十日根津松子宛書簡、前掲『谷崎潤一郎全集(最新版)二十五巻』一三四頁
(107) 前掲、谷崎松子「倚松庵の夢」五五頁
(108) 同右、六二頁
(109) 谷崎松子「桜襲」、前掲『倚松庵の夢』一四七〜一四八頁

(110) 前掲、永栄啓伸『評伝　谷崎潤一郎』一九九頁
(111) 前掲、小谷野敦『谷崎潤一郎伝―堂々たる人生』二一八頁
(112) 同右、二三二頁
(113) 前掲、秦恒平『神と玩具との間　昭和初年の谷崎潤一郎』二五五頁
(114) 同右、二五三頁
(115) 前掲、谷崎松子「倚松庵の夢」五六頁
(116) 昭和七年九月二日根津松子宛書簡、前掲『谷崎潤一郎全集（没後版）二十四巻』二九五頁
(117) 前掲、「雪後庵夜話」『谷崎潤一郎全集（没後版）第十九巻』四〇一頁
(118) 谷崎松子「湘碧山房夏あらし」、前掲『倚松庵の夢』四五～四八頁
(119) 前掲、谷崎松子『湘竹居追想　潤一郎と『細雪』の世界』三一～三二頁
(120) 前掲、「初昔」『谷崎潤一郎全集（新書版）第二十三巻』一六一頁
(121) 前掲、野村尚吾「谷崎潤一郎年譜」『伝記　谷崎潤一郎』五二六頁
(122) 前掲、「雪後庵夜話」『谷崎潤一郎全集（没後版）第十九巻』四五九頁
(123) 前掲、野口武彦『谷崎潤一郎論』一八九～一九〇頁
(124) 前掲、秦恒平『神と玩具との間　昭和初年の谷崎潤一郎』三四三頁
(125) 前掲、谷崎松子「倚松庵の夢」六二頁
(126) 渡辺たをり『祖父谷崎潤一郎』（中公文庫）中央公論新社、平成十五年三月、十八頁
(127) 谷崎松子「薄紅梅」、前掲『倚松庵の夢』一六六頁

# 「記憶の場」としての『吉野葛』

岩谷幹子

谷崎潤一郎（一八八六―一九六五）は、一九二三（大正一二）年九月の関東大震災をきっかけに、最初は一時避難のつもりで京都に移住した。そして、二ケ月ほどで京都から阪神地方に居を移し、その後一九四四（昭和十九）年に疎開のためにこの地を去るまで、足かけ約二十一年間、転居を繰り返しながらも阪神地方に住み続けた。この間、文学者としての谷崎はその風土、文化、人々から彼の文学のための養分を吸い上げながら、「古典回帰」と言われる転換点を迎え、『蓼喰ふ虫』（『大阪毎日新聞』『東京日日新聞』一九二八年十二月―一九二九年六月）、『武州公秘話』（『新青年』一九三一年十月―一九三二年十一月）、『春琴抄』（『中央公論』一九三三年六月）等の傑作を次々にものしていった。この作家の阪神地方、そしてその文化との関わりというテーマは余りにも大きいが、本稿では佐藤春夫の「筆者が急角度を以て古典的方向に傾いた記念碑的作品で彼が第二の出発点とした意味深い作品」(1)という評言が定説になった感もある『吉野葛』（『中央公論』一九三一年一―二月）を取り上げ、論じていくこととしたい。この作品のあらすじは、東京在住の語り手が一高時代の旧友で大阪に既に戻ってしまっていた津村に誘われ、津村の母方の親戚が住む吉野地方に一緒に出かけるというもので、作品の中で阪神地方が直接に扱われる訳ではない。しかし筆者は『吉野葛』の分析を通じて、谷崎が阪神地方在住の間に文学者として迎えた転換点としての「古典回帰」の一側面を考え、ひいては本論を谷崎と阪神地方、文化の関わりといった問題を考えるための、いわば序論にしたいという企図を持っている

　このような趣旨に基づいて本稿で『吉野葛』を扱う際に焦点をあてたいのは、上代以来の歴史、文学、言い伝え、古典芸能や語り手、津村それぞれの母の記憶にまつわる場所や物に始まり、それらが重層的に重なる「吉野」という地域全体に至るまでの、様々な形における「記憶の場」の表象という問題である。「記憶の場」という言葉、概念は、フランスの歴史学者ピエール・ノラが、一九八四年から九二年にかけて同名のタイトル（原題は“Les Lieux de mémoire”）の下に、百二十名の歴史家による百三十数編のエッセイをシリーズとして刊行して以来[2]、改めて歴史学を始めとした人文学の分野で定着したようである。ノラはフランス語版及び英語版のいずれの序文においても、このシリーズが伝統的歴史学とは異なる新しいスタイルの歴史学を企図していることを強調している。その新しいスタイルとは、日本語版に序文を寄せた谷川稔が簡潔に要約するところによれば、「ある事件がなぜ起こったか、如何に展開されたか、ということよりも、その記憶の行方、シンボル化された再利用、神話化された『読み替え（アプロプリアシオン）』のほうに注目する」、「一言で言えば、『原因より結果』の分析に重きを置く歴史学である[3]」。こうした「結果」言い換えれば「集合的記憶を表象する場」として、歴史的建造物や旧跡、国境といった有形のものや、フランス人の美食や画家や学者が風景を書き出す方法といった無形のものが取り上げられ、「フランス的国民意識」のあり方が探られている。

　谷崎の『吉野葛』もやはり実に様々な形での「記憶の場」を取り上げ、いわばそれがこの作品の中心的テーマになっていると言って良いだろう。語り手が津村との吉野行の出発点近くで目にする妹背山は、歌舞伎『妹背《いもせ》山《やま》婦女庭訓《おんなていきん》』の舞台として語り手にその歌舞伎にまつわる記憶を想起させ、旅の途中の菜摘《なつみ》の里の旧家ではこの家に代々伝わる品々――「菜摘邨来由《なつみむらいゆ》」と題された巻物、義経のものとされる刀剣類、静御前のものとされる「初

音の鼓」や位牌等——を見せられる。さらに津村が遠縁の女性への求婚の段取りを整えている間、語り手は自らが構想中の小説の取材のため奥吉野の南朝末裔にまつわる場所を訪問する。また『吉野葛』に表象される重要な「記憶の場」の多くは国民的共同体と同時に、家族というより小さな共同体にまつわる「記憶の場」であることも注目される。例えば、語り手にとって妹背山は、歌舞伎『妹背山婦女庭訓』と同時に母にまつわる重要な「記憶の場」である。その一方、彼の友人津村にとって吉野の地は、『義経千本桜』の影響、そして母の故郷であることが理由で、彼にとって「特別のなつかしさを感ずる」「土地」——すなわち彼の「記憶の場」となっている。このように同一の「記憶の場」に国民的共同体と家族という異なるレベルにおける集団の記憶が重ねられることや、その重ねられ方は、『吉野葛』という作品独自の問題を多く孕んでいる。しかしそもそも「記憶の場」のモチーフは、谷崎のいわゆる「古典回帰」全体を考える場合にも重要な問題であろう。

谷崎は幼少時代から古典や歴史物に興味を持ち、彼の創作活動の初期からそうした知識、関心に触発された作品も多く書いてきた。しかしそうした「古典」や「歴史」——殊に文書形式のもの——が単に作品の「背景」や「材源」にとどまらず、作品の中で「記憶の場」として表象されるようになるのは、『吉野葛』前後の作品からである。すなわち、『武州公秘話』や『少将滋幹の母』(『毎日新聞』一九四九年十一月—一九五〇年二月)において、我々は武州公や滋幹の行動や心理を直接テクストから提示される訳ではない。作品内に『武州公秘話』であれば「道阿弥話」や「見し夜の夢」、『少将滋幹の母』であれば滋幹の日記といった偽書や実在の古典テクストが登場し、テクスト内の語り手がそれらの断片的な記述をもとに、自らの想像力によってテクスト内の人物達の行動なり心理なりを再構成したものが、最終的に我々テクスト外の読者に提示されている。『春琴抄』の場合にも、春琴やその弟子佐助は文学史もしくは歴史上の人物ではなく、「鵙屋春琴伝」も「古典」の範疇に入ったり関係するものではないにも関わらず(『春琴抄』は歴史や文学というよりも、むしろ芸能を通じて「古典」を扱った作品と言えよう)、前の二つの作品に関して指摘したことがやはり当てはまる。このように武州公や春琴、少将滋幹の行動や心理を直接描くのではなく、彼らについて記した書物とそれを読む読者を介在させることによって、「事件がなぜ起こったか、如何に展開されたか」ということと同時に、あるいはそれ以上にその「読み替え(アプロプリアシオン)」を叙述するというのが、谷崎の古典回帰以降に古典もしくはそれに準ずるモチーフを扱った作品に見られる、際立った戦略であることは間違いない。したがって本稿では、谷崎の「古典回帰」期以降の作品内における「古典」を考える足掛かりとして、まず『吉野葛』内の手紙のモチーフに着目したい。

## 一 『吉野葛』完成にいたるまでの谷崎作品における「手紙」
### ――非在の痕跡としての「手紙」を中心に――

『吉野葛』で扱われる「古典」は、歌舞伎、謡曲、地唄などといった身体的パフォーマンスに関わるものが中心であり、文字テクストとしての古典の影は比較的薄い。しかし同時にこの作品には、「本人の死後に他者による読み替えを許す文字テクスト」という、谷崎の古典回帰以降の作品内で表象される古典、もしくはそれに準ずる文字テクストの扱いを考える際に重要と思われるモチーフが、いわゆる「古典」とは別の形で表れている。それが、津村が実家の土蔵で発見した、共に今は亡き祖母から母にあてた手紙である。「手紙」のモチーフそのものは谷崎作品の初期から後期に至るまで様々な形で表れる。『吉野葛』の場合にも構想のある段階で書簡体形式が取られた上で、その後棄却されたようであるが[4]、書簡体形式をとった谷崎の作品としては、それ以前にも「ラホールより」(『中外新論』一九一七年十一月)や「アヴェ・マリア」(『中央公論』一九二三年一月)がある。また『猫と庄造と二人のをんな』(『改造』一九三六年一、七月)では、冒頭で紹介される庄造の先妻品子から後妻福子に宛てられた手紙が、作中の三角関係を動かすプロット上の動力となっていく。しかし『吉野葛』を含め、「死者から生きている者に対して遺された文字テクスト」としての「手紙」のモチーフは、「青塚氏の話」(『改造』一九二六年八―九月、十一―十二月)や「卍」(『改造』一九二八年三月―一九二九年四月、六月―十月、十二月―一九三〇年一・四月)など、いわば谷崎の転換期直前から初期にかけて集中的に見られる。今挙げたような「死者の遺した文字テクスト」としての手紙の描写の場合には、単にその文面のみでなく、筆跡や書かれた紙など手紙の物質的な側面に多くの言及がなされることも特徴的である。その例を幾つかここで見ておこう。

先ず「青塚氏の話」では、映画監督中田が妻由良子に残した遺書が内容の大半を占めるが、作品の冒頭近くで由良子が夫の死後に遺書を発見する場面で、遺書の形態や筆跡は次のように描写されている。

二重に包まれた中から出て来たのは、背革に金の唐草の線の這入つた、簿記帳のやうな体裁をした二百ページほどの帳面で、それへ細々と鉛筆で認めてあつた。病人は須磨へ転地してから、ものうい海岸の波の音を聞きながら臥たり起きたりして暮してゐた一年近い月日の間に、暇にまかせて病床日記を附けるやうに書きつづけて行つたのであらう。非常に長い分量のもので、鉛筆の痕がもうところどころ紙にこすれて薄くなつてゐた。(5)

この手紙の場合には、由良子が見つけた遺書の外観や筆跡の描写の間に、「ものうい海岸の波の音を聞きながら」これを書いていたであろう中田の姿が描写されている。このことはすなわち、遺書が今は亡き中田を指し示す記号として、それを中田が書いたという事実に基づく隣接的(メトニミカル)な関係によって、書き手と須磨子の心の中で結ばれた、ということを意味していよう。

それに対して『卍』における手紙の物質的側面の詳細な描写は、隣接的というよりは類縁的(メタフォリカル)

な関係によって、その書き手と結ばれている。『卍』の「その六」で柿内園子は語り手である「先生」に対し、既に死んでしまった光子と自分の間で交わされた手紙を見せる。語り手は読者にそれらの手紙の内の数通の内容を引用するのに先立ち、「思ふにそれらの意匠のほうが時としては手紙の内容よりも、二人の恋の背景として一層の価値がある」からという理由で、その手紙の「意匠」を詳述する。この「思うに」以下の記述において語り手は、後に続く封筒、便箋の「意匠」や筆跡に関する自らのコメントを、読者が手紙の「内容」に匹敵するものと解釈するよう、予めその読み方を方向付けている。そしてそれに続き、以下のように封筒や便箋、筆跡の物質的特徴が読者に提示される。

（五月六日、柿内夫人園子より光子へ。封筒の寸法は縦四寸、横二寸三分、鴇色地に桜ン坊とハート形の模様がある。桜ン坊はすべてゞ五顆、黒い茎に真紅な実が附いてゐるもの。ハート型は十箇で、二箇づゝ重なつてゐる。上の方のは薄紫、下の方のは金色。封筒の天地にも金色のギザギザで輪郭が取つてある。レターペーパーは一面に極くうすい緑で蔦の葉が刷つてある上に銀の点線で罫が引いてある。夫人の筆蹟はペン字であるが、字の略しかたにゴマカシがないのを見れば、相当に習字の稽古を積んだものに違ひなく、女学校では能筆だつたであらう。小野鵞堂の書風を更に骨無しにしたやうな、よく云へば流麗、わるく云へばぬらりくらりした字体で、それが又不思議なくらゐ封筒の絵とぴつたり合つてゐる。）（その七）(6)

この手紙の封筒や便箋は園子によって選ばれ、その上に文字を書かれたということによって、またその筆跡は園子の筆記という行為の痕跡として、それぞれ園子と隣接的な関係をもっている。しかしこの引用部で封筒、便箋、筆跡の物質的特徴は明らかに、『青塚氏の話』の場合のように隣接的な記号としての役割を強調されてはいない。引用部の最初の三行にわたる、封筒の外的特徴の詳細な描写から読者が漠然と受ける印象は、語り手が園子の筆跡に与える「ぬらりくらりした」という形容によって明確な形を与えられるかもしれない。またそうでなかったとしても、それに続く「それ（字体）が又不思議なくらゐ封筒の絵とぴつたり合つてゐる」という一節によって、筆跡と封筒の意匠との類似関係が語り手自身によって確認される。そしてこの一節中の「不思議なくらゐ」という表現が、この二つの間の類似関係が事実に基づくものでない、あるいは自明ではないことを強調している（確かに我々自身の経験を振り返ってみても、筆跡と封筒の意匠が「ぴつたり」と一致したという印象を与える手紙はそうそうあるものではなかろう）。いわば封筒の意匠も筆跡も、その書き手、あるいは書き手の送り手との関係をその類似性によって象徴している、ということになる。園子の手紙に続いて紹介される光子の手紙の場合にも、園子と対比した光子の性格が、彼女の手紙の内容を紹介するに先立って、やはり筆跡に関するコメントによって言及される――「園子より描く、落ち着きのない走り書きのやうに見えるが、この方が字体が大きく、イヤ味がなくて生き生きとした奔放な感を与える」。かくして『卍』で取り上げられる手紙は、『青塚氏の話』の場合とは対照的に、その書き手を類似的に示す記号であることを前景化されているのである。そしてさらに『吉野葛』では、手紙とその送り手、受け手との間の隣接的、類縁的な関係がいずれもさらに前景化されることになる。

## 二　『吉野葛』における「手紙」
### ――隣接性と類縁性の絡み合う「記憶の場」――

『吉野葛』の中で手紙のモチーフが触れられるのは「その五　国栖《くず》」においてである。語り手の旧友津村は、父方の祖母の死後にその遺品を整理している時に、結婚前まだ色町に奉公していた母と父の間で交わされた艶書五通と、母が奉公に出たばかりの頃に母方の祖母から母に宛てられた手紙一通を、他の母の形見の品とともに見つけ出す。津村は死別した母に幼い頃から深い思慕の念を持ち続けてきたのだが、それにも関らずこの場面で母自身が書いた二通の手紙にさほど関心を持った様子はない。手紙の内容やそれに対する津村の感想も断片的に触れられるに過ぎない。それに対し祖母から母に宛てられたたった一通の手紙は、津村が土蔵の中で繰り返し読んだ後、書斎にまで持ち帰ったという記述が見られ、この手紙に関するテクスト中の描写も実に細かい。さらにこの手紙の場合には、文面以外の筆跡、用紙、宛名書きといった、谷崎のそれ以前の作品では余りふれられなかった手紙の物質的側面が『卍』以上に詳述され、重要な役割を果たしている。

例えば『卍』と同様、筆跡を通じた書き手に関する推測がここでも見られる。ただし『吉野葛』の場合には、『青塚氏の話』や『卍』の場合とは異なり、筆跡の字体の正確さや達者さが記号として重要な意味を持ってくる（『青塚氏の話』の場合にはそもそもそうした言及がなく、『卍』の園子の手紙の場合には、筆跡の正確さ、達者さに対する言及は見えるものの、書き手自身を表す記号としては「ぬらりくらり」とした字体の特徴ほどには重要な役割を果たしていないだろう）。先ず祖母の筆跡は津村にとって、祖母の教養を示唆する隣接的記号となる（「文の言葉や仮名づかひには田舎の婆が書いたらしい覚つかないふしぐ〵も見えるけれども、文字はそのわりに拙くなく、お家流の正しい崩し方で書いてあるのは、満更の水呑み百姓でもなかったのであらう」）。そしてさらに津村が祖母個人の教養から敷衍して、やはり隣接的な関係において、その家の暮らし向きまでも想像していることが、続く記述から分る（「が、何か暮らし向きに困る事情が出来て、娘を金に替えたのであることは察せられる」）。この段階で、記号（筆跡）の指示対象である「悪くはない母の生家の暮らし向き」は、津村が既に知っていた、母が新町に奉公に出されたという事実を参照することによって、その事実との間に矛盾を生み出す。最終的に祖母の筆跡は、その筆跡から導き出される推測と事実との間に、教養があり、経済的にも貧しくはないはずの生家から母が色町に出された事情を、空白のまま指し示すことになるのである。

次に津村の母が手紙を書いた紙は、一般的に多くの手紙がそうであるように、かつてその紙の上に書き手が文字を書いた、ということのみによって書き手との隣接的な関係を持つに留まらない。その紙は書き手自身によって作られた、ということが手紙の本文に「此かみもかゝさんとおりとのすきたる紙なり（……）かゝさんもおりとも此かみをすくときはひゞあかぎれに指のさきちぎれるよふにてたんと苦ろふいたし候」と強い肉体的なイメージを持って記されている。そのために、手紙の紙とその書き手の間の隣接的な関係はことさらに強調されることになる。さらには此の手紙の場合、書き手のみならず、受け取り手との間にも同様のことが起こっている。すなわちこの手紙が母の稼ぎ先で見つかったということは、母がそれを受け取り、目を通したであろうことを含意するが、以下の手紙の記述はその手紙と受け取り手との間の関係をも、さらに強調することになる――「此かみもかゝさんとおりとのすきたる紙なりかならず〳〵はだみはなさず大せつにおもふべし」。この記述をもとにこの手紙の数十年後の読み手である津村は、「母も恐らくは新町の館で此の文を受け取つた時、自分が今したやうに此れを肌身につけ、押し戴いたであらうことを思へば」と、この手紙の受取人と手紙との間に、単に手紙を受け取り、読んだという以上の濃密な肉体的な隣接的関係を想定する。その結果書き手、受け取り手とのいずれの隣接関係も前景化されたこの手紙は、ついには「自分の母を生んだ人の血が籠つてゐる」「老人の皮膚にも似た」ものと津村に考えさせる、類縁的な認識を喚起するのである。

　加えてこの手紙は、隣接的・類似的な想像力のみによって、津村を母との接触に誘うにとどまらない。手紙に記された「大和国吉野郡国栖《くず》村《むら》窪《くぼ》垣内《かいと》昆布助左衛門内」という差出人の記述によって、津村はこれまで知りたいと思いながら中々つきとめることの出来なかった、母方の実家に関する手がかりを得るのである。その後、津村はこの時見つけた手紙や他の遺品を手がかりとして、母の生家をつきとめようとするが、結局手がかりとなったのはこの祖母からの手紙一通のみであったことが語られることによって、この手紙の役割はさらに強調されることになる。こうして祖母の手紙は、津村を母方の生家や縁者に現実に接触させ、彼にとっての母の記憶を本質的に変質させる可能性を生み出すのである。

## 三　おりとの語りと母の形見の琴
### ――「コミュニケーション的記憶」と「文化的記憶」のあわいに――

物質としての手紙から家族の談話へという、津村の母の痕跡をたどる過程を分析する際には、ヤン・アスマンの「集団の記憶と文化的アイデンティティ」（"Collective Memory and Cultural Identity"）における二種類の集団的記憶に関する考察が参考になる。彼はこの論文で、ノラの場合には（一）「記憶」と（二）「歴史」と区別しているものを、それぞれ（一）家族や国家といった何らかの社会的グループ内で日常生活の中で口頭で伝えられている記憶（これを彼は「コミュニケーション的記憶 "Communicative Memory"」と呼ぶ）と（二）文字テクスト、視覚的イメージ、建物、風景といった物質化された文化として結晶化された記憶（これを彼は「文化的な記憶 "Cultural Memory"」と定義する）として分類し、前者から後者へと記憶が変遷する過程を考察している(7)。このアスマンの用語、概念を借用すれば、『吉野葛』において津村が土蔵内で発見した手紙は、彼にとって「文化的記憶」と言うべきものであったろう。この物質化され結晶化された文化的記憶――アスマンによれば、これは、集団内での関係性と同時代的な記号から対象への参照性を失っているために（津村の手紙の場合には、手紙に書かれた「おりと」「おえい」という名を持つ人物が津村には誰か分らないことに相当する）、最早「記憶」ではなく「歴史」である――には、本来「コミュニケーション的記憶」の持っていた時間的流動性が失われている。物質化され結晶化する以前の「コミュニケーション的記憶」についてアスマンは、次のように指摘する。

コミュニケーション的記憶は、時間が過ぎ去るにつれ膨張し続ける過去の中にその記憶を縛りつけるような固定点を持つものではない。そのような固着は文化的形成によってのみ達成されるものであり、インフォーマルな日常の記憶の外に位置するものである(8)。

さらに『吉野葛』を分析する際にアスマンの指摘で興味深いのは、「コミュニケーション的記憶の最も重要な特徴は、その時間的な地平はきわめて限られたものである、ということである。あらゆる口承の歴史の研究が示すところによれば、この地平は八十年から(最長で)百年程度しか過去に遡ることが出来ず、それは三、四世代に相当する(9)」としていることである。『吉野葛』発表のほぼ一年前に谷崎が当時の中央公論社社長嶋中雄作に宛てた、昭和四年十二月七日付の手紙の中では、谷崎は『吉野葛』中の「津村の母」の原形となったと思しき登場人物を「主人公の数代前の母」としている(10)。アスマンの定義によれば、この手紙が書かれた時点での構想では、この「母」の記憶は家族内の「コミュニケーション的記憶」が「文化的記憶」へ変容するぎりぎりの「時間的地平」に位置させられていた可能性が高い。結局発表された『吉野葛』では、「数代前の母」は一代前の母になってはいるものの、それにも関わらず島の内の生家で津村に母についての「コミュニケーション的記憶」を与える人間はほとんどいない、という設定になっており、津村が「文化的記憶」としての祖母の手紙の差出人の記載を発見することにより、初めて記憶が本来辿る「コミュニケーション的記憶」から「文化的記憶」へという過程を遡行する可能性が生まれてくる。

しかしこの津村の「文化的記憶」から「コミュニケーション的記憶」への遡行の旅も、母に関する情報や遺品を幾分かは増やすものの、彼の母の像を根本的に変化させるものではない。津村はやっと訪ねあてた国栖村の母の生家で、母についての「コミュニケーション的記憶」をこの時点で恐らく唯一伝え得るはずの伯母おりとと対面するが、彼女は津村の母に関する形見の品は津村の祖母の死とともに殆ど失われたと言い（「もはや三代を経た今日となつては、殆ど此れと云ふ品も残つてゐない」と、おりとの語りでも「三代」が強調されている）、おりと自身の思い出話も、以下のようにその頼りなさを強調して表象されている。結局この「コミュニケーション的記憶」に基づく津村の母の像の再構成も、「半分以上は」「想像で補ふより他ない」。

此の老媼は彼の熱心な質問の前にオドオドしながら、もう消えかゝつた記憶の糸を手繰り〳〵歯の抜けた口から少しづゝ語つた。中には全く忘れてゐて答へられないこと、記憶ちがひと思はれること、遠慮して云はないこと、前後矛盾してゐること、何かもぐもぐと云ふには云つても息の洩れる声が聴き取りにくゝ、いくら問ひ返しても要領を摑めなかつたことなどが沢山あつて、半分以上は此方が想像で補ふより他はなかつたが（……）（その五　国栖）(11)

無論たとえ津村の伯母が母に関してはっきりした記憶を持ち、津村の知りたいことを明瞭に率直に語ったとしても、津村が母の実像に触れることが出来る訳ではないだろう。アスマンも記憶による過去の再現の本質的な不可能性について次のように指摘している——「いかなる記憶も過去をそのまま保存することは出来ない。現在において残されているのは、ただそれぞれの時代における社会が現時点において参照可能な枠組みの中で再構成されたもののみである」(12)。しかし谷崎は津村の母の痕跡を辿る旅において根源を訪ねることの不可能性を、母について津村に恐らく唯一語りうる人間であるおりとの語りの不鮮明さと、津村の唯一の母に関する記憶（と彼が信じるもの）の中の琴とは一致しないはずだが、しかし実際に母の形見である琴の詳細な描写を並列することによって、改めて前景化している。

この文脈でいけば、『吉野葛』の「その三　初音の鼓」で登場する「ずくし（熟柿）」は、物質化、固定化、結晶化した死んだ「歴史」から流動化した生きた「コミュニケーション的記憶」を経てその根源へと向かいつつ、結局そのあわいをさまよい続ける、津村の母に関する記憶、イメージを始めとした、この作品に登場する様々な記憶、イメージの隠喩（メタファー）とも読めるのではないだろうか[13]──家に代々伝わる初音の鼓その他の品を語り手と津村に見せた後、旧家の主人は「ずくし」で二人をもてなす。主人の話によれば、「ずくし」は始めは「堅く渋い」柿を十日ほど放置し、「自然に皮の中が流動体になり、甘露のような甘みを持つ」のを待って作られる。それは「眺めても美しく、食べてもおいしいのは丁度十日目頃の僅かな期間で、それ以上日が立てば……遂に水になつてしまふ」という諸条件の微妙な按配の下に生まれる「半流動体」のものなのである。

これ以降の谷崎の作品の中でも、「文化的記憶」と「コミュニケーション的記憶」とのあわいを漂う記憶、イメージというモチーフはよく見られる。例えば『春琴抄』では春琴と佐助にまつわる物語のソースとして、佐助が記したとされる「鵙屋春琴伝」の記述と鴫沢てるその他の談話が共に登場する。また『聞書抄』（『大阪毎日新聞』『東京日日新聞』一九三五年一月─六月）では、もとは石田三成に仕える武士であった盲人順慶の身の上話を幼少時に聞いた三成の遺児が、それを晩年に源太に語り、さらに源太がその話を筆写したものが「安積源太夫聞書」という写本として現代にまで残ったために、それを目にした作家である語り手によって小説化される、という設定になっている。これらは谷崎の文学テクストにおいて「文化的記憶」と「コミュニケーション的記憶」が相互に補い合いながら、ある人物なり事件の再構成を志向する例と考えることが出来よう。しかし同時にアスマンが、たとえ最早コミュニケーション的記憶の存在し得ない「何千年の時間を経ていたとしても」、すでに結晶化された文化的記憶の意味が、「触れられた時に突如、何千年の時を超えてアクセスが可能になることもある」[14]と指摘するように、「文化的記憶」を流動化させるのは、何もコミュニケーション的記憶ばかりとは限らない。

『春琴抄』や『少将滋幹の母』で、断片的な文書や伝聞から語り手が、春琴や滋幹を始めとした登場人物の心理や行動を再構築するという設定になっていながら、しかしそれぞれのクライマックス——たとえば佐助が自ら盲となりそれを春琴に報告する場面や滋幹が数十年ぶりに母と再会する場面——では、その設定がきわめて不自然に感じられるほどにそれらの場面が臨場的に記述されていることを、その例として挙げることが出来よう（恐らくこの臨場感は、それぞれの作品の語り手が物語の再構築に没頭し、想像が事実を超えていくことを少なくとも部分的には示すものである）。しかし『春琴抄』、『少将滋幹の母』のいずれの作品でも、始めに設定された枠組みゆえに、春琴や滋幹の行動、心理が完全に流動化することはありえず、クライマックスの極めて流動的、直接的な場面描写も語り手の想像によるものとして、最終的には「文化的記憶」の枠組みのうちに回収されていく。

それに対し『吉野葛』の場合には、津村は伯母による「コミュニケーション的記憶」に加え、たとえ幼い時に死別したとはいえ、実母に直接接した経験を持っている。したがって彼の母に関する唯一の記憶とされる、島の内の実家で「琴を弾いてゐた上品な夫人」の「記憶」も、前の二作品の語り手によって再構成された物語よりは、事実と想像の間のはるかに曖昧な境界に位置させられているため、谷崎はこの作品で、あえて過去の事実を現在の想像によって取り戻すことの不可能性を強調するために、上に指摘したような手法を採ったと解釈することも出来よう。いずれにせよ、こうして過去の完全な復元を阻まれた慕わしい女性の面影という「記憶の場」は、今度は未来の妻へと「読み替え」の方向へ赴くことになる。

## 四　津村にとっての「初音の鼓」である「お和佐」
### ——時間的転倒そして単一のシニフィアン（記号表現）に対応する複数のシニフィエ（記号内容）——

『吉野葛』において「記憶の場」にまつわる起源と痕跡、事実と虚構をめぐる相克は、津村が語る彼の母にまつわる記憶、イメージの問題であるとともに、語り手と津村の吉野行の旅の当初から、道々出会う風景、場所、物に関して繰り返し表れるテーマであった。吉野駅から津村と徒歩で歩き始めた語り手は、六田の橋の袂を通りかかった時、幼い頃に橋の上で、母親から「お前、妹背山の芝居をおぼえてゐるだらう？　あれがほんとうの妹背山なんだとさ」と川上の妹背山を指し示されたことを想起し、さらに進んで上市《かみいち》の外れで妹背山を初めて間近に見た時に、以下のような感慨をもらす。

妹背山女庭訓の作者は、恐らく此処の実景に接してあの構想を得たのだらうが、まだ此の辺の川幅は、芝居で見るよりも余裕があつて、あれ程迫つた渓流ではない。仮りに両方の丘に久我之助の楼閣と雛鳥の楼閣があつたとしても、あんな風に互に呼応することは出来なかつたらう。（その二　妹背山）(15)

永江啓伸は、語り手がこの部分を記した時に、語り手の「幼年時の幻想は現実を前にして歪み始めている。作者自身、その世界への没入を巧みに回避し、むしろ否定しているような印象すら与える」(16)とするが、果たしてそうであろうか。「あのほとりへ行けば久我之助やあの乙女に遇へるやうな、子供らしい空想に耽つた」子供時代の語り手とは異なり、既に大人になった語り手は実際の妹背山を見るまでもなく、現実の妹背山と歌舞伎の芝居の中の妹背山が違うであろうことは心得ていたはずである。それに、この「妹背山」に始まり、その後「釣瓶鮨屋」とそこで働く「お里」、「初音の鼓」と、歌舞伎『妹背山女庭訓』、『義経千本桜』に登場する人や場所、物がこのテクストに次々と言及されるが、それぞれに対する語り手の反応は各々かなり異なっていることを、ここで確認しておきたい。

この妹背山の話の直後に津村が『義経千本桜』のことを語り手に切り出した時に、語り手は下市にある「釣瓶鮨屋」のことを思い出す。そしてこの鮨屋については次のように叙述される。

維盛が鮨屋の養子になつて隠れてゐたと云ふ浄瑠璃の根なし事が元になつて、下市の町にその子孫と称する者が住んでゐるのを、私は訪ねたことはないが、噂には聞いてゐた。何でもその家では、いがみの権太こそゐないけれども、未だに娘の名をお里と付けて、釣瓶鮨を売つてゐると云ふ話がある。（その二　妹背山）(17)

ここでの語り手の口吻は、『義経千本桜』の中の「釣瓶鮨屋」や「お里」と、現在下市で商売をしているそれらとを混同していない。下市で商売をしている「釣瓶鮨屋」が歌舞伎にあやかったことも、また逆に妹背山の場合には現実としての山が先にあり、そこから構想を得て歌舞伎作者が芝居の妹背山を構築したことも、そしてそれらのフィクションと現実とが別物であることも、語り手にとっては、現実にそれらの場所を訪れるまでもなく自明であろう。したがって「現実」を前にした時に「幼年時の幻想」が「歪み始めている……」以下の指摘は、言い過ぎの感が否めない。

むしろ成立の順番や現実と虚構の境目が曖昧になり、それらの姿が「歪み始める」のは、「初音の鼓」が登場する時であろう。歌舞伎『義経千本桜』に登場する「初音の鼓」が菜摘の里の旧家に代々伝わっているので、それを見に行こう、と津村に誘われた語り手は、興味を示しながらも半信半疑で、「やつぱりそれも釣瓶鮨屋と同じやうなものぢやないかな」「誰か昔のいたづら者が考へ付いたことなんだらう」と言う。この場面での会話、そして大谷家でその鼓を見た時の描写から推察するには、それらの段階で語り手の心にあったのは、「初音の鼓」が多分歌舞伎にちなんで作られた偽物であるか、もしくはひょっとしたら歌舞伎に先立って存在した本物であるという可能性のみであったようだ。

しかし「その四　狐噲《こんくわい》」の冒頭で、二人が大谷家を辞した後、この「初音の鼓」の真偽に関する意見を交わす場面で、津村は語り手の思いもよらぬ考えを明かす。

「君、あの由来書きを見ると、初音の鼓は静御前の遺物とあるだけで、狐の皮と云ふことは記してないね」

「うん、――だから僕は、あの鼓の方が脚本より前にあるのだと思ふ。後で拵へたものなら、何とかもう少し芝居の筋に関係を付けない筈はない。（……）」

「だがあの鼓はいかにも新しさうぢやないか」

「いや、あれは新しいかも知れないが、鼓の方も途中で塗り換へたり造り換へたりして、二代か三代か立つてゐるんだ。あの鼓の前には、もつと古い奴があの桐の箱の中に収まつてゐたんだと思ふよ」（その四　狐噲）(18)

新しく見える鼓を歌舞伎にちなんで作られた偽者と思っていた語り手にとっては、眼前の「初音の鼓」は歌舞伎の脚本より新しいものであろうけれど、それにも関わらず歌舞伎の中の「初音の鼓」はやはり大谷家の鼓に基づいて創作されたものであろう、とする津村の言葉は予想外のものであった筈だ。語り手を驚かせたであろう津村のこの「初音の鼓」に対するコメントは、直後から始まる、津村の母恋いからやがて妻問いへと変貌する身の上話にも照応するところはないだろうか。

「その四　狐噲」で語り手と津村の話題は、先の引用に見られる「初音の鼓」の真偽をめぐる議論から、津村の「自分は忠信狐ではないが、初音の鼓を慕ふ心は狐にも勝るくらゐだ、自分は何だか、あの鼓を見ると自分の親に遭つたやうな思ひがする」というコメントを経て、彼の母恋の物語へと移行する。津村の話をこの段階まで聞いた語り手、および我々読者は、津村が「初音の鼓」を、母もしくは母への憧憬の感情を象徴するものと感じているがために、自身を『義経千本桜』の忠信狐になぞらえ、「初音の鼓」にも興味をもっているのだと解釈するだろう。しかし「その四」の最後で、津村は語り手にとって「意味の分らない笑いを浮かべ」ながら、「だがそれだけではないんだよ」「自分は今度、ほんたうに初音の鼓に惹き寄せられて此の吉野まで来たやうなものなんだよ」と、この時点ではまだ語られていない、新たな「初音の鼓」の含意を暗示する(ちなみに『吉野葛』は昭和六年の『文芸春秋』に二回にわたって連載され、ここまでが前編の連載分である)。そして続く「その五　国栖」において、津村の物語が母方の祖母の手紙の発見から、それを手がかりとした初めての母の生家訪問に及び、さらに「その六　入の波《しおのは》」の冒頭にまで至った時、津村はそれまで伏せられていた今回の旅行の目的、すなわち母方の親戚の娘への求婚を明かし、それと同時に「その四」の最後で暗示された「初音の鼓」の意味も明らかになる。


「(……)僕は、大方あの手紙の文句、『ひゞあかぎれに指のさきちぎれるよふにて』と云ふ――あれに暗示を受けたせゐか、最初に一と眼水の中に漬かつてゐる赤い手を見た時から、妙にその娘が気に入つたんだ。それに、さう言へば斯う、何処か面ざしが写真で見る母の顔に共通なところがある。(……)」

「成る程、ではそれが君の初音の鼓か」

「あゝ、さうなんだよ(……)」(その六　入の波)[19]

ここでの「君の初音の鼓」に関して、細江光は新潮文庫の注釈において「狐忠信にとって初音の鼓がそうであったように、その娘(お和佐)が津村にとって死んだ母の身代わりだということ」としているが、[20]しかしこの「身代わり」という表現は、この場面で語り手および我々読者に初めて開示された「初音の鼓」の意味としては不十分であろう。この「初音の鼓」にこめられた意味について、津村は既に「その四」でも伏線を張っていた。

自分の母を恋ふる気持は唯漠然たる「未知の女性」に対する憧憬、――つまり少年期の恋愛の萌芽と関係がありはしないか。なぜなら自分の場合には、過去に母であつた人も、将来妻となるべき人も、等しく「未知の女性」であつて、それが眼に見えぬ因縁の糸で自分に繋がつてゐることは、どちらも同じなのである。
（その四　狐噌[21]）

津村にとってお和佐は母の身代りとしてあるのではない。母もお和佐も津村にとっては等しく、憧憬の対象である「未知の女性」である。そしてこの「未知の女性」像は、大谷家の「初音の鼓」と同様、過去と未来が転倒もしくは等価とみなされることにより、その本来の序列、前後関係が崩され、一つのイメージ、名前に複数の物もしくは人間が重ねられる記号となっている。したがってこの場面での「初音の鼓」は、母と恋人のイメージが重ねられるとしても、つねに母（狐の皮）が実体であり、恋人はそこから派生する比喩というヒエラルキー関係のはっきりしている『義経千本桜』の中の「初音の鼓」よりは、むしろ大谷家のそれの近いものと解釈出来る。

また語り手と津村の旅行中の会話、とりわけ「その四」から「その六」の始めまで続く、柴橋の袂での津村の身の上話のほぼ全体が間接話法的に、語り手の反応もほぼ省略された形で表現されているのに対し、既に引用した「その四」の始めと終わり、「その六」の始め等における「初音の鼓」に関するやりとりのみが、例外的に双方の発話とも直接話法で表現されている。このような形でそこで話題にされている大谷家の鼓と津村の憧憬する女性像のつながり、もしくは類似性が強調されている、と考えることも可能であろう。こうして津村が憧憬する女性像と「初音の鼓」との間に、単一な過去の根源ではなく、根源的なイメージの「シンボル化された再利用」

もしくは「読み替え」を志向する「記憶の場」としての照応関係を発見することが、この作品のクライマックスに位置するのであれば、この作品全体における「記憶の場」というテーマの重要性が改めて確認される。

## 五 「記憶の場」としての「場所」
### ――運動し想起する身体と記述されたテクスト――

谷崎の作品において『吉野葛』前後から「記憶の場」のモチーフが目につくようになるが、『吉野葛』の場合は、その「記憶の場」を表象する語りの技法についても注目される。この節では「語り」の分析を通じて『吉野葛』における「記憶の場」の表象について考えてみたい。「その二 妹背山」の冒頭の、語り手が津村とともに六田の橋の袂を通り過ぎる際に、吉野川の上流の景色を目にする場面では、それまでに語り手が同じ場所を数回訪れた際の記憶が、その場の情景の上に重層的に積み重ねられていく。そのことは、内容のみならず、語りの技法をもってしても複雑精妙に表現されている。

(……)二十一か二の歳の春、二度目に吉野へ来た時にも、再び此の橋の欄干に靠れ、亡くなつた母を偲びながら川上の方を見入つたことがあつた。川はちやうど此の吉野山の麓あたりからやゝ打ち展けた平野に注ぐので、水勢の激しい渓流の趣が、「山なき国を流れけり」と云ふのんびりとした姿に変りかけてゐる。そして上流の左の岸に上市の町が、うしろに山を背負ひ、前に水を控へた一とすぢみちの街道に、屋根の低い、まだらに白壁の点綴する素朴な田舎家の集団を成してゐるのが見える。私は今、その六田の橋の袂を素通りして、二股の道を左へ、いつも川下から眺めてばかりゐた妹背山のある方へ取つた。(その二 妹背山)(22)

金子明雄は引用中の傍線部を、引用部冒頭の語り手の二度目の吉野旅行の時点に属させるべきなのか、あるいは引用部の最後の一文で示される、津村と一緒の三度目の吉野行の時点に属させるべきなのか「区別がつかない」とした上で、「風景に関する一般的説明である可能性も否定できない」としている。[23] しかしそもそも、この吉野川及び上市の光景をどちらかのみに帰属させなければならない必然性があるのだろうか。この傍線部は、先ず二回目の旅行中の語り手が吉野川の上流を見入ったという記述から川の情景描写へと移行する際には、二回目の語り手の視点を通じた描写と解釈される。しかし傍線部の描写が終わり、三回目の旅行中の語り手に関する記述が始まると、直前の傍線部は今度は遡及的に三回目の旅行中の語り手の視点によるもの、という印象を与える。これは一種の「自由間接話法」とも見なすことが出来ないだろうか。

「自由間接話法」といえば、かつては主語の人称や動詞の時制などの変化によって表現されるものと考えられていた。しかし近年では、時制や人称といった形態的分類からだけではその多様な現象を包括的に定義することが不可能であるという認識に基づき、読者の認知過程からそれを定義しようという試みがなされている。ジャン・マンフレッドによれば、「自由間接話法」とは、読者が当該の一節を読み始めた時には語り手か登場人物いずれかの声であると想定していたものが、読みの過程の中でその想定を覆される、という「認識的跳躍（cognitive jump）」にこそその本質がある[24]（この定義は一般に人称や時制といった文法的範疇の使い分けが、英語ほど厳格ではない日本語において同様のテーマを考える際にも参考になるだろう）。『吉野葛』のこの引用箇所に関しても同様に、二度目の旅行の時に橋の上から見た景色が、三度目の旅行の際に橋の袂を通り過ぎる際に見た景色へと変わり、同時にそれを語る語り手の声は、三度目までの吉野旅行を回想し記述する語り手の「声」からそれより二十年前の津村との三度目の旅行中の語り手の「声」へと移行しており、その過程にマンフレッドのいう「認識的飛躍」

がある。したがってマンフレッドの定義に従えば、「自由間接話法」の例と解釈出来るだろう。

この「認識的飛躍」の橋渡しをするのは、二度目の旅行の時にも三度目の旅行の時にもさほど変わっていなかったであろう、六田の橋の辺りから見た吉野川及び上市付近の眺めであった。この景色は引用の前後の箇所で三回用いられ、各々異なる時点を指示する「今」というダイクシスとも似た機能を持っている（「武蔵野と云ふ旅館は今もあるが、二十年前とは持主が変わつてゐるさうで、（……）」〔語り手の執筆時点〕「今でもあのほとりへ行けば久我之助やあの乙女に遇へるやうな、子供らしい空想に耽つたものだが（……）」〔幼少時の一回目の吉野訪問の時点〕「私は今、その六田の橋の袂を素通りして（……）」〔津村に同行している三度目の吉野訪問の時点〕）。六田からの吉野川の眺めが、作品内の様々な時点に属する語り手にとって同じように見えたであろうように、特定の言表行為がない限りいかなる時も指示しない「今」というダイクシスも、本来この語りを統括すべき執筆時の語り手が後景に退き、様々な過去の時点に位置する語り手の声を顕在化することによって、様々な時点を受け止めることになる。

また「その五　国栖」では今度は場所の表現の上に異なる時の交差が表現される。この節では津村は語り手に柴橋の袂で、祖母の手紙の発見をきっかけとした彼の母の生家探しの旅について話している。この節の語りは「語り手が津村の話を間接的に取り次ぐ」という形式になっており、この部分で津村は「津村」「彼」といった三人称で言及され、同時に既に指摘したように、その話を柴橋の上で聞き、その後読者に媒介しているはずの語り手の痕跡もほとんど消されてしまい、あたかも非人称の語り手による語りのようになっている。その唯一の例外は、中村ともえも指摘するように、津村の語りの内容が、津村が初めて母方の親戚を訪ねるために、上市に到着した以降の場面で、「津村は期待に胸を躍らせつゝ、晴れた十二月の或る日の朝、上市から俥を雇つて、今日私達が歩いて来た此の街道を国栖へ急がせた」という箇所である。[25]ここでもやはり、本来のこのテクストの「語り手」である語り手ではなく、本来彼の語りの中の「登場人物」であるべき、津村と旅行中の語り手の声が顕在化され、「今日私達が歩いて来た」道が、津村が車夫に「国栖へ急がせた」道と、「此の街道」という言葉の上で重なり一致したことが、内容のみならず、語りの技法によってでも表現されている。このように『吉野葛』では自由間接話法の顕著な例が、ノラが様々な種類の「記憶の場」の中でも特に典型的であるとする地理的な「場所」[26]に、登場人物達の異なる時間にまつわる記憶が重なりあうのを表現するために用いられているのである。

さらに今まで見てきた例では、語り手も含め異なる審級に位置する登場人物の間の境界がお互いに侵食されていたが、次の例ではそれ以上に異質なもの同士の境界が相互侵食を行っている。これらの例もまたマンフレッドの指摘するような広義での自由間接話法の例と見なすことが出来るだろう。「その四　狐噌」の冒頭で、語り手と津村が大谷家を辞し、柴橋の袂で先の四節でも引用した「初音の鼓」に関する会話をする。その後で語り手は二人のいる柴橋について以下のように述べる。

菜摘の里から対岸の宮滝へ戻るには、これも名所の一つに数へられてゐる柴橋を渡るのである。私たちはその橋の袂の岩の上に腰かけながら暫くそんな話をした。

貝原益軒の和州巡覧記に、「宮滝は滝にあらず両方に大岩あり其間を吉野川ながるゝ也両岸は大なる岩なり岩の高さ五間ばかり屛風を立たる如し両岸の間川の広さ三間ばかりせばき所に橋あり大河こゝに至てせばきゆへ河水甚深し其景絶妙也」とあるのが、ちやうど今私たちの休んでゐる此の岩から見た景色であらう。「里人岩飛とて岸の上より水底へ飛入て川下におよぎ出て人に見せ銭をとる也飛ときは両手を身にそへ両足をあはせて飛入水中に一丈ばかり入て両手をはれば浮み出るといふ」とあつて、名所図会にはその岩飛びの図が出てゐるが、両岸の地勢、水の流れ、あの絵の示す通りである。（その四　狐噌[27]）

ここに見られる『和州巡覧記』からの引用は、「ちやうど今」「此の岩」を見ている、つまり津村と柴橋の袂にいる「語り手」によって発されたことになっている。しかし（一）引用部分の長さ、（二）『和州巡覧記』が地唄や謡曲の場合とは異なり、一般に暗唱されるようなタイプのテクストではないこと、それに（三）文字テクストのみならず、「両岸の地勢、水の流れ」という風に、テクストに付された図までをかなり正確に把握した上でこの部分の記述があることを考えると、これが純粋に柴橋の袂での語り手が記憶から再現されたものを表現しているとは考えにくい。そもそもこの作品の冒頭で語り手は、「読者」に対して「既に二十年程まへ」の津村との吉野行を書くことによって伝える、としていたのだから、この部分は、作品執筆時の語り手が津村との旅行の記憶とともに、『和州巡覧記』のテクストも参照しながら記述しているのだ、と考えれば何の不都合もないのである。しかしこの場面でも、「今」「此の」という言葉の使用によって津村と旅行中の語り手が前景化され、逆に執筆中の語り手がその存在を限りなく稀薄にされたことによって、矛盾した印象が生み出されてしまう。

『吉野葛』の二年近く後に発表された『蘆刈』（『改造』一九三二年十一月—十二月）でも、似たような場面がある。以下の引用は岡本の自宅から京都近郊の山崎まで遠出をした語り手が、淀川を目前に大江匡房《まさふさ》の「遊女記」を口ずさむ、という場面の一部である。

> 大江匡房も遊女記といふものを書いて（……）江川南北、邑々処々、分流シテ河内ノ国ニ向フ（……）釣翁商客、舳艫相連ナリテ殆ンド水ナキガ如シ、蓋シ天下第一ノ楽地ナリともいつてゐる。わたしはいまおぼろげな記憶の底をさぐつてそれらの文章のところぐ\をきれぐ\におもひうかべながら冴えわたる月の光の下を音もなくながれてゆく淋しい水の面を見つめた。(28)

この引用箇所について城殿智行は、「記憶という内面においては断続的にしか浮かばないはずの文字が（中略）、作品には完全な記述として再現されてしまう。話者の声はそこで亀裂を孕み、声のねじれには記述の痕跡が不可避的に宿るのである[29]」と指摘している。翻って『吉野葛』の「和州巡覧記」からの引用部にも同様のことが言えるのではないだろうか。このように記憶からの引用では在りえないはずの文字（もしくはイメージ）テクストを、旅行や遠出先の地を歩き、自らの内面から様々なイメージや記憶を浮かび上がらせている（はずの）登場人物と接合させることによって、作品内の異なる時点のみならず、フィクションの文字テクストの中でしか在り得ない、現代の人間の記憶力をもっては普通内面化（記憶）され得ないはずの文字テクストと[30]、身体性を前景化させられた人間との融合、あるいはその融合ゆえに浮かび上がってくる両者の亀裂が表現されている、といえよう[31]。

## 結　語

かつて高桑法子が「『吉野葛』は人物や事柄、古典文学による詞章などのすべてを素材として〈物〉化し、その反射による光の混合を目指した操作者の文学ではなかろうか[32]」と評したが、この表現の中の「〈物〉」を「記憶の場」に置き換えれば、それは本稿の内容の要約としてふさわしいものになるだろう。つまり「記憶の場」とは現実にかつて起こった（かもしれない）事柄や存在した（かもしれない）人をシンボル化し、神話化した読み替えのなされる有形、無形の場のことであった。そしてそれらの「記憶の場」がある種の痕跡として、その起源といかなる関係を持ちうるか、本稿では津村の祖母から母にあてた手紙を例にとって、それが津村の母や祖母といった津村にとってのこの手紙の起源との間に持つ類縁的、隣接的関係、及びそれが「文化的記憶」として津村の眼前に現れながら、「コミュニケーション的記憶」との接触をうながす役割を果たしていることなど、様々な形でその根源を「反射」する様についても分析を行った。またこの作品でもう一つの重要な「記憶の場」である「初音の鼓」の場合にも、それの津村の女人憧憬との関係は、単に『義経千本桜』の忠信狐に母の面影を慕う津村の姿が重ねられている、というにとどまらず、津村によって解釈された、大谷家の「初音の鼓」のあり方と、津村の思慕する未知なる女性像が「記憶の場」が本来持つ性質によって重ねられている。このように『吉野葛』が「記憶の場」を全面的に前景化した作品であるということは、この作品の発表以降、多くの評者がこの作品を小説ではなく、紀行文もしくはエッセーであると考えたことにも結びついているだろう。(33) つまり規範的な西洋の近代小説、もしくはそれに範をとった日本近代小説が時間の継起、もしくは因果関係を軸として展開されていくものだとすれば、『吉野葛』はアスマンが「(通常の)時間からは疎外された、全く異なった時間性を有する時間の孤島」(34)と指摘するものを、またそれらの「時間の孤島」同士の隠喩的、換喩的といった無時間的な関係を前景化することによって、確かに規範的な近代日本小説、そして谷崎の多くの他作品と比べても異質なものとなっていた。

しかしその一方で『吉野葛』は、谷崎の「古典回帰」以降の作品群を考える際に重要な問題を提議している作品でもある。先ず一つは「本人の死後に他者に読み替えを許す文字テクスト」の登場の問題である。こうしたモチーフの導入は、文字テクストとその読者の双方をテクスト中に表現することを意味し、この問題は「古典回帰」以降の谷崎のテクストにおける古典の表象とも深く関わってくることになる。次に「文化的記憶」と「コミュニケーション的記憶」との間の往復の問題。この二種類の記憶は『吉野葛』の津村の祖母の手紙の場合には、同時にその文字テクストの中で触れられるのではなく、「コミュニケーション的記憶」はその差出人の住所の記述によって外的に導かれるものであった。しかし『春琴抄』や『聞書抄』といった後のテクストでは、既に指摘したように両者の記憶がテクスト内において共存する形式をとっている。また物質化、結晶化してしまった「文化的記憶」を谷崎が取り上げる際に、それを改めて生きたものとするのは、必ずしも「コミュニケーション的記憶」ばかりではなかった。一方語りの技法の面から考えれば、自由間接的話法が「記憶の場」を表象する手段として用いられていることも、『吉野葛』のみに留まらない問題であろう。自由間接話法は、語り手も含めた異なる審級に位置する登場人物同士の境界を曖昧にするために用いられることも多いが、『吉野葛』や『蘆刈』の場合には、さらに身体性を前景化された人間とその人間には記憶されえない筈の文字テクストの融合および亀裂をも表現するために用いられていることが特徴的であった。いずれにせよ「記憶の場」としての「古典」を扱う谷崎作品においては、書き言葉と話し言葉、文化的記憶とコミュニケーション的記憶、死した物質と生身の人間、事実と想像、国家的共同体や家族といった集団と個人といった様々の二項対立が意識されつつ、同時にそれらの融合の場所が探られ続け、こうしたテーマの発見あるいは追及こそが、谷崎の二十年にわたる阪神地方での生活から得られた文学的成果の本質に関わるものであった、と論者は考えている。

※谷崎の作品の引用は中央公論社全集により、旧字は適宜新字に直し、傍点、ルビは省略した。また傍線は引用者が附し、「……」は省略を表す。

（1）「最近の谷崎潤一郎を論ず——春琴抄を中心として——」、『文芸春秋』一九三四年一月。

（2）Pierre Nora ed., "*Les Lieux de mémoire*", 7vs, Gallimard, 1984-1992. 英語版はLawrence D. Kritzman ed., "*Bedms of memory*", 3rd, Columbia University Press, 1996-1998.

（3）「『記憶の場』の彼方に」『記憶の場　第1巻　対立』岩波書店、二〇〇二年、一四頁。

（4）一九二九年十二月七日付で谷崎が中央公論の当時の社長嶋中雄作に宛てた手紙には、『吉野葛』の原案であった「葛の葉」について「実はどうも書きにくいので又中途から書き直して手紙の文の形式に改めました」とあり、その後翌年の四月二日付の手紙では「『葛の葉』は読み返しましたがどうも感心しません。あれは童話に書き直して婦人雑誌か少年雑誌へ出したいと思います」とある（水上勉『谷崎先生の書簡　ある出版社社長への手紙を読む』中央公論社、一九九一年、三〇、四一頁）。

（5）『谷崎潤一郎全集　第十巻』中央公論社、一九八二年、六〇四頁。

（6）『谷崎潤一郎全集　第十一巻』中央公論社、一九八二年、四二四―四二五頁。

（7）Jan Assman, "Collective Memory and Cultural Identity," *New German Critique 65*（1995）, pp. 125-133. またアスマンはこの論文でこの二種類の記憶の区別は「話し言葉と書き言葉との区別に一致するものではない」（p. 131）という重要な指摘も行っている。

（8）同上、p. 127.

（9）同上、p. 127.

（10）水上、二九頁。

（11）『谷崎潤一郎全集　第十三巻』中央公論社、一九八二年、四二一頁。

（12）Assman, p. 130.

（13）小森陽一の場合にはこの「ずくし」を、本論の場合とは逆に、「言葉と事実、言葉と指示対象の結合が保証された」、つまりアスマンのいう「コミュニケーション的記憶」から、その結合を失い「文化的記憶」へと変遷する過程の比喩と見なしている（『縁の物語―『吉野葛』のレトリック』新典社、一九九二年、七六頁）。

（14）Assman, p. 129.

（15）『全集』一三頁。

（16）「谷崎潤一郎『吉野葛』考――母恋いの輪唱と変奏」『日本文学』第三五集、一九八六年十月、六九頁。

（17）『全集』一三頁。

（18）同上、二二―二三頁。

（19）同上、四八頁。

（20）『吉野葛・盲目物語』新潮文庫、二〇〇二年、二六〇頁。

（21）『全集』三一頁。

（22） 同上、一一頁。
（23） 「『吉野葛』の物語言説と「私」の位相」『日本近代文学』四二集、一九九〇年一〇月、一〇二―一〇三頁。
（24） Jahn Manfred "Frames, Preferences, and the Reading of Third-Person Narratives: Towards a Cognitive Narratology." *Poetics Today* 18: 4 (Winter 1997) 441-468.（原文の翻訳は論者による）
（25） 「谷崎潤一郎『吉野葛』論――紀行の記憶と記憶の紀行――」『国語と国文学』二〇〇七年二月、四九―五〇頁。
（26） 『記憶の場　第1巻』一九頁。
（27） 『全集』二三―二四頁。
（28） 『谷崎潤一郎全集　第十三巻』一九八二年、中央公論社、四五三―四五四頁。
（29） 「他の声、別の汀――谷崎潤一郎『蘆刈論』――」『日本文学』四八（六）、一九九九年、四二頁。
（30） このような観点からアスマンの「ある種の『記憶を行うエネルギー』は文化の物質化に属するものである」という指摘も興味深い（Assman, p. 127）。
（31） 存在と非在、現在と過去、記憶や想像が幾重にも重なる語り手や津村の記憶と行動にまつわる場の表象は、作品の最初と最後でふれられる、吉野に落ちのびた南朝の末裔にまつわる歴史小説に関わる「場」の表象と対照的である、ということも指摘しておきたい。
（32） 「『吉野葛』論――言語的歩行者の語りとして――」千葉俊二編『日本文学研究資料新集　18　谷崎潤一郎・物語の方法』一九九〇年、有精堂出版、一四〇頁。初出は『国文学論叢』十号、一九八三年三月。
（33） 千葉亀雄は『吉野葛』発表当時の評判を「この作物について、これは紀行文である、小説ではないという批評が方々にある」（「文芸時評」『東京日日新聞』一九三一年二月一〇日）としているが、当時は広津和郎（「文芸時評」『中央公論』一九三一年二月、三二九―三三〇頁）のように、この作品がフィクションであると気がつかずにノンフィクションの紀行文であると誤解した者もいたようである。また時代が下っても、荒正人のように「近代小説ならば、津村という主人公が母親の姉の孫に当たる娘と結婚するという筋にもっと力を入れて扱わぬと、短編小説ではなく、エッセイとなってしまう」（「総論」『谷崎潤一郎研究』一九七二年、八木書店、五七―五八頁）とこの作品を批判する評もある。
（34） Assman, p. 129.

# 桜と桜守——笹部新太郎を中心に

松原秀江

## 一 「木挽」の「爺ッ子」北弥吉

五歳《いつつ》か六歳《むっつ》の頃、木樵《きこり》の祖父について、背山《うしろ》の九十九《つづら》折の道を登った。山は栗、櫟《くぬぎ》、欅《けやき》の類が多かった。いくつもの谷があった。朽ちかけた危なかしい丸木橋も渡った。大岩の下をくぐることもあった。込んだ樹の下を、子供の足で三十分ほど登りつめると、急に馬の背へ出たような、陽《ひ》あたりのいい平垣地へきた。祖父はここで一服した。片側は高い杉山で、枝落しのすんだひょろ長な杉が、割箸《わりばし》でも立てたみたいにみえる。片側は落ちこんだ谷で、足もとまで落葉樹の巨木が茂っている。尾根のそこだけが疏林なので、褐色の肌に、薄茶の横縞《よこじま》のみえる木が目についた。何の木だかわからなかったが、陽にぬれてひかる肌をみていると、祖父の腰につるしたどうらん（煙草入れ）の貼皮《はりかわ》に似ていた。これが桜だとわかるのは、祖父の死ぬ前年だから九歳の時である。花ざかりの四月半ば、やはりここへきて、

「弥《や》アよ、山桜が満開や」

と祖父がいった。はじめて山桜の名をおぼえた。桜の下へ祖父は木端《こば》の大きなのをあつめて、地べたに敷

いて弁当をひろげた。桜は弥吉の手で抱えきれないほど太く、横縞の肌はみなすべすべしていた。どの木もあかみをおびた新葉が出て、花はその新葉のつけ根のあたりに付き、細枝がたわむほど重なっている。桃色のもあり、純白にちかい空の透けてみえるようなうすいのもあった。どの木も同じ花の木ではなかった。

（傍点筆者　以下同じ）

いささか長くなったが、これは水上勉の小説『櫻守』[1]の冒頭部分である。主人公は北弥吉。日本で一、二を争う在野の桜研究家・竹部庸太郎に惚れ込み、「日本一の桜の植木屋」を目指すその桜愛の生涯が描かれている。竹部庸太郎のモデルが、東京帝国大学法科大学（現東京大学法学部）の学生時代から桜に打ち込み、桜の国・日本の山桜など、近代化・西洋化の進む明治以降、見捨てられ失われてゆく桜の保護育成に生涯を捧げ、「桜博士」「桜の神様」として知られる笹部新太郎であること、改めて云うまでもない。

そして北弥吉には、作者の水上勉自身が投影されていると、云ってよいだろうか。共に明治でも昭和でもない大正生まれであること、徴兵検査は丙種合格、戦争末期伏見の輓馬隊で、馬卒として「馬の守」をしていること、父親が大工だったこと、その父親が家に寄り付かず、見捨てられたも同然の母親が、子供たちの為に獅子奮迅していること、そんな母親を心から愛し、生涯その「まぼろしを抱いて」、憧れに似た気持で大切に思っていること[2]①、更にまた十歳前後でその母親に別れ、「丹波の山奥」と「若狭」の違いはあるが、桜に恵まれ母親の思い出につながる古里を、出なければならなかったこと、そして父親を憎んでいること。

だがだからと云って、水上勉が父親を、百パーセント憎んでいた訳ではない。彼は弥吉の父親のように、祖父の死後母を離縁し、囲っていた女を後妻にするような人間ではなかった。『櫻守』の作者の祖父は、「明治のはじめに村を襲ったコレラで早逝し」ている。が、弥吉の祖父と同じように「木挽」で、「父は大工だった」。従って祖父に、「小さい頃から山の木のことを教わったらしく」、生まれ故郷の山の急斜面に「あるひは白く、あるひは桃色にこんもりと咲きさかる」、「みごと」な五十本以上もの桜の樹肌を、まだ何もわからない子供に「たたいてみせ」、「木の話には一家言といった形容があてはまるはなしぶりで」、「人が植えたもんやないでぇ。鳥がまいてくれとんのやでぇ」と話しかけている。そんな父親の姿を記して、水上勉は「村の桜」(3)の中で、

山桜が、さくらんぼをついばむ渡り鳥のウンチに混じって山にまかれて実生してゆく、と教えられたのは禅寺へ小僧にでるまでのこと故、八、九歳だったろう、何げなくこぼれるように、みじかくひとりごちる父の、うなずく顔や、しゃべりがいまもあざやかにうかぶ。

と述べている。

水上勉が、臨済宗の本山、相国寺の徒弟になるのは十歳、本格的に瑞春院に入るのは十一歳の折である。弥吉は十四歳の六月、父親のすすめで京都の植木屋、「小野甚《じん》」に奉公に出た。だが、十歳で可愛がられた祖父に死なれ、翌年十一歳で母親は離縁になっている。

『櫻守』を読むにあたってここで先ず注目したいのは、弥吉が「木挽《こびき》」(あるいは「木樵《きこり》」)の「爺ッ子」として登場することである。そして水上勉の実父についてのこの記事を読むなら、『櫻守』には、親子三代にわたって引き継がれる、何か大切なものに対するこの作家の熱い想いが、込められているように思われてくる。それは禅寺を逃げ出し還俗して、「三十幾つ」もの職業を転々とし、作家になったこの作品の作者の北弥吉や、笹部新太郎の純粋無垢な一途さに対する、そしてまたそれを可能にした桜に対する、憧れのような想いだったろうか。

## 二　佐野藤右衛門と父親代りの竹部庸太郎

「桜守」は、江戸時代の俳書などにも見られ、「咲いた桜の枝を折りとられないように番をする人」、などと云ったいわば風雅な言葉のようだが[4]、水上勉はこの言葉を、「桜を守った職人」の意味で使っている[5]、そのことに注目してみよう。というのも笹部新太郎と親交のあった人物の一人、明治生まれの十五代佐野藤右衛門に[6①]、『桜守二代記』があるからである。明治・大正・昭和を貫いて、ひたすら桜を愛し、桜一筋に生きた父子二代の植木職人の記録である。

ところで、この代々佐野藤右衛門を名乗る「植木屋の藤右衛門」、後の「植藤《うえとう》造園」の先祖は、江戸時代の初めから広沢の池近く、山越に住んで仁和寺に仕え、明治維新まで年貢を納める百姓だった。十五代目の曾祖父の頃から[7]、この寺に植木を納め、いつか植木屋になったらしい[8①]。特に「桜守」と呼ばれるようになるのは、桜の栽培に晩年を捧げた十五代目の父、即ち十六代目の「おじいの時代から[9①]」だったと云う。しかも十六代目が、この家では「代々ひとつ家に、祖父母、父母、その子供と三代が住んで」、

> わしが子供のころは、おじいさんが孫であるわたしたちの子守りをしておったんです。親は働かないかんから、外へ行きますでしょ。それで、おじいさんが家におって孫のお守りをするんですわな[10①]。

と云うのを見ると、多少の誇張はあるにしても、息子十五代目が家業を取りしきり、桜の栽培にも力を入れ出した頃、桜の収集栽培に命をかける晩年の十四代目が、目に入れても痛くない程孫たちを可愛がり、特に幼い十六

代目（輝一）を抱きあげ、愛撫した[(8)②]ことは事実で、とすれば先ず水上勉の『櫻守』には、「桜守」と云われるようになる、十四代目から三代にもわたる佐野藤右衛門の姿が、主人公・北弥吉の生涯に、深く投影しているのではないかと思われてくる。

そしてそれはその通りのようで、祖父の十四代目が亡くなるのは、孫の十六代目が小学校二年の時、弥吉が急性肺炎で祖父を亡くすのは、小学校四年の時だった。また徴兵検査で、十五代目も弥吉も丙種合格、十六代目は、選ばれて配属された茨木県内原の訓練所で、風邪から肺炎を併発して帰され、九死に一生を得ている。立命館大学退学後、満州に渡り喀血して入院、帰国し若狭の生家で、病気療養したことのある水上勉にとって、このことも知れば無関心ではいられなかったろう。のみならず、彼の実母が、「素封家の田圃仕事に傭われて」、わずかばかりの金をもらい、「朝から晩まで田圃に足をつけて」働いていたこと[(2)②]、そして弥吉の母も、「ちいとばかり小作」をしていること、また弥吉の在所鶴が岡のすぐ近くに、時代祭で先頭を切る勤皇隊の出た山国や、光厳帝の御陵のある常照皇寺のあることも、仁和寺宮に年貢を納め、禁裡に心を寄せて、徳川嫌いだった[(8)①]佐野藤右衛門の先祖と、かかわってくるように思われる。

しかもその上、佐野藤右衛門が、三代にもわたって「桜守」と云われる程、桜に打ち込む動機を作ったのが、京都府立植物園の主任技師だった寺崎良策だったことに、注目してみるならどうだろう。彼は東京帝国大学農学部出身で、駒馬農場も「かけもちのような立場」で、東西を精力的に行き来する行動的な実際家だった。人一倍桜を愛し、現存する名桜の保存や、すぐれた品種の栽培に情熱をもやして、亡くなる時、

> 自分の意志をついでくれるのは京都の佐野しかない。植木商人ではあるが、誠実な人間やから、あの人にたのんでやってもらうよう、くれぐれも伝えてほしい

と遺言したのを聞き伝え、十四代目が、

わてのような学問も教育もないもんを、それほどまでに見込んでくれはったかと思うと、うれしいとも悲しいとも、わては涙をこらえるのがせいいっぱいやった。（中略）微力ではござりまするがお受けいたしまする、とお返事申しあげた

と、「涙を見せたのは、あとにもさきにもこのときだけ」だったと、息子の十五代目は記している。[8][3] 寺崎良策の亡くなった大正十五年から、昭和九年六十一歳で「眠るがごとくに大往生をとげ」るまで、「桜をいとおしみ、桜に明け暮れた」十四代目の、特に後半の気違いじみた「花の生涯」は、云わず語らず、息子にも孫にも受け継がれ、それはいかにも、「一軒の家に三代」がおり、「二百年」の時間が流れていた[10][1]という、植木屋にふさわしい生き方だったろう。

北弥吉が植木にかかわるのは、「小野甚」に奉公してからである。「むかしは門跡や禅寺の庭つくりもした由緒ある老舗だった」この植木屋も、先代が亡くなると、跡を継いだ長男が「放蕩を始め」、左前になって、やめなければならない時期に来ていた「無口で、陰気な」弥吉は、「偏窟者」の喜七の世話で、竹部庸太郎の下で働くことになる。実在の笹部新太郎をモデルにしたこの人物は、東大も農科どころか、官吏になれば末は局長か知事か、「出世はきまったようなもん」だった法科を出ながら、「学生のじぶんから桜の研究に没頭し」、「桜ならでは夜もあけない」人物だった。「武田尾に二十一万坪もの演習林をもち」、桜のことでは「日本で一、二を争う」在野の研究家でもある。「石のことなら何でもくわしく」、「石の喜七」と云われた喜七同様、同じ辞めるにしても、

「最後まで残る組にまわっていたい」と思っていた、まじめで「損な」大正生まれの弥吉は、何よりも、「桜に惹《ひ》かれ」、「桜一途に生きてきた」この竹部庸太郎に、使われてみたいと思う。喜七が竹部庸太郎について、

……

調度という調度はみな桜で。灰皿から茶托から、机から、本棚から、みな桜や。茶碗の柄まで桜の花やった

と云えば、学校に入るまで、「祖父のわきばかりにいた」弥吉は、「祖父が腰につるしていたどうらんのことを思いだし」、「あれも山桜の貼皮だった」と思い、

そういえば、鶴ケ岡の家に、桜材をつかった大火鉢が一つあった。祖父の愛用した菓子盆も、桜の皮が貼ってあった。

と思う。

会ってみれば、「五十七にしては恰幅《かっぷく》のいい、五尺七寸もあろう竹部の」、その「心もちへの字にひきしぼった口もとと、柔和な眼」は、両瞼の上にかぶさった「形のいい眉毛」とともに、「京のどこかの和尚さん」のように「不思議」な「温かみ」にあふれ、在所の話をすると即座に、

・あそこに、ええ桜が一本ありました。鶴ケ岡の法明寺どすわ。そういえば、周山の北にも、名木がおましたな。あんた、常照皇寺の知ってますか。

・あんたの在所は桜どこですよ。

と答え、「あんたのお爺さんは木樵でしたか」と「眼を炯《ひか》らし」、「東大を出た人のような威圧感がなく、そこいらの商家の主人とちがわない」気さくさで、そんな竹部と、「対等に話している自分に面映ゆさをおぼえる」弥吉に、喜七は、

あの先生が初対面で打ちとけて話してはんのみたのははじめてや。お前が気にいったンも、桜やな。

とささやいている。

とすれば、弥吉にとっての竹部庸太郎は先ず、十四代・十五代佐野藤右衛門にとっての、寺崎良策のような存在だったと云ってよいだろう。のみならず、挙式の席で花嫁の園の親たちが思ったように、「弥吉の親代わり」、後に喜七が、

宇多野さんが京の桜の母親なら、さしずめ竹部はんは日本の桜の父親ということやな

と云っているその言葉の傍点部分に注目するなら、竹部庸太郎は、いわば父親不在の「爺っ子」北弥吉にとって、祖父と弥吉をつなぐ父親のような存在だったと云ってよいだろうか。それは、この宇多野は宇多野藤平、しかも、「京にも竹部庸太郎のような人がいるものだ」と云われるように、笹部新太郎と親交もあり、同じように「桜男」と云われ、水上勉が「いまの宇多野の地に、植木職をはじめた父業を継いで今日に至った」(11)と記している、十五

代佐野藤右衛門がモデルか、と考えてよいなら、[12]ほぼ間違いないように思われる。

## 三 「やさしさ」の中で運ばれる弥吉と園の結婚

竹部庸太郎が、広大な演習林や苗圃を持っていたように、宇多野藤平にも、「自宅近くに」山や苗圃があった。戦時中「農地転換で大半は伐られていた」にもかかわらず、「良種の桜だけは頑固に匿し植えて」、「終戦になると、すぐ苗木の育生にのりだし」、「興廃した京の社寺や、川堤に、品種に富んだ桜林が春を競ったのも、みなこの人の力といえた。円山公園のしだれ桜を植えかえたり、名桜巨桜といわれる市内外の桜を保護育生し」、「京都では桜栽培の第一人者といわれた人」である。

だが、竹部とは「また本質的にちがう人」だった。喜七は、

宇多野はんは、まあ商売の人や。竹部はんは、接いで一文も銭はとっておらん。ほんまの身銭切っての気ちがいや、同じ気ちがいでもちがう。

と云っている。だがこの違いが、水上勉も、「桜好きはつまりその父の志であり」[11]と記すように、同じ「桜守」でも、竹部（笹部）を一代限りにし、宇多野（佐野）を父親の遺志を継ぐ二代目にしている、といってよいだろう。

父のサクラの旅は、（中略）絶ゆることなくつづいた。和歌山県、滋賀県、岐阜県、中国地方、四国地方、

北陸地方から新潟県等々、父は足をやすめるひまもなかった。名桜、老桜、巨桜、さらに変わったサクラがあると聞けば、父はとるものもとりあえず目的地に出かけた。話に聞いたよりも、実地に見るものがとるにたりないものであったり、せっかくたずねてもかんじんの相手が不在でどうにもならなかったり、玄関ばらいを食わせられたり、徒労に終わることもすくなくなかった。

にもかかわらず、「自分の努力がたりない」と常に反省し、「ぎょうさんなシラミ」ものともせず、モンペに下駄ばきの普段着のまま、[(8)④]十四代佐野藤右衛門は、「あくまでくじけず、なげかず、いっそう勇猛心をふるいおこし、名桜、名品を保存し、増殖しなければならぬ」と、日記にも記すのである。[(13)①]そんな桜行脚の一方で、京都のどこかに桜の名所を作ることが、この父親の「生涯の念願」であり、寺崎良策の「遺志を実現すること」でもあった。[(13)②]そしてそうしたことの一切合切が息子の十五代目の悲願になり、「筋肉薄弱」で兵役も免除された口数の少ない少年を、桜気違いにし、「花の都」京都で、著書もある「桜栽培の第一人者」に、押し上げてしまうのである。たとえば、「江戸中期、享保年間に芽生え」[(8)⑤]、明治・大正・昭和の三代にわたって、円山の夜桜として、その名をとどろかせた祇園の一世（初代）枝垂桜が、戦後間もない昭和二十二年、「老衰を防止する手だて」もなく枯死した時、忌《いや》地を嫌う桜の性質を超え、同じ場所に同じ桜を咲かせるのに、トラック二十台分もの土を牛車で運んで、五リットルもの種子から発芽し、育った四本のうちの一本を、無事植え付けただけでない。せっかく根づいたその木が、その後台風で折れんばかりに揺れ続けた時、神仏に祈り、幹を両手で抱きかかえ、暴風雨の中踏んばって守り抜いている。[(8)⑥]また昭和二十四年にも、三百年もたって風で倒れた真如堂の老木の皮に、若木を活着させ、巨桜の底力を、世間に見せつけたりもした。『櫻守』に、食うにも事欠く戦後の混乱の中で、「上流家庭や寺院が、植木屋をよんで」、早くも「手入れをはじめた」時、まず「活気」づいたのは、「宇多野や小川のような、歴史ある庭師の家」だったと記されるのも、そうした何代にもわたる熱意に支えられてのことでこそあっただろう。弥吉も、「ギターが上手」だから「音楽グループでもつくりたい」といった浮わついた心で、目的もなく大学への進学を望む一人息子の槇男に、

日本はいま桜が枯れかけとる……桜を守る植木屋になれ……嵯峨の宇多野はんのような……えらい植木屋になれ。

と叱咤激励している。

しかもその上、喜七が、弥吉と園の祝言の席で、「これは、京の宇多野さんの受売りですけんど」と一言そえて、「若夫婦が接《つ》いだ桜は、よう育つといいますが、なんぞわけがあるのどっしゃろか」と、竹部に尋ねていることに注目してみよう。竹部は、木にそれだけ「愛情が出るから」と答えているが、『桜守二代記』には、十五代目の父親の言葉として、次のように記している。

接ぎ木は仲のよい夫婦がやるにかぎる。つまりピタリと息が合うからで、その結果うまく活着するのや。意気投合というのはこのようなことだ。

と。これは、たま〳〵佐野家に来ていた「接ぎ木に熟練した夫婦者」についての感想だが、それは十五代目の夫婦にも、そっくりあてはまる。

だが十五代目は、お互いに愛し合って結ばれたのではなかった。佐野家を思う父親の望みにピッタリだという、

「古い老舗《しにせ》」の「花屋」の主人のすすめで、「話はトントン拍子に進み」結婚している。そしてその妻が、父母の他に兄弟、八人もの子供、小おんなや丁稚に奉公人、更に通いの植木職人が一〇人程働く家の、食事や家計を預かって、泣きの涙で仕事も手伝う中で、こと接ぎ木に関しては十五代目より先輩で、忙しい時は任せておけるだけの器用さと熱意をかね備え、両親にとって、「せがれにすぎたる嫁だ」と、自慢たら〳〵の「お気に入り」だっただけでなく、十五代目にも「一心同体」の「よき協力者」だったことは、注目に値しよう。同じように、「父が接ぎ木をするときは、母の協力が必要だった」と記す十五代目の母親が、「接ぎ木にはいうにいわれぬコツがあるンやナ。ぴったりイキが合わんことにはでけんこっちゃ。」と云っていることも見るなら、そこにあるのは、代々続く大家族の中で、無言のうちに無心に自ら伝えられる「コツ」を心得た熟練の技術と、血を超えた人間たちの「イキ」の合った愛と信頼の絆だったと、云ってよいだろうか。

だが弥吉の場合、伝統には無関係、父も母もいない。それは水上勉にも笹部新太郎にも、ほとんど同じように云えることだった。そこに個人的な男女間の「愛情」が、前面に出てくる余地があるのだろうか。

だが弥吉は、演習林へ行く途中のトンネルの中で、臨時列車に出会い真黒になって、竹部と立ち寄った鉱泉宿「たまや」で、園に出会っている。給仕に出たこの女は、「結婚後わずか一と月半」で、「夫が召集になって」戦死した後家だった。「鼻はややひくめ」で「十人並みの器量」だが、「口もとが形よく整っていて」、「細い眼もと」も女らしく、「物言いにも高ぶった感じ」がない。「素朴」で明かるく「気さく」なこの園のような「男好きのする」女が、弥吉は「好き」だった。そして、「どうやな、北さん、あんた、ひとつ男になってやったら……」と、冗談のように云う大工の頭の言葉に、「一瞬」赤くなった弥吉の顔を、野鳥のカタログを見ていた竹部は見逃さず、「戦争にも、軍隊にも縁のない男」が、女たちには「かくれた魅力の一つ」にもなっていた当時、「丙種の体格」だったことも、「多少の希少価値」になって、「どうやら、あの娘《こ》は、北さん、あんたが好きなようや」

と竹部にも云われ、陰気で背も低く、女には「縁のうすい」弥吉が、「かわいそう」な「キズ」ものの園と、かけがえのない相思相愛の夫婦になるのである。

・一と月半にせよ、しゅうとづとめした経験ちゅうもんは、銭で買えん苦労や。お前のところへきたら、辛抱するやろ。ちいとキズのある女をもろて、やさしゅうしてやった方が……ええにきまったる。
・後家やいうても古もんのように考えんでもええ。人間は生きものやし、とくに女ちゅうもんは、嫁にきて一日たってしまえや、考えようによっては古もんや。
・丙種の男は、まあ、男の中の男や

と、「かすかな羨望」を見せながらも、嬉しがる喜七の言葉は素晴しい。そしてまた、

・人間はみなそらキズもんやといえばキズがありまっせ。木ィやてええ桜ほど、肌に傷がついてますわ。キズで寿命をちぢめるのも木なら、キズで、大きく育つのも木のおもしろさです
・女も桜の移植に似たようなところがありまっせ
・あんたの性格は、どっちかというと、砧木《だいぎ》にあつらえむき、地めんにへばりついたとこおす。そこへ、あの女《こ》が接木されてくる。しっかり咲く木になるのも、枯れる木になるのも、砧木と接木の合目のしっくりゆくかゆかぬかできまります。性にあわんもんなら、木ィになりまへんわ。
・あのひとは、ひょっとしたら、八重にも一重にもなります（中略）しつけ次第で一重の端正さも出ます。生かすも、死なすもあんた次第ですわ。（中略）三田の自転車屋に嫁にいってなさったときいてますが、か

わって台になってやるあんたはやさしい気持で大事にしてあげんならん。いっぺん、さし損うた接木という
もんはなかなかむずかしい。けど、それも砧木しだい。いい花育てよと思うたら、それぐらいの苦労せんな
りまへん。

と、再婚の園を接木の桜に、そしてその相手の弥吉を砧木になぞらえ、弥吉を励す竹部の言葉も素晴しい。「こんなやさしい言葉をかけ」てくれる人は、「鶴ケ岡にも、京にもいなかった」と、弥吉が胸をつまらせるように、幼い頃母に別れ、後妻のもとで苦労しただけに、できるならしたいと強く望んだ「弥吉の結婚」は、祖父の思い出に魅かれて入った桜の世界で、竹部を始めとする「周囲の人たちの、ゆきとどいた愛情」の中で、即ちどこかに傷をもち、完璧などではあり得ない、儚い無常な人の世の哀れを、自ら知り尽した人たちの「やさしさ」の中で、運ばれてゆく。そしてこの「やさし」という言葉がまた、桜（花）に象徴される和歌敷嶋の道に深くかかわる言葉だった。(14) のみならず、「縁は不思議なもの」などと云われるが、その言葉通り「願ってもない縁」に恵まれた園は、「弥吉の嫁になるために、この世に現われた」ような女だった。

## 四　母と幼少期の思い出に重なる武田尾の桜山

ところで、中之島の資産家の次男に生まれ、「東大の法科」を出た竹部庸太郎も、決して幸せな人ではなかった。「お金も、山も、家も、財産も」あり、何不自由なく見えるが、「孤独な人」だった。
大学に進学する時、彼の父親が次のように云っていることに、先ず注目してみよう。

大学へゆくのはいいが、月給取りにはなってくれるな。月給は取らずとも、一生どうにか暮らせるだけの物は遺しておく。そのかわり、お前は、どんなことでも、白と信ずれば白と云い切る男になれ。お前の母親は二つの時に死んでいる。母の顔すら知らないお前に、こんなことをいうのもわしの慈愛だと思え

と。竹部庸太郎のモデルである笹部新太郎も、『櫻男行状』の中で、同様のことを記している。そして、進学した大学で「殊に法科はつまらないが」、退学する程の踏切もつかないまま、「月給取りにならずとも、男一疋この世に生を享けた甲斐のあるだけのことを遺して死ねば本懐ではないか」と云ってくれた父の言葉を懐い返し、「大学は大学としておいて、日本人の心に最もながく、また根深い感銘を焼付けてきたものに」、「生涯をうちこんでやろう」と決め、それは『万葉集』以来「桜ではないかと判断した」と、記している。(15)①勿論彼が、「桜の神様」と云われる程の桜研究家になるには、当時珍しい高級カメラで、大学の桜を撮りまくっていた彼に、「どうせやるなら、一介のアマチュアではつまらない。生涯をかけろ。日本一の桜研究家になれ……」と云って励まし、肩を押した和田垣謙三との出会いが大きかったろう。笹部新太郎、即ち竹部庸太郎にも、佐野藤右衛門にとっての寺崎良策のような人が、いたのである。だが、彼の父親が云う「そう長くもない」人の世に生まれて、わずか二歳で母親に死別していなければ、母の顔も知らない不憫な我が子に対する父親の特別な「慈愛」も、なかったに違いない。伝統的な日本文学の世界で、美しい女はしばしば「花」（桜）にたとえられ、その花、即ち桜も「人間みたい」なものなら、たとえば、『古今集』の次の歌、

久方のひかりのどけき春の日に　しづ心なく花のちるらむ

とともに、

世の中にたえて桜のなかりせば　春の心はのどけからまし

と詠んだ歌に、

散ればこそいとど桜はめでたけれ　憂き世に何か久しかるべし

と返す『伊勢物語』の一節が、ふと思い出されてくる。しかもその渚の院では、上・中・下の身分も超えて、人はみな一様に、桜の木の下で、その花を髪飾りに和歌を詠んでいた。それはほとんど、桜に憧れ、桜を守ることに生涯をかける『櫻守』の中の人間達が、お互いに対等な人間として、憂き世のしがらみを超え、信頼し合い睦み合っている姿に同じだと、云ってよいだろう。

だがここでは特に弥吉が園に、竹部庸太郎について、

お金を一文もろうでなく、費用をかけて桜を育て、ただであげてはる妙なお人。（中略）いったい、あの人に、どうして、こんな桜気ちがいにならんならんような魂が宿ったんやろ。

と問いかけ、「あの人は、桜のために生まれてきたような人や」と云った時ふと、「幼年時に見た背山の、山桜の満開だった光景」が浮かぶ、そのことに注目してみよう。というのも弥吉は、「ひょっとしたら、竹部にも、自

分と同じように、忘れられない桜についての記憶があるのではなかろうか」と思い、「そう思うと、死んだ祖父が、怒り肩に汗をにじませて、ガンドをひいていた小挽《こびき》小屋のまわり」の「山桜の春景色」が思い出され、「母の顔」も浮かんでくるからである。「母は、薄着の上へ縞《しま》のかるさんを履き」、「白いむっちりしたふくらはぎをみせて、焚火にあたっていた」だけでない。いつか「その桜の木の下で寝ていた母の、だらしない、のけぞった寝姿が、花の中に浮いた」とも、記している。そして再び弥吉は、「竹部先生にも、一生忘れられない、小さい時の風景があんのとちがうやろか」と思い、園に、「先生はきっと、小っちゃい時分から、桜が好きやったのやろ」と云っているのである。しかもここで見逃せないのは、園が子供の頃、竹部の武田尾の桜山（演習林）で遊び、その園が母親の面影に重なる場面のあることだろう。

昭和二十年の三月、舞鶴でタコ穴掘りばかりしていた弥吉にも徴用令書がきて、「ああ、これで何もかもお終いだ」と思った弥吉が、「桜山の景色は眼に納めてゆきたい」と願ったその桜山で、「沈む気持をかき立てて園を抱いていると、瞼《まぶた》の壁に、遠い母」の浮かぶ場面がある。

ああ、あの時も山桜の込んだ山の傾斜に、遅咲きの八重が散っていた。母は白い足を陽《ひ》なたに投げ出して、祖父の前ではしゃいでいた。

と弥吉は思い、「長いあいだ、どこを捜しても、会えずじまいになっている母のこと」を、思っている。そして祖父の死後、父に離縁された母はおそらく、「どこかで新しい人生をいきているにちがいない」と思い、

弥吉は、園の顔が、いま母の顔にかさなるのを如何ともしがたかった。お前に別れるのはいややといいつつ、

いつまでも弥吉は園を抱いた。

と、幼い頃母に別れ、その幻を抱いて生きた水上勉は記している。

しかもその上、園が「いちばん美しいと思った」のは、この「武田尾に暮した」「期間ではなかろうか」と述べ、

はじめて園を抱いた夕方、小屋へ舞いこんできた楊貴妃の花が、黒髪に小貝をつけたようにへばりついていた。

とも記している。二人の挙式が、「武田尾の山桜が満開に近い四月十日」だっただけでない。「一生に一ど」の新婚の初夜を過したのも、この「演習林の番小屋」だった。そして弥吉にとって、「自分の軀《からだ》と、園の軀《からだ》が一しょに滝壺へ落ちてゆくような、生涯忘れられない記憶」になり、しばらく住みたいとまで願った番小屋は、竹部の研究室から、一段低い台地の端に建っていた。

ところで、笹部新太郎は、父親の死後大学を卒業し、既に大学時代から承知していた「兄の了承を得て」、宝塚市武田尾の地を譲り受けている。その演習林は「桜と楓の多い、そして渓流といくつかの滝があり、駅にほど近い」(15)②所だった。水上勉は『櫻守』の中で、その「滝といえば、みごとなもので」、「二つのトンネルを抱いている」「二つの尾根が川へ落ちこんで扇子型にすぼまる谷に、頭上二十尺もある大岩が二つ噛みあって」、「その頂上から、鶯《うぐいす》いろの晒《さらし》をかけ落したような、清澄な水が落ちてくる」と、記している。「水は、ところどころに小滝をつくり、瀬をつくり、淵をつくりして、線路の下をくぐって武庫川へ落ちていた」。そして「この滝の腹に、

竹部は石垣を積みあげ、（中略）六畳と八畳の洋間とも和室ともつかぬ研究室」を建てていたのである。そしてまた、

水しぶきをあげる滝の両側は、桜と楓《かえで》が植えてあるので、ぬれた岩面《いわも》に木もれ陽《び》がふりかかると春も秋も、息を呑むような絶景だ。

とも記している。更にここで、この「人里はなれた奥山」の身も心も「洗われるような清気」に満ちた演習林に、竹部が知人知友を案内した時、北新地の顔馴染の老妓が、思わずこの滝の下で、「仙人さんのいやはるようなとこどっしゃ」と声を上げると、つかさず竹部が、「こんな色けのおすとこがざらにおすかいな」と答えていることと、そしてその「水しぶきをあげる」滝のそばには、満開の美しい八重の花を咲かせる楊貴妃のあることに、注目してみよう。「楊貴妃は、二十年生ぐらいのもので、番小屋の屋根にとどくぐらいに枝をたれていた」。しかも「枝をたれ」た、即ち枝垂れた桜は、たとえば、

・紅色の強いシダレザクラが滝のように花を落し、それをソメイヨシノの巨木が囲んでいる。(16)①
・焚火《たきび》の中の炎の中に滝のようにしだれている桜が浮び上り、その美しさは妖しく、魂を吸いこまれるようだった。(17)

などと云われるように、滝のように「妖しく」美しい。

というのも、笹部新太郎の『櫻男行状』は、「源氏ぐるま」と題して、彼の家の先祖と伝えられる卜部六郎季

武と滝夜叉姫の芝居を、年中「大入満員」の稲荷文楽座で観た時の印象で、始まるからである。中川南枝の演じる滝夜叉姫を観て、「中学の一年か二年生、せいぜい十二、三歳の」彼は、「傾城傾国とはこうした女性か」と思い、「これほどの麗人を恋の俘虜とまでさせたこの卜部季武がほんとに私の先祖なのか」と、「しみじみ思い直すにつけ」、「同じこの芝居を前後二度も見に行った」と、記している。

明治二十年（一八八七）生まれの笹部新太郎が、十二、三歳と云えば明治三十二、三年（一八九九―一九〇〇）、『近代歌舞伎年表　大阪篇』(18)によれば、中川南枝が稲荷文楽座に出座するのは、明治三十五年九月からのようで、この時『忍寄孝車寄《たきやしやひめ》』が【切】の演目になっている。だが、『忍夜恋曲者』とも云われたか、あるいはその一部だったかとも思われるこの芝居が、演目名索引にも〔将門もの〕に一括されるように、「平将門の謀反を扱」う芝居だったにせよ、「命までもとうちこんだ」滝夜叉姫の「恋ごころに、にべもなく背を向け」る卜部季武が、そこに登場するのか否かそれもわからない。

にもかかわらず、滝夜叉姫が如蔵（月）尼で、東国に乱を起し、下総に内裏を造営して、自ら平親王と名乗った相馬小次郎将門の娘であり(19)、「いったいこれが男なのかと疑うばかりの舞台姿」で、「一座の人気」をさらった立女形、南枝の演じる滝夜叉姫がまた、「全くふるいつくばかりの美しさだった」こと、及び、若い頃は馬に乗ったりゴルフをしたり、仲睦まじく暮したにもかかわらず、「病身」で「ぽっくり」なくなってしまった竹部庸太郎の妻女が、「東北のえらい大金持のお嬢さん」で、「学習院出」の「女優さんみたいな」「美しいひと」だったことに注目し、そこに不思議な類似点を見出すことはできないだろうか。

竹部は、あとにも先にもたった一度だけ、この人を武田尾の演習林（桜山）に、つれて行ったことがある。「高いとこ」も「虫」も嫌いだったお嬢さん育ちのお姫様のような「家内」が、「小鳥の巣箱を三百ほどつくって、楽しんでおる」と話すと、「巣箱へ鳥が入るのンが見たい」と云い出し、「ふたりきりで山へ入った」のだった。

弥吉の花嫁の園に竹部が、

二階の窓から、桜山をみてるような女ごにはならんで下さい。山の自然は美しいというても、これは、なかなかのことで美しいのやおへん。男が舵もって、藤つる切って、荒れんように手を入れてこその山。美しい眺めどっさかいな。

と云いながらも、宿の主人が

花の散りかかる夕暮れ時になると、（宿の二階で、筆者注）いい時にきたいうて、よろこんでいましたよ

と云うと、喜七が、

先生……奥さんは、桜山の花の散るのを……生涯わすれてはおられませなんだやろ。そのお心はようわかりますわ。

と応じた時、弥吉は、「母と祖父の思い出を皆に披露したい衝動におそわれ」、「のどの口まで出かかっ」ている。しかもその上、「少くとも明治初期まで」「桜は日本文化の母体」だったと云う笹部新太郎が、

舞台の桜で一番美しいのは、〝娘道成寺〟だろうが〝義経千本桜〟も見渡す限り一面の桜である。

と記す[15③]その『義経千本桜』を、稲荷文楽座では、明治三十三年六月《子供芝居》の一つとして、また【中】の演目として、三十四年七月には道行を、三十五年十月には酢屋より御殿までを、そして更に三十六年七月には、二幕を【切】の演目として、ほとんど毎年上演している。『忍寄孝車寄』ではなかったとしても、明治三十五年九月、『花見時嵯峨夜桜』と共に上演されたかと思われるその滝夜叉姫の芝居を、二度も観た少年の笹部新太郎は、南枝が音羽滝大夫を演じ、義経や狐忠信・静御前も登場するこれらの芝居も、見ただろうか。

笹部新太郎が「早く母に別れて母の顔も知らず、母乳がなくて」「山羊の乳などで辛うじて育った[15④]」ように、明治十八年生まれの中勘助も、「母の産後のひだち」が悪く、「身寄りのない」「仏性の伯母さんの手ひとつで」育った人である。

「子どもの世界の描写として未曾有のものである」と漱石も「激賞」したという『銀の匙[20]』の中で、彼は、芝居ではないが、

> 獣と人間とのあいだになんの差別もつけなかった私は、親の生皮《なまかわ》を剥がれたふびんな子狐の話を身につまされてきいた。親の白狐は皮を剥がれながら、わが子かわいや、わが子かわいや、といって鳴いたという。（中略）大和の国の野原にすむ狐の皮で張っただけの鼓が、恩愛の情にひかれてわが子を思う声をだしたというのである。私は今でもこの話を思い出せば昔ながらの感情の湧きおこるのをおぼえる。

と記している。しかもそれだけではない。谷崎潤一郎の『吉野葛[21]』には、主人公である私の友人・津村が、「親の顔を知らない人間でないと」、また浄瑠璃や生田流の箏曲や地唄を好む「大阪人でないと」、「到底理解されな

い」こととして、「文楽座や堀江座の人形芝居」の「葛の葉の子別れの場」について話している。そして更に「千本櫻の道行になると、母―狐―美女―恋人―」の連想がより密になって、初音の鼓を預った「静と忠信狐は主従の如く」でありながら、「見た眼は恋人同士の道行と映ずるように工《たく》まれてゐ」て、「そのせいか自分は」、

　自分を忠信狐になぞらへ、親狐の皮で張られた鼓の音に惹かされて、吉野山の花の雲を分けつゝ、静御前の跡を慕って行く身の上を想像した。

と云っているだけでない。

　母を恋ふる気持は唯漠然たる「未知の女性」に対する憧憬、――つまり少年期の恋愛の萌芽と関係がありはしないか。

と述べ、

　自分の場合には、過去に母であった人も、将来妻となるべき人も、等しく「未知の女性」であって、それが眼に見えぬ因縁の糸で（中略）繋がってゐる。

とまで云っている。笹部新太郎（竹部庸太郎）にも、同様のことが云えるだろうか。少なくとも、笹部新太郎の「直話と、『櫻男行状』を底本として」(13)③、『櫻守』を書こうとした時、水上勉もそのように考えていた、あるいは無

意識のうちに感じていたと、云えるのではなかろうか。『櫻守』を書く時、水上勉は、花も大きく色も美しい八重咲きの楊貴妃について、佐野藤右衛に「古い話」など「いろいろ」聞いている。[22] 顔も知らない生母の面影は、「傾城傾国とはこうした女性か」と、少年が目をみはる程の南枝の演じる絶世の美女・滝夜叉姫に重なり、それは又、「清澄な」美しい「いくつかの滝」に恵まれた武田尾の桜山の「息を呑むような絶景」に、重なっていたのではなかろうか。

桜は、「やまとぶりに、よしの草、たむけ草」、「夢見草、つまこい草」などとも呼ばれ、普通は七日、天候の悪い年の「花らしい花」は、「二日か三日にすぎない」と云われている。[15][5] そんな儚い夢のような桜の中でも、特に関西に多い、人手の「入り込めない厳しい美しさ」[23] と、清楚な気品に満ちた山桜を愛し、桜の名所・名木を求めて、明治以降衰退する桜の国・日本を駆け廻り、接木で美事に成長した「一木一木」を、まるで「撫でるように」見ている竹部の姿を伝えて、弥吉は園に次のように云っている。

> そんな時の先生は幸福そうや。秋の桜、冬の桜みておっても、北海道や九州の、親桜の満開の姿がうかぶのやろ。わしらとちごて、桜のうしろに思い出がいっぱいあるのやろ。先生のそんな時の顔は美しいわ。いろんな思い出がかけめぐるからやろ

と。それはそのまま、水上勉の笹部新太郎に対する想いだったろうか。

## 五　「信念の人」笹部新太郎と荘川桜

そして『櫻守』には、笹部新太郎の「さくら事業の逸話も、事実に近い形でふんだんに取り入れられ、この一冊を読み終えると」[(6)②]、その「幅広いさくら事業の内容や徹底した研究・調査からさらに」、「人柄や性格までしのばれる」のであるなら、笹部新太郎の「いろんな思い出」の一つ、父・浅吉について、今一度見ることも許されよう。

この人は、既に見た通り、母親の死後、「山羊の乳などで辛うじて育った」笹部新太郎の大学進学に、反対した人物である。大学を出た為に「月給取りにな」り、いつの間にか「卑怯な男になり下がってしまい」、心にもないことを「したり言ったり」することを嫌い、

> 2＋3を5と信じながら男らしくまさに5だと言い切れぬのでは立身も出世もつまならぬではないか。

と考えるような「気位」の「高い」人間だった。というのも、笹部家の先祖が卜部六郎季武、即ち源家四天王の一人だったからである。摂津源氏発祥の地、多田院に建てた旧宅や、それ以前の邸跡も残っていただけでなく、多田神社には清和源氏の祖・源満仲を中心に、頼光・頼信・頼義・義家が祀られ、「徳川期に卜部が」浦部や篠部になっても、「その後の先祖の献納した石灯籠」には、「いかめしい源氏の名乗りが彫り込」まれ、「多田の篠部」といえば、その「旧い家柄を賛えてくれる人も多く」、また中年になり大阪に出るまで、「サムライとはいっても」生業は農業で、「地方の旧い地主」にすぎなかったが、京阪地方では「少くとも明治期まで」、人に「頭を下げずに、十分暮して行けた」のである。

> たかが徳川あたりの祿を食むはっぱサムライと一緒にされたくない。武家の始まり、源氏四天王の家柄だ

というのが、「毛並みのよさ」を誇るこの父親の考え方であり、「月給取り」を嫌ったのも、そのような「サムライ」らしい考え方からだった。(15)⑥

もっとも頼光は、「頼朝政権の糸口を作った」多田満仲の長子でも、その「武力面」を語ろうとすれば、説話の「助けをかり」なければ「ほとんど何もいえず」(24)①、「武の家として発展し、頼義、義家を経て頼朝へと培われていく」のは、「第三子の頼信の系統」だった。(25) にもかかわらず、源氏の一族・足利氏が権力を握ってからのようだが、御伽草子『酒呑童子』の最後に、

かの頼光の御手柄、ためし少き弓取とて、上一人より下万民に至るまで、感せぬ者はなかりける。

と記されるように、頼光は「源氏の嫡流」として、多くの人々に「賞讃」され、その忠臣である「定光・末武・公時・綱」の四天王も、「いづれも文武二道のつはもの」として伝えられるようになる。(24)② そして幼少期の笹部新太郎も、この説話を錦絵や絵巻物で親しんでいた。(15)⑦ しかも父・満仲の多田の地を受け継ぎ、摂津守と云われた頼光が、その父同様藤原摂関家、特に道長の家司的存在で、生活の大部分も平安京で営み、弟の頼親・頼信らに比べ、「貴族性が濃厚である」(24)③のも、和歌敷島の道の象徴と云われる桜について考える際、注目に値しよう。

そして、摂関家及び天皇家（院・上皇）を夫々背後に成長し、台頭した源氏・平家の武士団が、両者の争いの虚をついて歴史上に踊り出るのは、保元・平治の乱以後だが、様々な紆余曲折を経て哀切な物語や伝説など遺し、やがて「盛者必衰」の理通り、時期は異るものの、共に滅び去ったはずの両者の末裔が、笹部新太郎の数々の桜事業の中でも、特に代表的なものとして『櫻守』にも登場する、庄川桜の「前代未聞」の移植を縁に、奇しくも

顔を合わせることになる。滝夜叉姫の芝居など演じた稲荷文楽座の近くに、終焉の地と辞世の句碑を遺す[15]⑧芭蕉も、平家末流の支流の出だが、『笹部新太郎さくらのすべて』には、

１９５７年、岐阜県高嶋郡荘川村と白川村にまたがり、東洋一とうたわれるロックフィル式ダム御母衣ダムの建設工事が開始された。しかしこの荘川村は、平氏ゆかりの人々が落ち延びて、合掌《がっしょう》造りの大家族制を伝統的に貫いてきたという歴史的に意義深い村落であった。この村を水没の危機から救うため、御母衣ダム絶対反対期成同盟死守会（略称死守会）が住民によって組織され、その補償問題が解決する１９５９年11月22日まで、活発な運動が展開された。

１９５９年におこなわれた死守会の解散式に訪れた電源開発総裁の高碕達之助氏が水没予定地区にある光輪寺境内の姥桜を見つけ、死守会の人たちの希望もあって、笹部氏に移植の話を持ちかけた。

と記している[6]③。

移植のため七百万円もの私財を投じた[26]①この高碕達之助は、『櫻守』では芹崎哲之助の名で登場する。学者を含め、「誰からも反対され（中略）どこへいっても、無茶や」と云われた、この四百年は経ったかと思われる「あずまひがん」（江戸彼岸とも）を、「何としても、移

図１　武田尾演習林での笹部氏（昭和30年代）
（西宮市笹部桜コレクション／白鹿記念酒造博物館寄託）

植したい」と譲らない芹崎の情熱に打たれ、一度は、

九分九厘まではあきまへん。世界のどこをさがしても、そんな桜の移植の成功はきいたことがおへん

と断った竹部庸太郎も、「しかたおへんやろ。やってみまひょ」と、引き受けている。そして、

世の中に、物事で絶対それがあかんということはおへん。四百年以上たった桜の移植は、そら暴挙に等しい、（中略）けど、絶対に根がつかんとはいえまへん。早い話が、こんどの戦争で死ぬものと思うて、覚悟していた人でも、生きのびてきてます。わたしの中之島の家やって、もうあかんと思うてましたけど、焼け残りました。（中略）人間の命というもんは、絶対絶命の場におかれても生きぬけてゆけるもんや、（中略）木ィも人間と同じやおへんか、絶対につかんといわれるもんでも、ひょっとしたら、ということもおすやおへんか

と、滝夜叉姫の芝居を二度も見、父・浅吉の願い通り、「先祖」に恥じない「信念の人」になっていた笹部新太郎がモデルの竹部は云い、「七十をすぎた老人」が、「たった二人きり」でうなずき合っている。

現地を訪れた竹部は、「諏訪湖に匹敵する」ダム建設予定地の山の中腹から、「眼下にみえる水没村をみて息をのんだ」。傍点部分は、昭和四十三年二月の渇水期、白川郷を訪れ、「巨大な人造湖」の湖底に沈んだ古い村が、「そのままそこに」「露呈してうきあがっている」のを見た時の、水上勉の実感でもあったろう。「六つの部落三百六十戸と、小中学校が三つ、寺院が二つ、耕地二百ヘクタール」の「水没予定地」は、後に弥吉も来て見た

「荒涼とした水没村の全景」に等しいと、記されている。そして、

壊れた家、ひきぬかれた立木、石積みをのこして取りはらわれた屋敷、収穫小舎の形骸、古井戸、学校のプール、柱だけをのこした屑《くず》屋など

「点々とみえる」この「廃墟と化した盆地」は、名桜・老桜に限らず、桜の国・日本の数限りない桜を、見捨て目茶苦茶にした「こんどの戦争」だけでなく、源平の戦いも含め、有史以来限りなく続いてきた愚かな人間の争いの爪痕を、目の当りにするような光景だったろう。竹部（笹部）は「先ず中野部落の菩提寺である光輪寺の桜を見」、それが「高さ三十メートル、幹周六メートルはあろう大きな彼岸桜である」ことを確認した後、「照蓮寺」にも「同種の彼岸桜」の「あるのを発見し」、「水没賛成組」の住職に捨てられ、「二束三文の値で」既に「製材屋に売られていた」この桜も、移植する決意をする。

・心ない住職だと笑うわけにもゆかない。水没してしまえば、墓地も、寺領もみな無に帰すのである。境内に生きた大桜を眺めやって、住職はさぞかし、哀惜をおぼえたろう。（中略）芹崎の心境も同じだったろう。（中略）一本でも活着してくれたら水没する村々に生きた遠い昔からの先祖の霊に餞《はなむけ》とはならぬか。誰が水没村のことを考えないで、この難業にとっ組めよう。

・水没反対組の人たちが、祖先の土地に愛着をもつ心根はわかった。小学校も中学校も、役場も、寺も神社もみな湖底に沈むのである。幼い頃から親しんだ村がこの世から消える。誰だってかなしかろう。（中略）祖先の土地、幼時から愛着をもってきた村であるからこそ、菩提寺の庭に育った桜を移植したいのである。

・四百年近くも生きた桜であればこそ村の魂ではないのか。（中略）あの二本の巨桜は、いま、水没反対を叫んでいる人たちよりも古く生き、長いあいだ、荘川の流れを眺めてきているはずだった。大事にしなければならないのが命だとしたら、あの桜こそ大切なのではないか。

と、竹部は考えている。そして「植物学者たちから猛反対を喰い、地元民からも顰蹙《ひんしゅく》の眼でみられた」この巨桜の「世界植林史上、稀有の移植」は、「愚挙」とも「暴挙」とも云われながら、一九六〇年（昭和三十五年）十一月、ダム建設工事中の間《はざま》組と電源開発、豊橋市の造園業「庭正」の、「黙々と」続く「ひたむきな」作業と、竹部（笹部）の「合掌」したいような「祈りに似た気持」の中で始まり、八畳の部屋程ある四十トンもの重量の二本の巨桜は、鉄橇とブルトーザーで、五百メートル近い距離をひきずられ、二百メートルもの山の中腹にひき上げられて、世間ではクリスマスイヴで浮き立つ十二月二十四日、みぞれの降る美濃の山間地で終了する。

のみならず、この二本の巨桜は美事に活着し、御母衣の谷が満水になる頃咲き始める。そしてある時、新しい「若葉のあいまから」「美しい花をのぞかせて、春風にゆれ」るその木の根もとに、「朝早くにきて」、「時折弁当をひろげて動かない老夫婦」がいた。

おそらく水没の村を出て都会で暮している人だろう（中略）陽がかげりはじめると、桜の根に手をふれて泣いていた

と、水上勉は『櫻守』に記すだけでなく、『在所の桜』にも事実として語っている。(27)

## 六　八重の彼岸桜に抱かれた海津、清水の共同墓地

そして、この植物学者や新聞など、「世間を敵にして、男を賭け」た笹部新太郎の桜事業は、その一部始終を見て、「湖岸道路いちめんに、山桜を植えたくなった」国鉄バス運転手・佐藤良二の、太平洋（名古屋）と日本海（金沢）を結ぶ、壮大な桜並木運動へともつながるが[26][2]、ここで注目したいのは、樹齢四百年をこえるこの巨大な二本のアズマヒガンが、水没「村の魂」とも云える、「菩提寺の庭に育った桜」だったことである。というのも、『櫻守』には、常照皇寺の桜や根尾の薄墨桜など、要所々々に、桜のそばで眠る人間の逸話が語られ、遺言通り弥吉も、海津の桜の下の共同墓地に埋葬されることで、この作品は終るからである。

常照皇寺は、弥吉に初めて会った時、弥吉の在所が鶴ヶ岡だと聞いた竹部が、「そういえば、周山の北にも、名木がおましたな。あんた、常照皇寺の知ってますか」と聞き返したあの常照皇寺である。「後伏見天皇のお子」として生まれたにもかかわらず、戦乱の南北朝時代、河内の金剛寺など転々とし、北朝の憂き目を見た光厳天皇が、創建され、その御陵のある寺である[28]。出家して亡くなられたのは、その一年後の貞治三（一三六四）年。江戸時代初期、同じように「武門の圧力」に悩まれた後水尾天皇が、その余りの美しさに、思わず御車を返されたと伝える御車返しや[29][1]、樹齢五百年と云われる枝垂の九重桜が素晴しく、弥吉の在所が「桜どこ」であることを云うのに、竹部が咄嗟に口にした寺である。

そしてまた根尾の薄墨桜は、日本武尊が植えたと伝える日本第一位の神代桜（山梨県実相寺境内）を凌ぎ、幹に損傷の少ないことや枝張りなどの「実力」から、笹部新太郎が、「日本随一の巨桜たることは歪みがたい」と言い切る桜である[15][9]。根尾の城主根尾氏の墓標か、などとも云われたこの桜は、この村出身で横浜の実業界で活躍

する山本皓によって、継体天皇お手植説が一般化し、樹齢は一二〇〇年とも一五〇〇年とも信じられるようになった[30]。その山本を介して、竹部（笹部）は桜の保護に身代の傾くのも惜しまない宮崎由之助（宮脇留之助）に出会い、「テキストと現実」の違いをきっぱり云い切る竹部に心酔する宮崎は、竹部の向日町の苗圃から譲り受けて、わずかばかり根づいた苗木とともに、余命を賭けて守り抜いた薄墨桜の「雲のような花をのせて山裾の小高い地に大枝をひろげ」るその横に、古い堂を建てて眠っている。

そして弥吉も念願通り、一人前の桜の植木職人になって、清水《しょうず》の共同墓地の桜の下に眠っているのである。竹部が宮崎の死を、福知山に入隊する甥の口から、突如聞かされたように、弥吉も思いも寄らずも四十八歳の若さで、七十八歳の竹部に先だってしまう。鶴ヶ岡の父親の死後、

・弥吉は三十七年春から「桜日記」と表書きして記録をつけた。
・弥吉が近江の桜見物に湖を廻ったのは三十九年の秋であった。
・左の上腹部から背中に痛みがあると弥吉が訴えるのは、昭和三十九年の五月末である。

などと、亡くなる日（三十九年十月十二日）まで、まるで実在した人物のように年次を追って記される弥吉には、笹部新太郎と気も合い、仕事もでき、彼がいなければ、その桜研究も「途中でやめてしまったかもしれぬ」と云われる程、信頼された「優秀な園丁」、池内正夫の姿が投影していると、云ってよいだろうか。彼は「たった三十五歳の若さ」で、「ただ茫然と」する新太郎を遺して、「急死」している[15][10]。弥吉は膵臓癌だった。父の死後、神経痛でブラブラしている喜七に、

・生きとるうちに、気のすむまで、桜を植えとけよ

・わしは石やったが、お前は桜や。（中略）ひまがあったら……桜を見とけ

といわれたこともあり、弥吉は竹部から聞き、「是非見ておきたいと宿題にしていた」清水《しょうず》の共同墓地の桜を、見にゆくのである。そして「墓地ぜんたいに、かぶさるように大枝を張った」、この三百年は生きたかと思われる、美事な八重の彼岸桜の「守《も》り」に、毎年無償で通い、「つるを切ったり」、根からはびこる「ひこばえをきれいに掃除」したりして、大切に守ったその縁と、竹部の口添えで、遺言通りその桜のもとに葬られるのである。

日本に古い桜は多いけんども、海津の桜ほど立派なもんはないわ。あすこの桜は、天然記念物でもないし、役人さんも、学者さんも、知らん桜や。村の共同墓地に、ひっそりかくれてる。けど、村の人らは枝一本折らずに、大事に守ってきてはる。墓地やさかい、人の魂が守っててんのやな。（中略）あすこは、村の人らの眠ってるとこや。みんな、桜の下で眠ってはる。

という弥吉の言葉は、母を失い、継母がきて父も失い、死んでも、「義母や腹ちがいの弟」のいる「鶴が岡だけ」には埋まりたくない、と思っている弥吉の呻きを聞くようだろう。この「人の魂」の中には、「憧れの中で生々している」「美しくて」「どことなく、背姿が淋しかった」実母の魂も、入っているだろうか。そして、

・あのあたりは逢坂と書いて、オッサカとよみます。逢坂の桜の木の下に……北さんは埋まりたいいいましたんか

・園さん……あすこは古い村でしてね。弁慶が義経をつれて北陸へ出た時の最初の関所で愛発の関いいます。
そこはあの村の北にありますよ。関所のちょっと手前の坂で、由緒のある村ですよ

と園にいう竹部の言葉を見るなら、共に母のない子だった竹部と弥吉の出会いの縁の深さが、改めて身にしみてくる。弥吉が「埋まりたい」と願った美事な八重の彼岸桜のあるのは、「海津から敦賀へぬける街道ぞいの墓地」で、そこは「その昔」、義経が「都落ちに通った」と「思われる道筋である」[15][11]。父・義朝を家来に殺され、母・常盤は再婚し、兄の頼朝には憎まれ、静にも別れて、奥州の秀衡をたより、都落ちする義経の孤独な魂は、離縁された母に、生木を裂かれるように生き別れた時、既に古里も失い、懐しい祖父の眠っている背山の桜も、第二次世界大戦ですっかり伐り取られ、父もなく、腹違いの弟しかいない弥吉や、父も母も兄も既になく、同じ第二次世界大戦や名神高速道路の建設で、私財のほとんどを注ぎ込み、「命にもかえ難い」武田尾の演習林や向日町の苗圃も、妻も失ってしまった竹部の孤独な魂に、ほとんど同じだと云ってよいだろうか。そしてまた、『義経千本桜』の親を「鼓の皮」にされ、義経の忠臣・忠信に化けて吉野の満開の桜を背景に、「主従の如く」、「恋人」の如く、「母」の如く、義経から初音の鼓を預かった静のあとを慕う「ふびんな子狐」の孤独な魂にも。弥吉が「眼を輝かせ」て話す「親代り」の竹部は、ひょっとすると弥吉にとって、義経にとっての秀衡のような存在だったのかもしれない。とすれば「偏窟者」の石の喜七は、弁慶に相当するだろうか。弥吉は戦後、大阪や神戸のように焼けなかった京都の彼のもとで、一時「野菜のかつぎ屋」をして凌ぎ、小野甚が復活すると、また彼の口ききで共に復帰し、やがて桜を守る職人の親方になるのだから。

その上更に、

どこか、生のいい桜の木の下か、それとも、いっぱい咲いた桜林で死にたい。

と願い、その願い通り、海津《かいず》の桜のもとに眠る弥吉の、あるいはその弥吉に重なる水上勉の心には、義経と一年違いで亡くなり、同じように、同族である秀衡を訪ねて奥州を目指しただけでなく、こよなく桜を愛した天性の歌人・西行の辞世の次の歌、

願はくは花のしたにて春死なん　そのきさらぎの望月のころ

や、「仏には桜の花をたてまつれ我が後の世を人とぶらはば」があったと考えてよいだろうか。のみならず「きさらぎの頃」、彼岸桜は下を向いて満月にむかい、[9][2]「笑いかけ」るように咲くのなら、弥吉の亡くなったのは十月十二日、西行のように釈迦入滅の日ではないが、笹部新太郎が「大崎観音のご利益の奇瑞」によって、「確かにこの目で見」て「私のモノになった」と云う、[15][12]「逢坂」の「八重」の「ウバヒガン」の下で、弥吉は微笑みかける母親の胸に抱かれる幼な子のように、その「色香」に包まれ穏やかに満ちたりて、静かに眠っているに違いない。

既に押しも押されもせぬ「植木職のおかみさん」になっていた園が、

槇男が家業を継いだことも報告したい。これから先、槇男に教えを乞いたい。

と願った弥吉の「親代り」のような恩人の竹部が、

・日本にいちばん必要な人間は、仕事のできる職人や
・桜を守る植木屋になれ……嵯峨の宇多野はんのような……えらい植木屋になれ。（中略）お父はんのでけなんだぶんを、お前がやりとげるんや……

と、弥吉が悟したその槇男に、「お父さんのような人にならないといけまへんで」と云っていること、そしてまた、弥吉が海津の清水の桜の下に埋葬されたその日、「愛発の山を覆っていた靄が、うす絹をはぐようにあがって」いたことから推測すれば、「わしは、桜が好きや。小っちゃい時分から、桜が好きやった。わしは日本一の桜の植木屋になりたいねんや。」と園に云った弥吉の願いは、十四代・十五代の佐野藤右衛門の息子たちがそうだったように、そのまま一人息子の槇男に受け継がれ、槇男自身の願いにもなっていただろう。そしてそれはまた、

・山の自然の美しいのんは、蔓を伐って木挽が木を守ったからや。山は放っておくとつるがはびこって木は枯れてしまう。お前も大きゅうなったら、鉈を忘れる男になるな。
・自然は守られねばジャングルになる。
・昔は、木地師がいて、腰に鉈をつるして、深山にわけ入り、橡《とち》や欅《けやき》をもとめて旅をした。その木地師が、ジャングルでひそかに、道をあけるための無償のつる切りをして山を守ったのだ
・大きゅうなったら、木挽になれ。木挽になって日本の山を守ってくれや

などと弥吉にいった「木樵《きこり》の祖父」の願いでもあり、自然と一体になって、自然に生かされて生きる桜の国・日本の桜を愛し、自然を愛する人々の願いでもあるだろう。

## 七　桜の国・日本の染井吉野について

生前弥吉は園に、

むかしは、日本じゅうに桜はあった。その証拠に、桜の火鉢、桜の机、桜の椅子、家の調度みな桜をつこうた。趣味がよいといわれた。坊さんのお経を刷った版木も桜やった。立派な経師屋はんのつかわはる定規も桜やった……（中略）桜は山に仰山生えとった。わしらの生れ在所も、うしろの山へのぼると、尾根いっぱい山桜やった。そこらじゅう彼岸桜や、八重が花を散らしとった。せやさかい、机にしたり火鉢にしたりするほど材料があった。

と云っている。十九世紀末、ゴッホやロートレック、ゴーギャン・ルノワールなど、世界的な評価を受けることになるフランス印象派の画家達を驚かせ、ジャポニズムに多大な影響を与えた浮世絵や、豊かで様々な江戸の学問（文）や文学を、大量に安価なコピーにして、庶民に提供した版（板）木も、桜の木で造られていた。竹部（笹部）が、「わが国で園芸技能がもっとも発達した」と考える江戸時代、幕末に来日したイギリスの植物学者、ロバート・フォーチュンを、「世界のどこへ行っても、こんなに大規模に、売物の植物を栽培しているのを見たことがない」とまで驚嘆させた染井が[31]、当時の江戸がロンドン・パリをも凌ぐ百万都市だったように、いわば

「世界最大の園芸センター」[32]、「世界でも最大規模」の「一大園芸基地」だったことも[16][②]、忘れてはならないだろう。

もっともこの地で、江戸中期以降見られるようになり、全国の桜の「八、九割」を占める染井吉野を、竹部は「いちばん堕落した品種」といい、笹部も、「明治の初期あたりまでの私たちの先人が見ようものなら、いったいこれが桜か、と眉を寄せるであろう」と述べている[15][⑬]。『櫻守』には竹部の見解として、

本当の日本の桜というものは、花だけのものではなく、朱のさした淡《うす》みどりの葉と共に咲く山桜、里桜が最高だった。染井吉野は、江戸時代末期から、東京を中心にして、埼玉県の安行《あんぎょう》なども含めて、関東一円に普及し、全国にはびこるにいたった。育ちも早くて、植付けもかんたんにゆく。竹部にいわせると足袋会社の足袋みたいなもので、苗木の寸法、数量をいえば、立ちどころに手に入る品だ。値段も安くて、病虫害にもつよい。山桜や里桜では薬害の可能性もある駆除薬剤の刺戟のつよいものにも染井は耐える。桜の管理にあたる者の何より喜んで迎えるのも当然であったろう。

と記し、「植樹運動などで、役人さんが員数だけ植えて責任をまぬがれるにはもってこいの品種」だと云っている。

西行の数々の名歌で桜の名所になった吉野[33]と、最初に見られた土地の名に因み、染井吉野と名付けられた園芸品種のこの桜は、実生ではなく接木で「元木のコピー」が簡単に作れるいはばクローンで、明治の中頃、苗木の大量生産体制が完全にできあがると、大正時代には、加速度的な増殖を見せ、ある所で駄目になれば、別の所に新しく植え代えればいいという安易な感覚が、「急激な都市化と環境の悪化」の中で広がってゆく[16][③]。もっとも、東京では特に四月の初め、入学式や入社式に合わせるように、「爛漫と咲き、つかの間の謳歌の後」、「おびただ

しい花びらを惜しげもなく落して」、「一斉に散ってゆく」この染井吉野は、開花宣言の基準にもなり、人々に「強い印象」を与え[16④]、熱狂的に迎えられた。にもかかわらず、桜の国・日本の「サクラへの愛護心の欠如」にもつながり、同じ木の花でも、一つ一つ微妙に異り、それがまた、様々な色あいの葉に彩られる山桜に比べ、同じ「花ばっかり」の染井吉野は「気品に欠け」、「山桜が正絹」だとすれば、「スフ」のようだと、竹部は云い、十六代佐野藤右衛門も、五十年の寿命でしかなく、個性のない染井吉野は、「自分だけの桜」にはなれず、「色気」はあっても、「色香」はない[9③]などと散々だが、「京の桜の母親」と、弥吉の云う宇多野藤平（十五代佐野藤右衛門）には、そのような区別も差別もない。たとえば竹部（笹部）が、「そんなものにとびつくのは見苦しい」と一蹴し、また戦時中には「恥」をかいたにもかかわらず、イギリス人・イングラムが、「日本に絶えてしまった桜の中で、最大の花」と云った「泰白」の接穂の恵送を受けたように[34]、どんな桜にも心をこめて、誠心誠意接してゆく。その穏やかで真摯な姿に、曖昧だが、あらゆるものを受け入れ飲み込んで、豊かになってゆく母性的な日本文化の典型を見てもよいだろうか。

　平安神宮の紅枝垂を見ながら、「染井吉野は妖しくて、哀しい感じがするでしょう。咲くときも散るときも、一生懸命すぎて切ない」と云うのは、渡辺淳一の小説『桜の樹の下で』の中で、主人公・遊佐恭平の魅かれる、桜のように美しい少女・辰村涼子だが[35]、この言葉を受け、「怪しく哀しく、それでいて切ない花だからこそ、幕末《ママ》の江戸に生まれたこの花は人びとに愛されて、たちまちに日本全国に広がった」と、考える小川和佑のような人もいる[29②]。そもそも染井吉野は、「自然の摂理からはみ出し[16⑤]」、身勝手な人間の都合に「翻弄されてきた」花である。だからこそ最後まで「手を尽し」、大切に守らなければならないとも云われている。心をこめ時間をかけた手入れの仕方によっては、五十年あるいは六十年の短い樹齢も遙かに越えて、百二十年にもなり、「日本一の呼び声」のかかる弘前公園の桜のような、染井吉野のある[16⑥]ことも、この際付け加えておこう。

「桜ならでは夜もあけない」日本一の桜研究家の竹部に魅かれながら、父に愛人がいて、その人がすぐ継母になるにしても、必ずしも貞女ではなかったらしい儚い母に憧れ、母同様傷ものの園を愛し、槇男には宇多野藤平のような職人になれと、弥吉が云うのは、桜のように儚い命と時代を生きながら、美しいものを守り、その一瞬々々に秘められた永遠につながる価値を真摯に生きよ、ということだろうか。それは、弥吉自身が、生椎茸のような大きな耳（福耳）をもちながらも、チビで鼻が低く、顔は小造で陰気、「どうみても、丹波の大工の子」でしかないように、憂き世に生きるあらゆる人間が、永遠には生きられない未熟で不完全な存在だからだろうか。「日本の桜の父」と云われる竹部庸太郎（笹部新太郎）も、既に見たように、母は勿論父にも兄にも、そして妻にも死に別れ、武田尾の演習林も向日町の苗圃も、何もかも失い、それでも父が、「それでいい、それでいい」と云ってくれているような気がするとつぶやきながら、ただ〳〵「日に日にほろび」ゆく桜のために、九十一歳まで独りで生きて、

・真に日本人にそなわる桜を創りたい
・日本の良質の桜を守ろう

と、「精根」を傾け、「ほんまの桜」を求め続けた人である。白黒がはっきりするのは、幼い頃の父親の想いもさることながら、ノグチ・イサムなどに信頼され、海外でも活躍する十六代佐野藤右衛門[9][4]がそうだったように、笹部新太郎も、「大学、殊に法科はつまらない」と思いながら、西洋をモデルに新しく生まれ変わる「当時の東京での学生生活はやはり愉しく[15][14]」、かつて「人は武士」と云われ、「いさぎよく散る」ことを誇りにした祖先をもち、伝統的な学芸や文化を尊重する大阪に生まれ、「陰徳を積むことを信条」に、「世俗的生き方や財産本位の考えを

ほとんど持た」ず、阪神間に住んで、そのモダニズムの基調を作り上げた多くの実業家や旦那衆同様の「自由人」[36]だったからだろうか。今私どもは、明治以降の西洋化と近代化の中で、たとえば江戸中期、享保年間に芽ばえ、樹齢百四十五年にもなる祇園の初代枝垂桜が、明治六年無残にも斧で切り倒されようとした[13]④ように、桜の木にも見捨てられ、顧みられることのなかった姫路城や興福寺五重塔同様の、「みるも哀れな衰退」の時期のあったことなど、思いも寄らず、奈良公園や大坂城公園の桜、造幣局通り抜けの桜・橿原街道沿い一万本の桜、そしてまた西宮満池谷・夙川・甲山の桜などの、春には爛漫と咲きほこるその美しさに酔いしれている。だが、それらの桜が、笹部新太郎が全国から集めた日本人に真にそなわる「良質の桜」を、実生したり接木したりして、園丁の池内正夫とともに育てあげた大量の桜に支えられていることなど、知る人はほとんどないのではなかろうか。そして勿論笹部新太郎の名も、ましてや池内正夫の名も。

だが、そのように顧みられることもない無名の桜守たちに、ツルを伐ったり小鳥の巣箱を作ってもらったりして大切に守られた桜は、桜の国・日本の津々浦々で、春になれば三分咲き、五分咲き、七分咲き、八分咲きと待ちに待たれ、……やがて満開になり、その美しい姿は、散れば散ったでまた、舞い散る雪のように美しく、私どもは桜のように儚い一瞬の命に満面の笑みを浮かべ、今生きてそこにあることの喜びにひたっている。

注

（1）昭和四十三年八月から十二月にかけて、毎日新聞夕刊に連載されたこの作品は、昭和四十四年、新潮社から単行本として刊行された。『櫻守』の本文は、この本によっている。

（2）水上勉「母」（『文藝別冊総特集水上勉　癒しと鎮魂の文学』河出書房新社、二〇〇〇年）①八六–八七頁②八七頁。「わがひとの記⑧—若狭・水上かん—小説」として記されるこの文章は、母の名が実名であるように、水上勉の心の内を伝え、ほとんど事実だったと思われる。

（3）水上勉『在所の桜』（立風書房、一九九八年）一二-一三頁
（4）『日本国語大辞典』第二版5（小学館、二〇〇一年）一四五二頁など。
（5）「忘れられた巨桜」（水上勉『在所の桜』立風書房、一九九八年）四〇頁
（6）『特別展　花を恋して90年　笹部新太郎さくらのすべて』（白鹿記念酒造博物館、一九八二年）①二九頁②四五頁③二七頁
（7）注（9）の表紙カバー裏の著者紹介文に、
　天保3年創業の「植藤造園」16代目。祖父の代からの「桜守」を継ぐ。
とある。
（8）佐野藤右衛門（15代）『桜守二代記』（講談社、昭和四十八年）①三〇-三一頁②六〇頁③三八-四四頁④五九-六〇頁⑤一〇八頁⑥一〇〇-一〇四頁
（9）佐野藤右衛門（16代）・小田豊二『櫻よ「花見の作法」から「木のこころ」まで』（集英社文庫、二〇〇七年）①二九頁②五八頁③五六頁・四〇-四一頁④一〇一頁
（10）佐野藤右衛門（16代）『桜のいのち　庭のこころ』（草思社、一九九八年）①一七頁②五八頁
（11）「円山公園枝垂桜」（水上勉『在所の桜』立風書房、一九九八年）六五頁
（12）注（13）の「父子二代目の恩人像」の中の「信念の人笹部さん」で、十五代佐野藤右衛門は、
　じつは私も（中略）この作中に「宇多野」という名でチラとあらわれている。
と記している（五〇頁）。
（13）佐野藤右衛門（15代）『桜花抄』（誠文堂新光社、昭和四十五年）①二八-三〇頁②三三頁③五〇頁④九八-一〇〇頁
（14）松原秀江「心と言の葉――『和歌威徳物語』を中心に――」（『薄雪物御』と御伽草子・仮名草子』和泉書院、一九九七年）二六六頁
（15）笹部新太郎『櫻男行状』（平凡社、昭和三十三年）①一七-一八頁②三三頁③二四〇頁④五-六頁⑤二三四-二三五頁⑥四-五頁⑦四頁⑧三頁⑨一三五頁⑩三五-三六頁⑪一八六頁⑫一八四頁⑬三〇頁⑭一八頁
（16）平塚晶人『サクラを救え「ソメイヨシノ寿命60年説」に挑む男たち』（文芸春秋、二〇〇一年）①一五頁②八二

頁③八三頁・九一頁・一〇八頁・一一三―四頁④八九―九〇頁⑤一〇頁⑥一一頁

(17) 瀬戸内寂聴「陽気な桜守」（佐野藤右衛門・小田豊二『櫻よ「花見の作法」から「木のこころ」まで』集英社文庫、二〇〇七年）五頁

(18) 国立劇場近代歌舞伎年表編纂室編、全九巻、八木書店、昭和六十一―平成七年

(19) 梶原正昭・矢代和夫『将門伝説―民衆の心に生きる英雄―』（新読書社、一九七五年）九九―一二五頁

(20) 『日本近代文学大事典』（講談社、昭和五十二年）四八七頁。本文は、ちくま日本文学全集『中勘助』（筑摩書房、一九九二年）によっている。

(21) 『谷崎潤一郎全集』第十三巻（中央公論社、平成四年）一―五四頁

(22) 「八重桜の話」（水上勉『在所の桜』立風書房、一九九八年）一九〇頁

(23) 安達瞳子　佐野藤右衛門「対談　桜に魅せられし人生　山桜にまさるものなし」（佐野藤右衛門・小田豊二『櫻よ「花見の作法」から「木のこころ」まで』集英社文庫、二〇〇七年）一六頁

(24) 朧谷寿『源頼光』（吉川弘文館、人物叢書、平成八年）①一一九頁②一〇二頁③一八九頁

(25) 鮎沢寿「摂関家と多田満仲」（吉川弘文館『摂関時代史の研究』昭和四十年）一六三頁など。

(26) 「桜街道」（水上勉『在所の桜』立風書房、一九九八年）①一五三頁②一五四―一六二頁

(27) 「奥美濃」（水上勉『在所の桜』立風書房、一九九八年）五七―五八頁

(28) 「丹波周山」（水上勉『在所の桜』立風書房、一九九八年）二九頁

(29) 小川和佑『桜誌　その文化と時代』（原書房、一九九八年）①一〇三頁②二四〇頁

(30) この説は、昭和初頭頃、土川健次郎によって発見され、村役場に所蔵された『真清探當證《ますみたんとうしょう》』の写本によっていること、注(29)に詳述されている。この書の成立年時については、再考の余地もあろうが、内容などは、小椋一葉の『継体天皇とうすずみ桜―古代秘史『真清探當證』の謎』（河出書房新社、一九九二年）に詳しい。

　またこの桜は、明治二十四年の濃尾地震（マグネチュード8）にも耐え、最初の天然記念物に指定された。大正初年の大雪のためやがて枯死状態になるが、昭和二十四年、接木の名手・前田利行の手で見事に蘇生し、昭和三十四年伊勢湾台風でも大打撃を受けるが、再度宇野千代の尽力で蘇える。この間の事情を背景に、宇野千代に名作『薄墨の桜』のあることは、よく知られている。

(31) 三宅馨訳『江戸と北京』(廣川書店、昭和五十四年) 一〇九頁
(32) 橋口定志「江戸の郊外—植木の里—」(江戸遺跡研究会編『甦る江戸』新人物往来社、一九九一年) 一三九頁など。
(33) 片桐洋一「歌枕・吉野」(桜トラスト運動記念講演録『古典文学に見る吉野』和泉書院、一九九六年) 二二頁
(34)『櫻守』では、「著書の二三もある狭山」という「京都の桜研究家」になっているが、この人物が十五代佐野藤右衛門であることは、水上勉の「うちの太白」(『在所の桜』所収) にも明らかである。
(35) 新潮文庫上(平成十年) 一〇頁
(36) 竹村民郎「『阪神間モダニズム』の社会的基調」(竹村民郎・鈴木貞美編『関西モダニズム再考』思文閣出版、二〇〇八年) 三九頁

(附記) 本稿は、兵庫県立大学環境人間学部での基礎ゼミ・専門ゼミ・卒業研究、及び大手前大学人文科学部でのプレゼミ、総合文化学部での日本文化・阪神文化の授業がきっかけになりできました。受講生の皆さんに心よりお礼申します。ありがとう。

# Ⅲ

# 昭和初期の神戸における青年団運動について

尾﨑耕司

## はじめに

本稿は、一九二〇年代から三〇年代にかけての都市部の青年団運動を分析することにより、青年団が都市で果たしていた役割を解明しようとするものである。

青年団に関する研究には、中央の政策レベルにおける国民統合の変遷と、それに抗する形での自主化運動の展開が着目され、それぞれかなりの蓄積がなされてきた(1)。しかし、それは、もっぱら農村部の分析に比重がおかれてきたきらいがある。

都市の青年団については、尾川昌法、上野景三、芝村篤樹らによる大阪市を事例とした初期形成過程の考察を見ることができ、そこでは、①行政主導による上からの組織化、②会社・組合毎の「企業型青年団」を中心とする労使協調機関、③イデオロギー装置としての性格といったその特徴が明らかにされている(2)。しかし、かかる研究も、行政の主導性を強調するため、分析が政策レベルのそれにとどまり、活動の担い手の意識や行動にまで踏み込んだ実態の把握が不十分となっている。ここでは、原田敬一や松下孝昭らの学区など都市の細胞となる地域の研究を参考にする必要があろう(3)。

以上の研究状況を踏まえつつ、本稿は、都市青年団の活動を主に地域毎のそれに対象を絞り実態を考察する。その中で特に注目したいのは、実務を担当した人々であり、彼等が何に規定されつつ思考や行動を展開するのかを考えたい。対象としては、神戸市の事例を取り上げる。明治以降急速に膨張をとげた都市で地域の組織がどのように機能しえたのかを問おうと思うのである。

## 一　都市青年団の組織と機能

### 1　設立過程

都市での青年団の組織化については上野景三の研究に詳しいが、氏はその特徴として、一九二〇年代を中心に社会教育行政機構の整備に伴って進められたことを指摘されている(4)。神戸市の場合も同様で、一九二一（大正十）年九月、市役所内に青年団係の主事が任命され以後本格的な調査が始まる(5)。ただし、上野の指摘と異なるのは、第一に、それは単純に行政主導の側面のみを強調できないということである。つまり、一九二二年に提出された青年団統一の予算は、市の財政難による教育費削減のあおりを受け市参事会で否決されてしまう。これに市内で既に設置されていた一二の青年団から決議文が提出され漸く統一のための補助金が交付されたのであって、下からの要求があって初めて組織がなされたのである(6)。第二に、決議文を提出した一二の青年団が、ほとんど地域を単位とする青年団であったことも重要である。表1を見ても明らかな様に、神戸市における青年団の設置単位の主流は地域型のそれなのであって、企業単位ではないのである。こうした特徴を含みながら、一九二二年十月、神戸市連合青年団（以下、「市連青」と略記す）が結成されることになった。

## 2　組織形態

この神戸市の青年団は、基本的には市・区・単位青年団の三種より編成され、市連青の団長には市長が就いている。下位の単位青年団は、農村の場合と違って若衆組等の前史を持つものが少なく、「町内居住の青年有志に依り青年会の設立を計画、町衛生組合役員の熱誠なる後援と相俟つて会員組織に依り青年会の設立を見る」[7]という様に組織されるのが一般的であった。ここに、農村とは違う都市青年団の特徴が出てくるのであるが、これを構成員の問題から見てみよう。

先ず一般の団員について。一九二二年市が青年団統一にあたって、単位青年団の模範規則として作成した『神戸市青年団準則』によれば、団員は二五歳未満の正団員と、それ以上の名誉・特別団員とに区分され（第三条）、上級学校の生徒以外で、「本市ニ居住スル青年ニシテ正団員タルヘキ年齢ノ範囲ニ在ル者ハ総テ之ヲ入団セシムルモノト」した（第四条）。ところが、これはあくまで原則であって、実際はその通りにはいかない。表2をみると、正団員数が全体の中で案外少ないことに気付く。例えば一九三二（昭和七）年の正団員数は一万六二九八人だが、同年の神戸市青年人

表1．神戸市連合青年団加盟団体概要

（1926年4月）

| | 団数（団） | 団員数（人） |
|---|---|---|
| 地域的 | 99 | 13,414 |
| 同窓会立 | 6 | 5,739 |
| 商店・組合立 | 6 | 784 |
| 其の他 | 11 | 1,959 |
| 合計 | 122 | 21,896 |

〔出典〕神戸市役所『神戸市統計書』（1927年）

表2．神戸市連合青年団加盟団数・団員数の推移

| 年 | 団数（団） | 正団員（人） | その他の団員（人） | 合計（人） |
|---|---|---|---|---|
| 1930 | 171 | 22,362 | 8,652 | 31,014 |
| 1931 | 186 | 30,139 | 11,680 | 41,819 |
| 1932 | 219 | 16,298 | 14,872 | 31,171 |
| 1933 | 219 | 16,299 | 21,518 | 37,817 |
| 1934 | 220 | 16,608 | 21,966 | 38,304 |
| 1935 | 231 | 16,578 | 31,004 | 47,582 |

〔出典〕神戸市役所『神戸市統計書』（1930～1935年）より作成。

表3．青年団員職業調査　（単位：人）

| 区 | 灘 | 葺合 | 神戸 | 湊東 | 湊 | 兵庫 | 林田 | 須磨 | 合計 |
|---|---|---|---|---|---|---|---|---|---|
| 調査団数 | 14 | 6 | 11 | 7 | 4 | 13 | 19 | 8 | 82 |
| 商業 | 130 | 60 | 328 | 206 | 84 | 321 | 321 | 55 | 1,505 |
| 工業 | 170 | 49 | 28 | 100 | 35 | 224 | 482 | 75 | 1,163 |
| 農業 | 48 | 4 | 0 | 0 | 1 | 1 | 1 | 106 | 161 |
| 漁業 | 0 | 0 | 0 | 0 | 0 | 1 | 2 | 28 | 31 |
| 会社員 | 47 | 35 | 57 | 53 | 42 | 107 | 116 | 11 | 468 |
| 官公吏 | 12 | 10 | 23 | 36 | 15 | 56 | 45 | 36 | 233 |
| 無職 | 65 | 10 | 34 | 48 | 41 | 139 | 120 | 10 | 467 |
| 庶業 | 150 | 20 | 19 | 10 | 3 | 129 | 88 | 11 | 430 |
| 合計 | 622 | 188 | 489 | 453 | 221 | 978 | 1,175 | 332 | 4,458 |

〔出典〕「神戸市連合青年団創立十周年記念その二、団員調査統計表（其の二）職業調査」（神戸市連合青年団団報『神戸市の青年』175号、1933年12月）。

口（一五〜二四歳）九万〇三〇六人[8]と単純に比較しても全ての勤労青年を組織していたとは考えられないのである。この原因としては、有志団体として出発したことのほかに、①都市の急膨張、人口流動の激化、②慢性不況による生活難、③上級学校進学率の上昇[9]、④兵役等が考えられる。神戸区青年至誠会幹部が、「各青年団に於て、その中枢幹部たるや活動すべき正団員の多くは二十一歳から二十四歳迄が兵役の義務に服するものであり、不幸にして義務免除に会ふとも最も生活的に重大な期間に当つてゐる事でありまするが為め団の生命的に活動機能性を全くそがれて仕舞ふ様である[10]」と述べているのは、こうした事情をよく表わしている。そして彼は、正団員年齢上限の引き上げを唱えるのだが、農村部の青年団自主化運動がその引き下げを主張したのとは反対の要求が下から出されていたことは注目すべきであろう。事実、三〇歳まで正団員とする団が多いことや、表2を見ても一九三三（昭和八）年以降その他の団員が正団員数を上回っていることなどから、都市においては、青年と呼ばれる人々よりは年長の、むしろ名誉・特別団員まで含めた壮年層が活動の担い手だったのである。

また、彼等の職業については、表3に明らかなように商工業従事者を中心に、ホワイトカラーがそれに続き、一方で都市下層に属すると思われる庶業・無職が多かったことも注目される。

次に単位青年団の役員について。これは、顧問・相談役等の指導者と団長以下の幹部に大別される。衛生組合役員や市議など町内「有力者」は、指導者という形で青年団に関与していた。しかし、彼等は夜警など日常の活動にいちいち参加するわけではなく、その意味で名目的存在であり、従って実際の活動は幹部層が中心になって担われることになる。そこで、幹部が如何なる階層から構成されていたかが問題となろう。表4・5は兵庫県下市部と郡部及び神戸市の各青年団長の職業構成を示している。郡部では、町村長、校長など行政末端に位置する者が多いのに対して、市部では、商工業者、医師、会社員といった民間人で占められている。中でも商工業者の占める割合が高く、神戸市では全体の五四・六％と過半数に至っていた。彼等のほとんどは、例えば貴族院議員互選人名簿に載る様な資産家や大資本家ではなく、中小の商工業者とみてよいだろう。つまり、都市青年団の中枢は、都市中間層によって担われていたのである。

ところで、この団長クラスには、市会議員など地域の有力者がつく場合もある。例えば一九三二年では、一二団長が市議（七名）や区議（五名）であった[11]。しかし、彼等のなかで功労者として表彰された者は僅か三名であったから[12]、それ以外のものは、やはり名目的存在だったろうと推測される。そこから翻って考えるならば、単位青年団で実務の担い手となっていたのは、地域においては、有力者と言われる人より一ランク下にいる様なサブリーダーだったのではないだろうか。

**表4．神戸市各単位青年団団長の職業構成**

| 職業 | 人数（人） | 割合（%） |
|---|---|---|
| 官公吏 | 5 | 3.6 |
| 校長・教員 | 10 | 7.2 |
| 農業 | 3 | 2.2 |
| 工業 | 9 | 6.5 |
| 商業 | 67 | 48.1 |
| 医師・薬剤士 | 16 | 11.5 |
| 会社員 | 15 | 10.8 |
| 神官・僧侶 | 3 | 2.2 |
| 請負業 | 1 | 0.7 |
| その他 | 7 | 5 |
| 無職 | 3 | 2.2 |
| 合計 | 139 | 100 |

〔出典〕兵庫県学務部社会教育課『兵庫件青年団名簿』（1929年）。

それでは、市や区など上位の団体はどうか。市連青は、設立当初理事が全て団長によって推挙され、評議員のみ部分的に公選がおこなわれていた。ところが、普選運動の影響もあり、一九二五（大正十四）年から理事公選要求運動が展開される。つまり、「団礎漸く固り他面時運の趨勢に応じて、自治的組織に一段の進展を要望の声高まり来つた」のであり[13]、神戸区連合会を中心に各区幹部が集合して団則改正を要求、一九二六年十二月の総会で可決され、以後「新理事は各区の輿望を塡ふて推挙[14]」されることになった。こうして、当時のデモクラシー情況を背景にした下からの要求をうけ、市連青は各区代表の協議の場となったのである。そこで表6より市連青の役員を見ると、そのほとんどが各単位青年団の団長、副団長クラスで占められているのがわかる。これを先の団長の職業構成と考え合わせるならば、ここにおいて市連青のイニシアティブは、市理事者側から都市中間層へと移行したと考えられるのである。

単位青年団々長の場合と同様に、市連青役員の場合も、地域での彼等の位置を確認しておく必要があろう。表

**表5．兵庫県下各単位青年団団長の職業構成**

(1) 市部（神戸市は除く）

| | 人数（人） | 割合（%） |
|---|---|---|
| 官公吏 | 3 | 6.8 |
| 校長・教員 | 5 | 11.4 |
| 農業 | 4 | 9.1 |
| 工業 | 1 | 2.3 |
| 商業 | 19 | 43.1 |
| 医師 | 1 | 2.3 |
| 会社員 | 8 | 18.2 |
| 其の他 | 2 | 4.5 |
| 無職 | 1 | 2.3 |
| 合計 | 44 | 100 |

(2) 郡部

| 職業 | 人数（人） | 割合（%） |
|---|---|---|
| 町村長 | 90 | 21.6 |
| 官公吏 | 46 | 11.1 |
| 校長 | 100 | 24.1 |
| 教員 | 47 | 11.3 |
| 農業 | 61 | 14.7 |
| 漁業 | 1 | 0.2 |
| 工業 | 4 | 1 |
| 商業 | 14 | 3.4 |
| 医師 | 3 | 0.7 |
| 会社員 | 15 | 3.6 |
| 神官・僧侶 | 6 | 1.4 |
| その他 | 13 | 3.1 |
| 無職 | 3 | 0.7 |
| 不明 | 13 | 3.1 |
| 合計 | 416 | 100 |

〔出典〕第4表と同じ

表6．市連青役員と下部団体との関係（1932年）

| 役　職 | 氏名 | 単位青年団との関係 | 区連盟との関係 |
|---|---|---|---|
| 団　長 | 黒瀬弘志 | （神戸市長） | |
| 副団長 | 梅津芳三 | （神戸市助役） | |
| | 渡辺静沖 | （　〃　） | |
| | 森田金蔵 | 神戸貿易青年会会長 | |
| 常任理事 | 道添哲夫 | （市教育課） | |
| 理　事 | 今井善兵衛 | 元五青年会会長 | 神戸区連盟幹事長 |
| | 星野達太 | 松上青年団団長 | 湊西区連盟幹事 |
| | 都賀順之助 | 稗田青年会前会長 | |
| | 飛田信 | 熊内青年団団長 | 葺合区連盟相談役 |
| | 大前勧太郎 | 野田青年義会会長 | 林田区連盟幹事長 |
| | 川辺賢武 | 荒田青年公徳会元会長 | 湊東区連盟相談役 |
| | 谷本貞次 | 長田立志青年会会長 | 林田区連盟役員 |
| | 中西友夫 | 相生五青年団副団長 | 湊東区連盟常任理事 |
| | 野尻繁一 | | 葺合区連盟相談役 |
| | 秋宗久永 | 板宿青年会会長 | 須磨区連盟代議員 |
| | 在間実三 | 湊雪山青年会元会長 | 湊区連盟幹事長 |
| | 目良徳三 | （市教育課） | |
| 評議員 | 清水栄二 | 六甲青年会会長 | 灘区連盟役員 |
| | 赤井勝次郎 | 西郷青年団団長 | 〃　役員 |
| | 松下四郎五郎 | 上野青年団団長 | |
| | 能登清治 | 国光青年会市連青付 | |
| | 越川能成 | 忠愛青年団常任理事 | 葺合区連盟幹事 |
| | 瀬尾政広 | 熊内青年団副団長 | 〃　幹事 |
| | 伊坂豊吉 | 山本三四青年会前会長 | 神戸区連盟評議員 |
| | 大原純一 | 山本五青年会副会長 | 〃　評議員 |
| | 和田清吾 | 神戸貿易青年会役員 | |
| | 瀧山太郎 | 中一青年会役員 | |
| | 黒田義雄 | 長狭二青年会役員 | 神戸区連盟会計 |
| | 山本鏡三 | 三宮青年会前会長 | 〃　副幹事 |
| | 檀辻等 | 橘五青年会前会長 | |
| | 馬田徳次 | 楠東青年団団長 | 湊東区連盟常任理事 |
| | 松本兵太郎 | 楠青年会副会長 | 〃　幹事長 |
| | 真期英朗 | 中三青年会会長 | 〃　会計 |
| | 赤沢吉平 | 上橘青年団団長 | 〃　会計 |
| | 堀井鴻 | 平野青年団団長 | 湊区連盟役員 |

| | | | |
|---|---|---|---|
| | 大野理市 | 夢野青年会会長 | 〃　役員 |
| | 井上義一 | 弁天青年団副団長 | |
| | 濱湊繁一 | 東出町二青年会会長 | 湊西区連盟幹事 |
| | 垣屋房次郎 | 明正松青年会会長 | |
| | 柿本虎一 | 湊町青年会会長 | |
| | 村田長太郎 | 兵庫実業青年団団長 | 湊西区連盟幹事長 |
| | 山崎弥太郎 | 塚七青年団顧問 | |
| | 小谷清一郎 | 第一明親青年会会計長 | 湊西区連盟幹事 |
| | 有井五三郎 | 西出町青年会副会長 | |
| | 伊保重太郎 | 吉田町青年会前会長 | |
| | 幣平八郎 | 駒ケ林堂部青年会副会長 | |
| | 大浅田政吉 | 今和田青年会副会長 | 林田区連盟役員 |
| | 高橋利一 | 林田青年会副会長兼会計 | |
| | 塚本泰章 | 苅藻浜添合同青年団副会長 | 林田区連盟役員 |
| | 長谷川順一郎 | 東須磨青年会会長 | 須磨区連盟役員 |
| | 近藤政好 | 鷹西青年団団長 | 〃　代議員 |
| 嘱　託 | 網谷才一 | 兵庫実業青年団副団長 | |
| | 平間福治 | （市教育課） | |
| | 谷垣貫一 | （　〃　） | |
| 指導員 | 網谷才一 | | |
| | 山口直敦 | （陸軍大佐） | |
| | 平間福治 | （市教育課） | |
| | 石井清則 | （市教育課嘱託） | |
| 書　記 | 井川治 | | |

〔出典〕市連青団報『神戸市の青年』81～176号（1930年1月～1933年12月）及び、市連青『拾周年記念誌』（1932年）、市役所秘書課『神戸市職員録』（1932年）より作成。

6の中で、市会議員は、飛田信と谷本貞次の二名だけで、彼等は市議になる前から青年団に関与していた。また、二人とも、一九三二年（昭和七）現在で四〇代半ばの壮年である[15]。その他、わかる限り役員の職業や年齢（一九三二年現在）を列挙すると、今井善兵衛（度量衡修理業・四〇歳）、網谷才一（書籍商・四一歳）、松本兵太朗（白米商・四〇歳）、瀬尾政広（会社員・三〇歳）、星野達太（銀行員・三八歳）といった具合[16]で、壮年層を中心にしたやはりサブリーダーだといえよう。彼等はいずれも実際に活動を担っていた。しかも、区連盟の役員も兼ねており、市連青から単位青年団までこうした連中が活動を支えていたのである。

以上、都市青年団においては、単純に官治的とは言えない住民の側の発言力の強さという側面があり、それが青年ではなく年長者によって握られていたことに農村の場合とは違う特異性が見出せる。そして、この年長層は名目的存在としての町内有力者と、壮年層とに区別でき、後者が一貫して活動の担い手、言い換えれば、都市青年団の要として存在していたのである。

それでは、有力者とサブリーダーの対応関係については後述するとして、なぜ市理事者からイニシアティブをとることが必要かつ可能であったのかという問題は、検討しておかなければなるまい。次に、この点を経費の側面から探ることにしよう。

### 3 経費

青年団の収入は、大きく団費・補助金・寄付金に分けられる。しかし都市の場合、団費はあまり見込めなかったようで、後二者が主要であった。

そこでまず補助金についてみてみよう。湊西区松上青年団では、「直接現金にて補助を受けざるも市聯合団区聯盟の事業其の他に参加することによって補助として多額恩恵を蒙りつゝあり[17]」と事業面で上位団体に依存しているのがわかる。次に区連盟の場合、林田区では設立当初「聯盟費さへ徴収する事が出来ない状態であつた[18]」という。区によって多少事情は異なるが、やはり全区とも自前の財源では運営をまかなうことはできず、市連青からの補助金が不可欠となっている。ここに、市連青の予算協議の場に参加するための理事公選制が必要となった理由のひとつがある。事実、公選実施の翌一九二七年度から各区への配当金が割り当てられたことはこれを裏付けていよう。こうして区連盟は、市連青からの補助の受け皿となる。一方、市連青は表7に明らかなように、市

表7．神戸市　連合青年団歳入出予算の推移　（単位：円）

(1) 歳入の部

| 年度 | 団費 | 補助金 | 雑収入 | 繰越金 | 臨時 | 合計 |
|---|---|---|---|---|---|---|
| 1928 | 1,560 | 5,600 | 1,300 | 1,400 | | 9,860 |
| 1929 | 1,728 | 5,600 | 1,975 | 2,000 | | 11,375 |
| 1930 | 1,752 | 5,600 | 1,930 | 1,800 | | 11,082 |
| 1931 | 2,172 | 6,100 | 1,940 | 150 | | 10,362 |
| 1932 | 2,232 | 6,100 | 1,800 | 200 | 1,400 | 11,732 |
| 1933 | 2,604 | 8,000 | 2,120 | 200 | | 12,924 |
| 1934 | 2,640 | 9,000 | 2,120 | 200 | | 13,960 |
| 1935 | 2,748 | 9,000 | 2,370 | 300 | | 14,418 |
| 1937 | 2,880 | 9,000 | 2,930 | 700 | | 15,510 |
| 1938 | 2,940 | 10,000 | 3,130 | 500 | | 16,570 |

［出典］市連青団報『神戸市の青年』75号（1929年7月）、88号（1930年5月）、111号（1931年4月）、140号（1932年6月）、185号（1934年5月）、209号（1935年5月）、281号（1938年4月）より作成。

［備考］1932年臨時歳入は、創立10周年記念式典のための市費臨時補助金。

(2) 歳出の部（単位：円）

| 年度 | 事業費 | | | | | | | | 事務費 | ① | ② | 臨時 | 合計 |
|---|---|---|---|---|---|---|---|---|---|---|---|---|---|
| | 修養 | 体育 | 編集 | 産業 | 各区事業 | 防護隊 | その他 | 合計 | | | | | |
| 1928 | 1,360 | 1,670 | 1,844 | | | | 1,589 | 6,463 | 2,523 | 307 | 567 | | 9,860 |
| 1929 | 700 | 820 | 2,777 | | 1,930 | | 1,150 | 7,377 | 2,537 | 307 | 495 | 605 | 11,357 |
| 1930 | 700 | 870 | 2,570 | | 1,930 | | 1,575 | 7,645 | 2,648 | 322 | 467 | | 11,082 |
| 1931 | 500 | 740 | 2,060 | | 2,400 | | 1,365 | 7,065 | 2,648 | 318 | 331 | | 10,362 |
| 1932 | 650 | 560 | 1,880 | | 2,466 | | 1,560 | 7,116 | 2,814 | 322 | 130 | 1,400 | 11,732 |
| 1933 | 890 | 700 | 1,928 | | 3,253 | 600 | 2,300 | 9,671 | 2,791 | 332 | 130 | | 12,924 |
| 1934 | 990 | 700 | 1,928 | | 3,753 | 950 | 2,100 | 10,421 | 2,956 | 338 | 245 | | 13,960 |
| 1935 | 770 | 650 | 1,850 | 500 | 4,000 | | 2,650 | 10,420 | 3,352 | 357 | 289 | 5,000 | 19,418 |
| 1937 | 280 | 790 | 2,200 | 200 | 3,760 | | 2,974 | 10,204 | 4,700 | 346 | 300 | | 15,510 |
| 1938 | 280 | 540 | 2,360 | 400 | 4,160 | | 3,840 | 11,580 | 4,370 | 289 | 331 | | 16,570 |

〔出典〕(1) と同じ。

〔備考〕①は、大日本連合青年団、兵庫県連合青年団への負担金。
②は予備金。なお、臨時歳出については、親閲費用（1929年）、10周年記念式典費用（1932年）、全国青年団大会費用（1935年）。

費補助を主な収入源とし、各区に振り分けていた。灘区連盟の一九三一年度予算を例にとると、四〇二円三二銭中二九〇円が市連青補助によって占められている[19]。すなわち、多額の市費補助を受けた市連青は下位団体に比べて遥かに経営規模が大きく、この市連青の優位性に基づいて都市青年団は、単位団毎にバラバラではなく、強い連合体としての結びつきを持って活動を展開したのである[20]。

しかし、このことは直ちに行政主導の強さを意味しない。何故なら各単位青年団は「直接現金にて補助を受けざる」からである。そこで、寄付金が問題となろう。同じく松上青年団では、「区域内有志各顧問方より年々多額の金品を寄附して戴き本団経費の大部分をなしつゝあり[21]」としている。つまり、市費補助金も末端の単位団までは行き渡っておらず、地域の負担でまかなわざるをえないのであり、ここから青年団に対する地域住民の発言力が強まる。それがデモクラシー状況とも相俟って理事公選制要求という形で出された時、市理事者側も一定の譲歩をせざるをえなくなったのである。

こうして都市青年団は、市と地域への二重の依存という特徴を持って機能するのである[22]。

## 4　都市青年団の機能

以上の組織形態をとる青年団は、都市において一体如何なる機能を果たしていたのだろうか。『神戸市青年団準則』は、第一条で「青年団ハ青年修養ノ機関」と定め、同じく第八条で、補習教育・体育・娯楽・奉仕等なすべき活動内容を列記している。中でも奉仕は、「愛市的事業ニ奉仕セシムルコト」（第八条）と、市の事業への動員が意図されていたが、これについては後述する。ここで問題となるのは、二重に依存することで成り立つ都市青年団では、市と地域のそれぞれの期待が交錯しているということであり、両者の思惑を区別して検討する必要があるだろう。

表8．市立商工実修学校生徒一覧（隔年統計）

| 年度 | 校数 | 学級数 | 生徒数（人） | 男（人） | 女（人） | 備考 |
|---|---|---|---|---|---|---|
| 1911 | 3 | 76 | 2,907 | 2,907 | | |
| 1913 | 3 | 102 | 4,377 | 4,377 | | |
| 1915 | 3 | 109 | 5,520 | 5,520 | | |
| 1917 | 3 | 120 | 5,263 | 5,263 | | |
| 1919 | 5 | 198 | 8,606 | 8,606 | | |
| 1921 | 5 | 224 | 10,004 | 10,004 | | |
| 1923 | 9 | 273 | 8,628 | 8,628 | | |
| 1925 | 9 | 259 | 8,373 | 8,373 | | |
| 1926 | 9 | 229 | 6,542 | 6,542 | | 青年訓練所併設 |
| 1927 | 9 | 227 | 6,725 | 6,725 | | |
| 1929 | 11 | 240 | 5,817 | 5,817 | | |
| 1931 | 11 | 237 | 4,834 | 4,474 | 360 | 5年制女子部設置 |
| 1933 | 11 | 203 | 5,635 | 4,469 | 1,166 | |
| 1935 | 11 | 221 | 8,414 | 6,542 | 1,872 | 青年学校へ移行 |

〔出典〕『神戸市教育史』第一集、680頁（1968年）より作成。

まず、市側の意図であるが、統一論議が盛んだった一九二一年当時の新聞報道によると、「市が計画中の青年会は補習教育を中心とするものにて補習学校を二箇年制に改正して悉く補習学校生徒たらしめ其の生徒に依りて青年会を創設せんと欲するもの[23]」と述べられていた。補習教育整備の一環と捉えられていたのである。事実、学区廃止（一九一八年）以後市に移管された実業補習学校はその増設が進められ、表8の通り一九二一年には生徒数一万を数えている。すなわち、青年教育整備の一環として、しかも市の財政難から補習学校の拡充が市内全域にまで至らない分を、地域に転嫁し補完させることが、市の青年団統一の目的だったのである。したがって、表9の青年講座の内容からも分かる様に、実業補習教育が青年団活動で重要な位地を占めるのであった[24]。

しかし、ここでは次に林田実業青年団幹部が述べる様な下からの要求も無視できない。

惟ふに今日の入学制度、即ち入学試験の弊害とするは、教育本来の精神が没却されて、学校が受験技術

表９．神戸市連合青年団主催青年講座一覧（1927〜1929）

| | |
|---|---|
| 第一回 | 「日常生活に即したる青年の修養」法学士山下信義 |
| 第二回 | 「電気とは何か」「能率増進」「動力」「住宅改良問題」「地震と建築」 |
| | 「最近我国の機械工業の状態」神戸高等工業学校教授薄井廉介ほか |
| 第三回 | 「金銭の利殖」「金銭の借入」「租税と経済生活」「租税制度」 |
| | 「商品配給に就て」「小売に就て」神戸高等商業学校教授原口亮平ほか |
| 第四回 | 「湊川戦史」「世界に於ける神戸港」「楠公遺蹟」「神戸史蹟」「一の谷戦史」 |
| | 会下山人福原潜次郎ほか |
| 第五回 | 「俳句の話」「旅行の話」「花と人生」「絵画の見方」「音楽の聴き方」高田蝶衣ほか |
| 第六回 | 巡回史蹟講座 |
| 第七回 | 「憲法の話」「陪審法の話」「日本将来」「神戸市の商工業」 |
| | 「神戸市の社会事業」神戸地方裁判所東亀五郎ほか |
| 第八回 | 「電気と其応用」「天候の話」「神戸市背山の史蹟」「神戸市に於ける民俗信仰の変遷」「金解禁が物価に及ぼす影響」薄井廉介ほか |

〔出典〕市連青『拾周年記念誌』51〜54頁より作成。

養生（ママ）機関に堕し去れあることである。…教育本来の精神とは即ちその人に非ざれば持ち得ない独特の天賦的個性をして最高限度に発揮せしめることである。[25]

ここで彼は、上級学校の特権廃止と補習教育の改善増設を唱える。つまり、当時の自己教育運動にも刺激されたであろう「天賦的個性」発揮の主張が、上級学校批判と表裏をなして噴出していたのであって、こうした不満を吸収する上でも補習教育の整備が必要だったのである。ところが、一度体制内に吸収された不満は、地域の負担を軽減するために、逆に積極的な行政補助を引き出そうとする志向へと転化するだろう。松上青年団幹部は言う。

大日本聯合青年団大会毎に国庫補助増額の促進の決議が繰り返されつゝあるに対し、昭和五年度から政府の緊縮政策の結果九千円に減ぜられる悲運に遭遇した、上級学校に進むことが出来ないで国家の産業に従事しながら、寸暇をぬすんで修養しようといふ青年団――学生の数に幾十倍の青年大衆を擁する――に対し国家は物質的補助を興へてその教化施設の充実向上を図るべき時代は招来してゐはしないか。(26)

この中で触れられた国庫補助要求については第二章四節で述べるが、一九二一年の全国都市青年団大会以来のものであることは指摘しておこう。すなわち、設立当初から行政補助を引き出そうとする姿勢が見られるのであって、自主化運動と比較するなら、自前の財源だけで運営するよりも、逆に青年団という与えられた制度を、地域負担を軽減する方向で有利に適用しようとする点が特徴的であり、これこそが市の主唱する青年団統一を都市住民が受け入れた要因だったのである。理事公選制要求もこの文脈で捉えられよう。

ところで、青年団との比較で企業における従業員教育も一瞥しておきたい。というのも、市内大工場では、小泉製麻(一九二六年)、神戸製鋼所(一九二八年)、三菱造船所(一九三〇年)、鐘紡兵庫工場(一九三三年)、全購連ゴム(一九三三年)等、私設の青年訓練所が開設されているのである。こうした事情について道場小学校長荒川蕩亀が、「青年訓練所開設と共に各地の工場や大商店には私設訓練所を設置して盛んに訓練を実施したのであるが、此の結果工場に於ける仕事振りも常に緊張して服装や態度など正しくなり、又言語が明瞭に動作機敏となって能率が大変向上して来たので、工場主などはホク〱顔であるが、之がため二三の工場などでは青年訓練の効果大なるを認め、出席のよい生徒には増給をするなど特典を興へてゐるとの事である」(27)と述べているのは注目されよう。つまり、企業の場合自前で訓練所を設置することが可能であり、独自の従業員教育が行なえるのである。このことを考え合わせるならば、都市青年団とは、自前では十分な従業員教育をおこなえない中小の商工業者が、市と地域に依存しつつそれを可能にする場であり、一方、行政サイドにすれば、補助金を与えながらも大半は地域に負担を転嫁し、上級学校との不均等を是正することで安定した支配を行なう装置だったのである。

では、なぜ地域を単位としてそれは設置されたのだろうか。ここでは、第一次大戦後の社会情況との関連で考えることが必要となろう。特に都市流入人口や不況・失業の問題がそれである。

表10を見ると、神戸市では、一九一四（大正三）年以降特に市内人口の増加が著しい。中でも、神戸区などの市街中心地に比べて、葺合、湊、林田といった周辺の区にそれは顕著であったが、一九一四年設立の林田青年会の沿革によると、「当時の当区域内を今に至り回顧すれば、新開の土地とて人家所々に展在し、人心概して粗暴の気あり、無頼の徒横行しおる中に、卒先善良なる青年会員を募り、林田青年会なるものを創立せられた[28]」そうである。ここには、流入人口が、それを抱え込んだ地域にとって治安の問題と表裏をなしていたのがわかる。その対策として青年会が組織されたのであった。ところが、一九二〇年代に入ってからの失業者の続出は、こうした治安の問題を一層深刻にする。表11にも、青壮年層に失業者が多いという傾向がみられるが、彼等に対して何等かの対策が講じられねばならないのである。長狭六青年会幹部は、「現状に就きましても孤独不具病身癈疾と悲惨な生活に日夕を送り亦生活に就いても喧伝騒者裡に不安を迎へる世相で有るとすれば中堅堅塁の青年は自覚と自信で奮起しこゝに精神的指導と連れて物質的保護と活動に累犯に及ぼさぬ様

表10．神戸市内人口推移（単位：人）

| 年度 | 人口 | 前年との差 |
|---|---|---|
| 1900 | 245,675 | |
| 1901 | 259,040 | 13,365 |
| 1902 | 274,449 | 15,409 |
| 1903 | 283,839 | 9,390 |
| 1904 | 297,276 | 13,437 |
| 1905 | 322,131 | 24,855 |
| 1906 | 345,952 | 23,821 |
| 1907 | 363,593 | 17,641 |
| 1908 | 377,208 | 13,615 |
| 1909 | 387,915 | 10,707 |
| 1910 | 401,932 | 14,017 |
| 1911 | 415,349 | 13,417 |
| 1912 | 431,378 | 16,029 |
| 1913 | 440,766 | 9,388 |
| 1914 | 457,116 | 16,350 |
| 1915 | 498,317 | 41,201 |
| 1916 | 529,865 | 31,548 |
| 1917 | 558,319 | 28,454 |
| 1918 | 591,393 | 33,074 |
| 1919 | 634,063 | 42,670 |
| 1920 | 688,491 | 54,428 |
| 1921 | 714,976 | 26,485 |

〔出典〕『神戸市統計書』（1923年）
〔備考〕但し、数値は現在人口。

努力し又社会的重大なる任務を尽す保護事業に大なる信の力を捧げるのであります」[29]と述べる。つまり、単に補習教育にとどまらず、時には物資的保護をも含め、下層社会に暮らす青年までトータルに指導する。これが青年団に果せられた役割だったのである。団員に庶業・無職が多いのも、このことに起因する。従って、如何なる団体がこうした要求に対応できたかが問題となろう。先ず補習学校は、表8に見た様に二三年以降生徒数が減少しており、対応できていたとは言いがたい。企業型の場合、神戸貿易青年会を例にとると、会員自体「あちらに一人こちらに二人、全神戸市はおろか市外にまで散在して」おり、団結を確立することが急務であったという[30]。宗教系や修養会系のものは、慈善事業をおこなっており、より有効であったとは思うが、例えば湊東区荒田町では、「公徳会といふ青年団があるのだが、どういふものか皆が期待して居た様に、発展をする見込みがないので、今度此の荒田町三丁目だけの、青年団を」[31]設立した。要するに、区域が広いと、うまく青年層を把握できず不振につながる。そこで範囲の限定された町や丁目といった区画が、青年団の単位として最適となったのである。しかも、以下の事例に注目したい。松上青年団では、失業した団員に対して職業紹介所への引き合わせと並行して、「本団関係者及全団員ニ通知シ全員ハ懸命ニ自己ノ関係スル各方面ヲ物色シテ就職口ヲ見付ケ」現に二三名を就職させている[32]。具体的には分からないが、何等かの独自の紹介ルートが存在していたのだろう。地域青年団には、こうしたメリットがあったのである。

表11. 神戸市内失業者の年齢（単位：人）

| 年令 | 1925年 | 1933年 |
|---|---|---|
| ～20 | 617 | 735 |
| 20～30 | 2,755 | 3,043 |
| 30～40 | 1,934 | 1,987 |
| 40～50 | 1,374 | 1,445 |
| 50～60 | 721 | 1,175 |
| 60～ | 264 | 280 |
| 計 | 6,291 | 8,665 |

〔出典〕『神戸市失業統計調査概況』（1925年）、『神戸市統計書』（1933年）

以上を要約すれば、都市青年団は、中小商工業者の従業員教育を保障し、彼等のリーダーシップによって、職域団体には含まれない失業者や都市下層の青年までをも把握する。そして彼等に実業教育を施し、労働予備軍に編成する機能を果たしていた。しかも、それが自らの治安や衛生と関わる点で、地域を受け皿に、地域の団体として組織されたのである。したがって、指導理念も、「大衆訓練に出づる前に、先づ団員それ自身自らが、正しき人生観に生きる」[33]という、自発性喚起による個人修養にあった。

ところで、以上述べてきたことは、市が提唱する上からの論理を地域が受け入れた側面にすぎない。ここでは地域にとってより独自かつ能動的な側面を考えよう。そこで、次に「弁天青年会設立趣意書」をとりあげる。これは、市連青創設以前に出されたもので、単位青年団の独自の設立意図を知る手掛かりになる。

抑も青年の教化指導の重責は勿論地方改善問題の如きも一つに青年会の組織によりて解決せらるべき者尠少せず。[34]

ここでは、「地方改善」にも重きを置いていることに注意したい。これを以下の市衛生組合連合会長の言葉と比較してみよう。

故ニ今後ハアラユル方面ニ於テ青年ヲ中堅トシテ社会ノ改善ト民庶思想ノ善導ニ努メザル可カラザルノ秋ナリト信ジマス、…殊ニ常ニ市民ノ衛生保健ト、社会改善ニ尽シツヽアル私共ノ団体タル衛生組合トハ唇歯輔車ノ関係ヲ有スル者デアリマス[35]

つまり、地域特に町内有力者にとって青年団は、衛生組合のもとで「社会ノ改善」のための手足となる実働部隊と考えられており、町全体への働きかけが期待されたのである。[36]実際、町費の徴収や消毒剤散布に始まり、防火、理髪・医療（塚七向上青年団）、移民宿泊所の援助（山本三四青年会）等様々な奉仕活動が行なわれている。ところで、以上の日常的な奉仕は、先の『準則』や内務・文部両省訓令にも掲げられたことで、問題はない。重要なのは、次の様な場合である。湊西区連盟が主催して一九二七（昭和二）年九月に開かれた擬国会では、自由貿易や営業収益税撤廃、銀行合同案等が討議されていたが、これと前後する同年四月、同連盟は、金融恐慌で閉店した区内の第六十五銀行の救済を求め、米穀商組合や材木商組合等一五団体とともに市に陳情を行なっていた[37]。日常から地域の問題に積極的に関与し、討論会など修養の機会も利用し、時には実際の行動をも通じてその実現を図る、ここに地域におけるより積極的な意義が存在したといえる。更に選挙時には、支持基盤としても機能していた。例えば第一明親青年会は、普選第一回の県議選で、藤原米造候補の選挙母体であったことが確認できる[38]。かくして、方面委員などとも類似の、公共的活動をおこないながら、選挙時には集票機能も果たし、地域の利害を体現するという側面を青年団は有していたのである。特に名望家層にとって、普選実施に伴なう有権者の拡大に対応するには、私的に青年団を利用することは有効であっただろう。

ここに市理事者と地域有力者の間で、青年団をめぐって認識の相違が生じるであろうことは、容易に想像される。市教育課主事で市連青常任理事の有方新治の次の言葉には、こうした情況が端的に示されていた。

青年団は修養団体である。世の中に多くある処の利益本位の組合や事業本位の団体と同一視してはならぬ。寧ろ人格修養を目的とする各種学校に比すべきものである。故に団員の資質向上を目的とし、直ちに団員の日常家庭生活に即する修養団体でなければならぬ[39]。

こうして都市青年団は、二重の依存という性格上、この両者の狭間にあって双方に規定されながら活動せざるをえなくなる。この中で常に動揺し内容を変化させ、歪みを生じながら展開する、ここにその特徴が見出せるのである。次章以下、この点を踏まえながら、その変遷を見ていくことにしよう。

## 二　都市青年団の活動の展開

### 1　前提

第一章では、都市青年団の組織と機能について論じてきた。そこでこれが実際にどの程度有効であったか点検しなければならないが、それは一般の青年層や町民に如何に認識されていたかということで推察できる。まず青年層の掌握度について。一九二七（昭和二）年の神戸区連盟における総会では、「見廻せば参会者の多くは中年の人々であつて普通、青年団の正会員たる十三乃至二十五歳見当の人々は少ない様であった[40]」という。有志団体としての性格を脱皮できず、青年大衆を把握できていない様子がここにはうかがえよう。このこととも関連して、一般団員の意識を見てみると興味深い。灘区河原青年団が正団員に対して行なったアンケート調査では、雑誌で『キング』、娯楽では麻雀が一位を占め、幹部が「幾多の犯罪と家庭悲劇を生んだるかの亡国的遊戯麻雀が筆頭とは驚かざるを得ない[41]」と呆れていた。青年団員といってもやはり当時の都市大衆文化の影響をうけているのであり、そのこともあって、都市青年団では、青年層を掌握することは、決して当然のことではなかったのである。

一方、一般住民の理解度についても、「一般に考へらる、様に青年会は飲み食ひの会ではなく不良分子の寄り合でもない、安心して父兄諸氏が其の子弟の参加を許されん事を願ふ」、「従来一部有志の青年会の如く考へられ勝であったのは遺憾である[42]」と幹部が嘆いている様に、やはり、「一部有志の青年会」程度にしか認められていなかったのである。この一般住民の理解度の低さは、「子弟の参加」にとどまらず、寄付金にも関わってくる。町内から均等に寄付が集まらず有力者の情実に頼ることが、青年団を私的な選挙母体にする一因であり、この人的・物的基盤の弱きが市理事者に危惧を与えたのである。

しかし、それは幹部層にとっても同様であった。神戸区元栄海二丁目青年会の一幹部は、「青年団長（我が中央聯盟以外の）が、選挙ブローカーをしたり、純真な集団の指導者として、失格すべき行為を行ふても、その団長が、糾弾され、排外されないのが、今の社会の姿であつて、社会が青年団自体の存在と意義とを認識せざる、確固たる證左である」、「団長を中心として、その団が政党色に、包まれてしまふ、恐れがある」、「その誤れる組織を矯正せざれば、永久に青年団は政治のとりこから離れることはできないのである(43)」と言っており、実務にあたる幹部達にとっても、青年団の政治化・政党化は嫌悪すべきことで、彼等の中からも有力者の恣意的な利用に反感を持つ者が現われていたのである。

以上の諸点を踏まえつつ、次節以降、恐慌や満州事変、経済更生運動等を通して如何なる矛盾が生まれるのかを検討する。

## 2　恐慌と組織再編

一九二七（昭和二）年の金融恐慌から昭和恐慌に至る一連の経済、社会の変動が都市青年団に与えた影響は深刻なものであったが、特にそれは単位青年団や区連盟など下位の団体を直撃した。島山青年会を例にとると、それまで好評であった保安係を経費の関係上中止せざるをえなかったという。また、林田区連盟で一九三一（昭和六）年に開かれた懇談で、「青年団と衛生組合は如何に提携して行くべきか、又協力せなければならないものか、何が故に青年団はやつかいものあつかいにされるのか等々、目下の青年団が当面しておそらく手を焼いているであらう問題に就て、賑かな議論が飛んだ」[44]というのは興味をひく。下位の団体は、経費面での行き詰まり等、独自の活動が困難な情況であり、その打開策をどこに求めたらよいのか、ジレンマに陥っている模様がうかがえるのである。事実、橘四青年会など団体として市連青から退団するものもあり、切実な問題なのであった。

一方、市連青の場合は事情が違った。「愛市的事業」（『準則』）とも関連して、この時期、市連青のイニシアティブによって盛んに全市的な事業への動員が行なわれていくことになる。つまり、一九二八（昭和三）年の鉢伏山開拓奉仕といった公園計画事業への動員を皮切りに、一九二九（昭和四）年昭和天皇の大典警備奉仕、一九三〇（昭和五）年観艦式警備奉仕と連なるものがそれで、行政の下請けとしてその利用が図られたのである。こうした事業が与えたインパクトは無視できないのだが、それは第一に、恐慌下にあってもなお単位団の設立を促進した。たとえば、松上青年団では、それまで一、二、三丁目までしか積極的には活動していなかったが、

今上天皇陛下、関西に行幸の際、大阪城東練兵場に、青年御親閲の儀を挙げさせ給ふや、松上青年団は一、二、三丁目なると、四、五、六丁目なるとを問はず、均しく一団として神戸市聯合青年団の下に参加するの光栄を得以て記念綬を拝受せり。[45]

といった具合で、他にもこれらの事業を通して一八団が新たに組織されたと市連青発行の『拾周年記念誌』は記している。第二は、一般団員が積極的に参加する契機となっていたことである。親閲に参加したある正団員は、「不肖も神戸市青年団代表者の一人として輝やく御親閲の光栄に浴し、感激にむせび感泣した次第であります」[46]と感想を述べている。彼等の名誉意識を掻き立てるのに格好の手段となっていたのだろう。そして、第三に、市費補助の増額をあげなければならない。一九三一年度の市費補助は六一〇〇円で、前年と比べて五〇〇円増であ

る。これ自体は灘区編入によるものだが、この年市会が、緊縮財政の折から教育諸団体、更には衛生組合への補助もが一律二割五分に削減されたのに対して、青年団、在郷軍人会等の四団体のみがそれを逃れたのを考えると、極めて異例だったといえる(47)。これによって市連青は、事業規模を拡大しえたのである。

こうして市連青は、下位団体を凌駕し、組織の中心としての地位を不動にする。この市連青の主導によって組織の再編がおこなわれることになった。

まず単位青年団には、『加入団取扱停止規程』(一九二八年五月)と『神戸市青年団細則』の改正(一九三〇年一月)で規制が加えられる。前者では、市連青への負担金滞納六ケ月に及ぶものは取り扱い停止として、経営不良の単位団の切り捨てがはかられた。これで、九団が処分を受けている。後者では、新設団が「設置地区明瞭ニシテ其地区内ニ既加入青年団ノ地区ヲ含マサルコト」(第一条二項)と、要するに地区毎に青年団設立の重複をさけ、確実な運営を行なえるもののみが設立されることになった(48)。この規程により、事実上企業型青年団の新設は出来なくなる。

次に区連盟については、『神戸市聯合青年団各区聯盟ニ関スル規程』、および『神戸市聯合青年団各区聯盟準則』が定められ(一九三〇年一月)、「神戸市聯合青年団ノ目的ヲ達成スルヲ以テ目的トス(49)」と、同組織は市連青の一機関と位置づけられた。こうして区の自律的な括動は抑制されることとなり、以上、下位団体の地域別系統的組織への整備が進められたのである。

一方、市連青自体は、例えば一九三〇年に始まる市連青主催中堅青年講習会が、「青年団幹部たるの素質を得しむるを以て目的と(50)」された様に、幹部養成の機関として位置づけられ、下位団体との役割分担が明確化されたのである。しかも、そこでの講習内容は、「青年団ノ本質ハ常ニ団員ノ修養ヲ企図スル団体タルニ在リ」、「苟クモ団体ニ勢力ヲ利用シテ直接政治問題ニ干与シ又ハ政治運動等ニ参加スルガ如キコトハ絶対ニ禁止スルコト」、

「苟クモ団体ノ勢力ヲ濫用シテ寄附金ノ強請又ハ因襲的悪弊ヲ助長セシムルガ如キ行動ハ絶対ニ之ヲ禁止スルコト」[51]といった具合で、政治的に中立意識を持った幹部を市連青において養成し、彼等を下位団体の中心に位置づけることで、青年団全体を政治的に中立化させることがこの再編の狙いだったのである。ここでとられた指導方針が、「量より質」といわれたものであった。常任理事有方新治は、「青年団の集合は量よりも質を貴ぶ所謂烏合の衆の出席よりも寧ろ極めて少人数で而も粒の揃った誠意ある人の集合を希望する」[52]という。これは、大衆団体への志向を一時放棄し、逆に有志団体としての性格を是認かつ利用しようとするもので、彼等幹部層の中には政治化を嫌悪する者が現われていたこと、市連青の役員があまり有力者を含まず壮年層中心であったことなどを想起するなら、ここにおいて都市青年団は、地域有力者の支配から一歩距離を置き、直接市の吏員と結びつきを強めることで、逆に地域においては、有力者に対する批判勢力ともなりうる可能性を生み出していたのである。こうして、恐慌下市連青を中心に、より強固な連合体へと組織を変容していくのであった。

## 3　満州事変と軍事的動員

一九三一（昭和六）年九月十八日に勃発した満州事変は、国内での急激な排外熱の高揚をもたらし、各地で慰問や献金等諸種の活動が展開された。これに青年団や在郷軍人会が動員されたことは、周知の通りである[53]。神戸市の場合も同様で、国防愛国醵金・湊川神社砂持奉仕・防空演習といった様々な機会に青年団が動員されている。ところが、ここから直ちに青年団が戦時体制に連なる国民動員の機関に変質したとは言えない。その理由として、次の三点をあげよう。第一に、国防献金について。これは団員一人につき五銭ずつ割り当てられたもので、従来の研究では強制的に集められたと考えられていたが、各団の献金額にはかなりの格差があり、例えば最高の松上青年団百一円三五銭（二〇二七人分）と最低の青年至誠会一円二〇銭（二四人分）を比べても分かる様に、実際には任意に集まったのではないだろうか。(54)第二に、団員の動員について。事変勃発直後の十月二十五日に神戸中央部青年会が開いた湊川神社参拝では、「実に百二十一名の多きに達し」、「楠公社は時ならぬ活況を呈した」のに、同じ日に林田区連盟が行なった六甲登山は、「参ずる者僅か二十八名の貧弱さ」であった。(55)事業によって動員数に差があり、青年達が非常時の活動にのみ便乗して参加していたことがうかがえよう。そして第三に、幹部達の意識について、市連青の網谷才一は、砂持奉仕を「それは神戸市青年にとつて、何より床しいあらわれであった。又、青年団運動のよいデモでもあった」(56)と語る。同じことは、葺合区連盟でも防空演習参加にあたって、「兼て我が聯盟としても我国時局重大に際して自発的に総動員をなして一種のデモンストレーション的訓練を挙行せんとの腹案もあった」(57)といわれている。すなわち、これら一連の活動は、都市青年団にとって排外熱の高揚そのものが目的というだけでなく、この機会に沈滞気味の運動を活性化させるデモンストレーションとしての認識が多分に存在しており、その意味で事変前の大典奉仕などと同一線上にあったのである。しかも、一方で五・一五事件の様な国内のファッショ化には、「近時ファッショ思想起り無批判的に之に呼応する青年のあるは国家の為に遺憾である」(58)と批判している様に、粟屋憲太郎の説くような所謂「民衆意識の両義性」(59)が存在している。これらの事例から、都市青年団が軍部の要請に応えて、常に青年層を動員できたとは考えられないのである。

そこで、改めて満州事変の与えた影響を考えてみたい。まず活性化の側面であるが、この時期の一連の活動が単位団の増設をもたらし、組織の拡充をすすめたことは、幹部達に自信を与えた様である。中でも一九三二（昭和七）年七月の防空演習の持つ意味は大きかった。市連青理事今井善兵衛は、「青年団の存立価値は全く全市民の試験の俎上に上つたと云ふも敢て過言ではない」(60)と述べる。彼等は、市と地域住民を同時に満足させる方法を軍事動員への参加に求めたのである。そして、防護隊編成の名目で市費補助の増額をみることになるが、一方、これが単に市や軍の下請けではなく、「自治訓練」と意識されていたことには注目したい。「都市の防備は軍部に委すべく《(べきカ)》でなく都市は都市自らが守らねばならぬ」[61]というのである。そこから再び町内へ助成を求める志向がでてくる。しかし、「若しも或る有力者から多額の金を戴くことになりますとそれに左右され易い弊害」[62]がある。そこで、市連青の経営研究会では、

現今青年団の社会的地位は漸次向上して参りまして、社会の運動に青年団は欠くべからざる一つの重大なる要素であることを社会的に認識せられました今日、少くとも正会員に対し社会の凡ゆる方面の理解と同情に依つて会費徴収を全廃し、現在の衛生組合の如く一個当り一箇月五銭乃至拾銭位の頗る低廉なる費用を徴収して、而してこれを青年団の費用に充当することが最も望ましいと思ひます。……されば吾々の事業費、修養費に対して町内に於て或る程度の負担をして戴きましても、決して無理ではないと思ふのであります。[63]

といった議論がなされていた。すなわち、存在価値を確立したという自負が、衛生組合とも対等に全町内に寄付を要求する根拠となっており、こうして事変を契機に地域有力者からの自律化が志向されたのである。

ところが、他方、問題もある。つまり、これらは全市的規模であるからこそ意味があるのであって、個々の単位団の事業が活発になることとは別次元のことであった。元七青年団幹部は、「私の観察力をして、誤りなかりせば、将に青年団は、其の発展過程に於いて、停滞期に入ってゐる。或は人ありて言はん。満州事変以来、青年団の奮闘は如何にと。」しかし、「如何に其の奮闘が目覚しくあつたとて、その事実と青年団の発展の問題とは、自ら別個の問題である」[64]という。停滞したままで体質の変らない単位団では、町内から充分に理解を得ることは困難だろう。結局、市連青とのギャップが広がるだけである。ここに影響の第二が見られよう。

そこで、更に問題が生じる。市や軍部と単位団幹部との認識のズレである。この時期軍部の発言力が強まり、

表12．河原青年団（灘区）役員会出席統計

| 出席率 | 人数（人） | 割合（%） |
|---|---|---|
| 70〜100% | 10 | 23.8 |
| 50〜70 | 6 | 14.3 |
| 0〜50 | 26 | 61.9 |
| 計 | 42 | 100 |

〔出典〕河原青年団団報『青雲』5号（1933年5月）より作成。

神戸連隊区司令部の山口直敦などは、しきりに『神戸市の青年』紙上で団体訓練を唱えるが、同様の発言は市の理事者にも見られ、当時の市教育課主事道添哲夫は、「単に個人を利己的な個人として仕立てることは絶対に許されない事で、何時何処で行ふ訓練であつても、団自体の発展と社会の福祉とを目標とするものでなければならぬ」(65)と述べている。一方、単位青年団を担う幹部達は、団の事情に応じてやはり「量より質」に指導方針を置かざるをえない。しかも、表12に見られるごとく、幹部の中でさえ活動分子は一部に固定されていた。そのため、上からの軍事的動員要請に各団の少数有志が応えなければならなくなり、当然彼等の負担は増大することになろう。荒三青年団総務は、「従って団務も非常に多端となり複雑となりまして、昨年度（一九三二年―注尾崎）の如きは出動総数三五十《ママ》有余件の驚愕的数字にのぼり、全部もれなく出動するとしたら毎日の腰弁当で出動せねばならない状態であります」(66)というが、これによると、ほぼ一日一回は出動している勘定になり、まさに「驚愕的数字」と言わねばならない。しかも重要なことは、これら軍事的動員は、本来の補習教育や社会事業とは異質なものだということである。こうした活動に年中無休で幹部が駆り出されれば、本来の事業はおろそかになってしまうだろう。恐慌下失業救済が緊急の課題である時に、そのようなことが認められるはずがない。河原青年団で一般団員の言葉として取り上げるには、「俺等は毎日その日の糧を得るために一日の労働なり勤労を疎かにすることなくやらなければならないのに、俺等の青年団はやれ交通整理だの、やれ非常呼集だの、やれ夜警だの等々と引張り出しに来る、そして修養だと云ひくさる」(67)といった声が多かったそうである。こうした一般団員の言葉に端的に示される様に、結局満州事変期の軍事的動員は、都市青年団の本来の機能を後退させてしまっていた。ここには、有志団体の性格を強めることは

あっても、大衆化や、まして国民動員の機関にはなりえない、一つの矛盾が生まれていたのである。

## 4　経済更生運動と青年教育

本節では、以上の状況の中で、青年団における補習教育の側面がどのように変化するかを経済更生運動との関連で述べる。

周知の通りこの運動は、一九三二（昭和七）年九月にスタートし、青年団も積極的に参加していくことになるが、大日本連合青年団理事であった後藤文夫が、「非常時に処すべき青年団の態度」の中で、あくまで「自力更生」を主眼に「政府の施設は、この自力更生に対する障碍を除去し、及びその効果をより大きく、より速かならしむる助成の手段に過ぎぬ[68]」と述べていたこと、すなわち、政府の為すべき救済が転嫁されていたことは改めて確認しておきたい。「助成」と「自力」の配分が活動を規定するのである。

そこで、政府からの助成について、県との関係を取り上げよう。県の連合青年団が県下の各青年団におこなった助成は、例えば産業研究への助成金の交付先を見ると全て郡部であり、農村救済を主眼とするものであった。しかし、県連青の収入を見ると、一九三三（昭和八）年の場合、特に加盟団の分担額は、神戸市が三三七〇円四〇銭で県下二五郡の平均四二円二四銭と比較するとかなり大きな額を負担している[69]。ここから県連青に対する不公平感が出てくるだろう。つまり、「兵庫県聯合青年団の事業をして都市青年団の経営に関し一層普遍ならしむる様要望する[70]」というのである。

そこで、これ以前の市連青と県連青の関係について、特に六大都市青年団の大日本連合青年団単独加盟問題との関連で触れておきたい。これは、六大都市が県から離れ単独で大日本連合青年団に加盟しようというもので、一九二五（大正十四）年に大日本連青が結成された当初から主張されており、神戸市の場合も県連青への加入を一時保留したといういきさつがある。そこには、例えば一九三一（昭和六）年に初めて開かれた青年団産業講習会（大日本連青主催）について、「往々にして其活動を危まれ、郡部青年団に比して遜色ありと言われる都市青年団が今回の如き産業講習会開催に依つて産業社会の通俗的概念を得、都市青年団経営に新指針を与へられた事は今後益々都市青年団の発展活動を確立するものとして誠に慶賀すべき事である」(71)と述べられていた様に、都市の経営難を、より上位の大日本連青に依存度を高めることで、緩和しようとする意図がみられたのである。

したがって、助成を伴なう経済更生運動の開始によって、都市青年団における産業研究もにわかに活発になるが、その動きは、全国商工精励青年大会（一九三三年十月）や県下五市青年団協議会（同十一月）において象徴的に現れる。そこでは、「大都市ト其ノ近傍ニ於ケル小都市トノ青年団相互ノ連絡」と「全国都市青年団相互ノ連絡」が必要とされ、「大日本聯合青年団ニアッテハ是ガ専門ノ管掌機関ヲ設ケ」(72)ることが要請されたのである。すなわち、自力更生の名目の下で、助成が充分に行き渡らないという更生運動の持つ矛盾は、都市青年団においては、逆に六大都市を中心とした結集統一を図って全国レベルでのイニシアティブをとる、いわば都市の独自性の主張を引き起こすことになったのである。

しかも重要なことは、この独自性の主張が軍事的活動で組織を拡充した都市青年団幹部の自信に裏打ちされていたことである。六大都市単独加盟要求の決議文で、「六大都市ハ他ノ中小都市農山漁村青年団ト其ノ指導経営ヲ異ニスルハ勿論大日本聯合青年団ニ加盟セシ昔時トハ其ノ状勢ニ於テ著シク相異ルモノアリ」(73)とされたことにも、それは示されていた。こうして都市青年団は、個々の単位団では確保できない財源を、上位団体への依存を全国レベルにまで広げ、独自の全国的連合体を作って国の助成をうけることで確立しようとする。しかも、その見返りが軍事動員に応えることであるなら、ここに軍事と財源の表裏一体関係が見てとれるのである。

しかし、この一見単なる補助分捕りに見える動きの中で、見落とすことができないのは、以下の事情である。

青年団員として、団の為には非常によく働いて居られた方であるが、不幸にして事業の失敗の為め又勤務先の都合等に依りて、失業されその為にやむなく青年団員生活より離れなけ《(れカ)》ねばならないようになられた方をよく見受けます。(74)

青年団の主たる担い手自身の生活が危機に瀕しているのである。ここで当該期の都市小ブルジョアジーの窮乏やその運動の活性化が想起されるが、(75)例えば神戸で小売業者が結成した神戸小売商連盟の副会長近藤健一は、元四青年会長であったこと、網谷才一は、県書籍商組合にあって百貨店への出店反対問題にタッチしていたこと、湊西区連盟が早くから米穀商組合等とつながりをもっていたことなど、中小商工業者の危機が、彼等が幹部を占める都市青年団全体にも大きな影響を与えていたと推測できるのである。これを踏まえつつ、全国商工精励青年大会の内容を見ると、「中小商店経営研究」や「小工場ノ研究」といったものが目に付く。要するに、都市青年団における自力更生は、幹部層救済の意図を含んだ中小商工業者の救済だったのである。

ところで、この都市青年団における自力更生のエネルギーは、政治的にはあまり活性化していない様である。例えば市連青の網谷才一が、一九三三（昭和八）年の市議選に、市会の浄化を標傍して立候補したことは注目されるが、彼は結局大差をつけられ落選する。やはり地域では強固な政治基盤を持ちえていなかったのである。それと同時に、選挙権を持たない青年層を多く含む以上、容易には政治運動に乗り出せないという事情もある。少し時期は遡るが、先にファッショ思想を批判していた市連青の瀬尾政広が、同じ記事の中で、議会政治の浄化を唱えつつも、「併し乍ら青年団中未だ選挙権を有さざる者あれば政治教育の普及の方法に就ては指導者の最も注意を要する点である」(76)と述べていた様に、幹部層は団体を率いる責任上、政治への不満を直接政治活動によって解消する方法は取りずらいという状況に置かれていたのである。したがって、エネルギーの発散には別の方法が取られた。つまり、「少数の有閑不倫階級輩の所行を憤慨する暇に此の危機を如何に切抜けるかを考へよ」というのである。そして「商工青年ノ精神修養ハ商工業ノ行詰リノ根本的禍根タル利権争奪ノ精神ヲ除去シ、報徳推譲ノ信念ヲ確立シテ日常生活ノ公益化ニ努ムル事ヲ眼目ト」し、ここに「国民経済に対する青年的覚醒運動の一端であって、中堅階級たるべき青年の訓練こそ現代に於ける最大の急務である」(77)とされた。換言すれば、専ら経済的変革を図ることが目標とされ、そしてその中心たる産業研究の場として、青年団が位置づけられていたのである。その上で、政治化ではなく、青年団という枠内で国の助成を直接引き出すため、自らの主張を全国レベルにまで広げていくこと、これこそ六大都市青年団単独加盟運動の主たる意図なのであった。

しかし、ここで大きな矛盾に気付く。それは、中小商工業者救済は青年団幹部の救済ではあっても、都市下層を含んだ広範な青年を善導するという本来の機能からみれば、かなり歪曲されたのではないかということである。ここで、先述した年間三百五十回の動員に腰弁当で出動していた荒田三青年団の幹部が、「今後は、青年団運動も最も真剣に活躍せられる方に対し何かの特権を附与すべきが当然ではなからうか」と述べていたことに注目したい。つまり、青年団に積極的に参加することで、「身分保證と迄行かなくとも失業の場合の救済又は就職の斜（ママ）旋」(78)といった自らの生活の保障を得ようとする志向が存在していたのである。他方、こうした幹部層は、自分以外の特に都市下層の救済を如何に考えていたのだろうか。ここで、当該期の小売商の運動が大資本に対抗するだけでなく、失業者の転業形態である露店商の締め出しをも行なっていたことを念頭に置くなら、(79)次の市連青の商工研究記事は興味をひく。

> 余りに多くの小売業者を救済され得る事は結局それだけ社会的負担を加重して行くことに外ならないのであ

ります。…時代の要求する配給機能の高度化に順応しなければならない。[80]

都市青年団の経済更生運動は、都市下層を切り捨てた上でのそれだったといえよう。

要するに、各団の幹部を吸収し、彼等のリーダーシップを利用しながら、地域的利害に左右されず青年に対する補習教育と救済を円滑に進めようとしたのが恐慌下における組織再編の意図であったのだが、幹部自身の生活の危機は、逆に市連青、果ては全国に至るまで、彼等の生活を救済するための特権化された場へと都市青年団を変化させてしまい、本来の機能を喪失することになった。ここに幹部と青年層の乖離、つまり、「団幹部が団員に対する誠意が足りない[81]」情況が生まれたのである。

## 三　矛盾と転換

### 1　矛盾の噴出

以上、都市青年団は、恐慌以降様々な矛盾を抱えることになったが、軍事活動が支持されている間は、それはまだ表面化しなかった。ところが一九三三（昭和八）年後半以降排外熱がおさまるにつれて、それは一挙に噴出することになる。

まずそれは、青年層の青年団離れとなってあらわれた。松上青年団幹部は言う。

彼等は本末を転倒し、子供の様に幹部にして呉れたら働くといふ意識を多分に持ってゐます。幹部になれば働くといふ考へは、正団員の時には余り事業に参加する事を喜ばない。喜ばないから青年団から遠ざかる。

遠ざかってゐる者にどうして人の指導が出来やう。だから矢張り被使用者の立場になる。此地位は彼等は好まない。だから青年団に入る事はお断りとなるのではないでせうか。是れ畢竟青年団が強制団体でないからであります(82)。

「強制団体でない」青年団は、もはや「量より質」では全青年を把握することはできないのである。しかもこれは、事変以前とも事情が違い、市連青の主催する事業にすら関心が薄れていたことを見逃してはならない。表13は、市連青が毎年十一月におこなう青年団大会の参加者数を示しているが、一九三四（昭和九）年には参加団数、団員数ともに恐慌時より落ち込んでいる。もはや市連青の事業でも青年を引き付けることはできないのであろう。

更に一般住民の理解も低下する。

私は町内の方よりよく聞く事でありますが、青年団に出ても何等得る所がないから出ない。又店のものを青年団に出しても何のたしにもならない。時間がかゝるばかりにて仕事の邪魔になるばかりである、然し町内に居る以上しかたがないから出して居る等の事を言つて居られる(83)。

以上の関心の低下は、実際に神東市場青年団や湊山青年団等の市連青からの退団を余儀なくし、又、退団しないまでも、「非常時の波に逆流し青年団としての機能を発揮せず其の活動が線香花火的にな」っていた(84)。ここに個人修養による「量より質」の方針は破綻したのである。

## 2　運動方針の転換

こうした情況の中で、最も迅速に対応したのは、むしろ国民動員を企図する市や軍部であった。それは、具体的には市立青年訓練所の増設という形で現われる。『神戸市教育史』によれば、それまでの市立訓練所は青年団同様生徒集めに苦心しており、一九三三（昭和八）年でも一九カ所に二九三九名という状態だった。私設のものとくらべると対照的であろう。しかし一九三四年には、特に連隊区司令部の要望で新たに一五カ所が増設され、内容の充実も図られる。その結果、一九三五年には生徒数が四二六九名に増加したのである。この増設は、市債の増発と川崎造船所への貸入金配当の増収によるもので、まさに軍需インフレの賜物といえよう。そして、青年団でもこの訓練所の奨励がなされたのだが、注目すべきは、それが従来と違って「青年訓練所と連絡をとつて、正団員の増加を図らるゝ事[85]」という目的を明確に持っていたということである。つまり、法的根拠を持たない青年団が、公的機関たる訓練所と提携することによって、特に年少団員を入所させ訓練をおこない、「資質の向上」を図ったのである。しかも訓練所の訓練を団員に受けさせることで、市連青を通してしか得られなかった市の助成を、単位団毎に直接受けられ、地域の理解が低下する分を補えるだろう。そこで、単位団による勧誘が盛んにおこなわれたのである。ところが、青年訓練所のみでは実業教育が充分にできない。ここに両者の合併による青年学校が必要となる。一九三五年の青年学校開設にあたって市連青の網谷才一が、「青年学校が愈〻開始されて、我国青年教育の上に画期的な進歩を見得た事は何より嬉しい[86]」と述べた言葉には、都市においてそれを主体的に受け入れる地盤が存在したことがあらわされており、こうして各単位青年団は、青年学校を介して直接市に依存するルートを形成したのである。

次に、幹部達の意識について。彼等は、上からの国家宣伝を容易に受け入れてゆく。中でも大楠公殉節六百年祭は、この地方では受け入れ易かったようだが、同時に「郷土観念把持」の為、「都市青年にとつては誕生地た

表13. 青年団大会参加団数及び団員数の推移

| 年 | 団数（団） | 団員数（人） |
|---|---|---|
| 1930 | 133 | 1,327 |
| 1931 | 134 | 1,347 |
| 1932 | 197 | — |
| 1933 | 82 | 766 |
| 1934 | 94 | 408 |

〔出典〕市連青団報『神戸市の青年』100号（1930年11月）、124号（1931年11月）、149号（1932年1月）、175号（1933年12月）、199号（1934年12月）より作成。

〔備考〕なお、1932年は市連青創設10周年記念式典で、多数の参加があったと思われる。

る郷土ではなくして生活の本拠として単なる住所地域といふ以外に特異なる心理的な関係を認め[87]」る方法として、地域毎の氏子神社ではなく、全市的な規模での大楠公精神の強調は有効であった。これに「現代の青年も、個性慾を捨て、、郷土の伝統的精神と、時の指導者の指す方へ、ひたむきに邁進すべきだと思ひます[88]」と、幹部達は上からのイデオロギー注入を受容していくのであった。しかも、この楠公六百年祭を記念に、神戸で全国青年団大会が開かれたこと、そして、青年学校との提携や建国精神の強調等同様の内容が決議されたことなど、全国的に指導方針の転換が図られたのではないだろうか。

　こうした中で、一九三五（昭和十）年三月市連青の団則改正を始めとした組織の再度の編成替えが開始されたのである。

　この改正によって市連青は、理事長には市の主管課長、常任理事には主管主事と、役員の中で市の吏員の占める比重が高まる一方、公選される理事や評議員は若干名となった。又、団長制定の細則は評議員への諮問を不要とされており、青年団に対する市理事者側の権限が拡大されたのである[89]。次に、区連盟に対しても、『神戸市聯合青年団支部規程』及び『同各区規約』で、あらゆる点で市連青団長の介入が強められる[90]。更に単位団は、『加入団規程』の改正により、「正団員数三十名ニ充タザル」ものも取り扱い停止を受け、経営不良団の切り捨てが強化された。こうして、青年団におけるイニシアティブが、市側に取り戻されたのである。一方、これと並行して市の社会教育行政も整備され、一九三五年、社会教育係が課に昇格する。この課長には、神戸青年訓練所主事兼神戸商工実修学校長大山綱志が任命された。同時に山口直敦陸軍大佐が社会教育専門の嘱託として配属され、市社会教育行政における青年学校中心路線への移行と、軍部の発言力の強化が図られたのである。この社会教育課が青年団の主管であり、やがて各小学校毎の社会教育指導員も配置されることになる。換言すれば、個々の単位団までも直接市が介入し、青年団全体に対する統制が可能となったのである。では、この上からの統制を受けて、単位団はどう変容するのだろうか。まず、地域型以外の青年会の改変について。例えば湊川青果青年団は湊川新開地青年団に、荒田青年公徳会が荒田一丁目青年団というように、地域別に統一されたのである。次に単位団内部は、第一に班別・分団組織といった細分化で、軍事動員への対応がなされる。第二は、年齢制限である。つまり、青年団を徴兵の予備機関にするため、役員まで全て二五歳に限定しようとしたのであるが、しかしこれには幹部層の反発は避けられない。飛田信は神戸市会で、「希望条件中二十五歳以下の男子で青年団を組織し云々とあるが役員まで二十五歳以下に限るのは、趣旨は結構だが実際上優秀な指導者を得るのに困難だ」[91]と述べているのもその現われである。そこで、妥協案として各青年団では、従来の幹部が一応第一線をひき、青年を幹部にしてその若返りを図る。一方、自らは顧問等指導者として団に残るという方法がとられた。その結果、指導者層の肥大化をもたらすことになったのである。そしてこの場合、これら旧幹部層が半ば壮年団の様相を呈していたといった事例には注目したい。無論、この一九三五年段階で明確に壮年団の名称を用いていたのは、元五壮年団、旗塚壮年団等を確認するにとどまるのだが[92]、問題は、三四青年会で「実質的に壮年部は三四壮年団の形態[93]」になったという様な青年団の実態の変化である。つまりこの組織再編の過程で、都市青年団においては、青年層を青年学校に編入することによって、むしろ「身軽に」活動のできる年長層が析出され、潜在的に半ば壮年団化するという、いわば青年と壮年との年齢別二部構成が生まれたのである。

こうして統制強化された青年団が、市のイニシアティブによって動員されたのが選挙粛正運動である。市連青団長の訓示には、「団員中ノ有権者ガ個人トシテ或ハ他ノ団体員タルノ故ヲ以テ憂国ノ至情ヨリ粛正運動ニ参加スルコトハ敢テ差支ナク、寧ロ国民トシテ当然ノコトナリト謂フベシ」と、年長層の動員が意図されている。他方、「尚青年団トシテ選挙運動ニ関スルガ如キハ固ヨリ有リ得ベカラザルコトナルモ、多数ノ中或ハ誤ツテ団名、役員名、団旗、団服、団関係ノ名刺等凡ソ青年団ヲ表章スベキ事物ヲ使用シ、累ヲ青年団ニ及ボスガ如キコトナキ様十分注意アランコトヲ望ム」と、青年団自体として関与することを避け、年少層の非政治化の維持が企図された。(94) すなわち、年齢別構成をたくみに利用することで、青年層を政治運動に巻き込むことなく、青年学校での訓練を通して軍事動員に対応させ、一方、壮年層の政治に対する不満を行政主導の下に吸収し、選挙粛正という名目で、政党を牽制することに振り向けたのである。例えば市連青の瀬尾政広は、壮年団とも関係を持つ人物であるが（壮年団中央協会『壮年団』一九三五年十二月）、一九三七年の市議選に立候補し、既成政党の地盤を侵食したことなどは、こうした都市壮年層の運動の中で捉えることができよう。従来とは違い行政と一体となって、しかもある程度青年と分離した壮年層が、政党政治への批判勢力として登場する基点となったという意味において、この組織再編は、ファシズム体制を準備する青年統合の在り方の転換点であったと言うことができるのである。

こうして、以後都市青年団は、行政主導の団体へと漸次変質していったのだが、翼賛体制への組み込みは、この青年と壮年との分離による統合をより強化するものであった。まず、青年には、一九三九年青年学校の義務制実施と、それに伴なって「青年団は青年学校長を団長とする青年学校単位の組織に変えられて(95)」いくことにより、学校と地域で官僚が直接統合する方法がとられ、一九四一（昭和十六）年、大日本青少年団の結成によって大政翼賛会の傘下に編入された。他方、壮年層は、「学徒隊」問題（一九三九年）など、青年層の切り離しに反発しつつも、その一方で壮年団としての活動を顕在化させる。前掲の『壮年団』（一九四〇年七月）が伝えるところによると、「神戸市では、この程来青年団改組問題に随伴して図らずも壮年団結成の機運が全市に漲り」、今井善兵衛、星野達太（いずれも市連青理事）を中心に、神戸連合壮年団の結成に漕ぎつけていたそうである。そしてこの動きは、一九四一年大日本壮年団連盟結成、更には一九四三年の大日本翼賛壮年団へと合流し、都市においてファシズム体制を支える主体を形成していったのである。

## おわりに

以上、本稿で展開した論点を整理すると、大要つぎの通りである。

第一に、都市青年統合の在り方について。第一次大戦後の社会状況に即して、都市青年の統合が問題となるが、ここで取られた方法は、壮年層を中心とした地域秩序に依拠した把握であった。あえて付け加えておくならば、理念はともかく実態として、青年層は青年団における主体ではなく、客体として位置していたのである。しかし、恐慌以降の社会状況は、青年団という統合装置そのものに動揺をきたし、本来の機能を後退させる結果となった。そこで、それ以後とられた方法は、幹部と青年層をある程度切り離し、別個に統合しようとするものだったのである。

第二に、その変動の過程で、幹部達の動きに着目すると、彼等の中から名望家の政治的な利用に対する反感を持つ者が現われ、一部は市理事者と結びつきながら選挙粛正運動等、上からの運動に合流してゆくことになる。ここでも統合方法の転換によって、青年層とは別個に、ある意味で身軽に活動できる部分の析出が、重要な意味をなしていたのである。ここに、都市的な壮年層の運動形態を見出すことができよう。

以上、本稿の論点を整理した上で、最後に残された課題についても触れておきたい。

まず、六大都市青年団単独加盟要求の顚末であるが、一応一九三六（昭和十一）年二月にその実現をみる。ところで、この運動は、特別市制運動とも連動した形で進められたのであり、[96]都市行財政の側面から検討することが必要となろう。そして、名望家層との関連についても、昭和恐慌期に頻発する衛生組合の内紛や在郷軍人会・国防婦人会の台頭、町内部の機能分化とそれを統括する町内会の整備等全体の中で捉える必要があろう。また、本稿で最後に触れた翼賛壮年団への移行については、学徒隊問題にみられた様な軍部等上からの圧力と、都市壮年層の反発といった下からの動きとを踏まえた上で、更に実証を深めなければならないが、紙数の関係もあり、後に譲りたいと思う。

［付記］本稿は、筆者が執筆した『新修神戸市史』歴史編Ⅳ 近代・現代（一九九四年）の青年団の項目を含め、加筆修正を加えてまとめ直したものである。

（1） 由井正臣「軍部と国民統合」（東京大学社会科学研究所編『ファシズム期の国家と社会Ⅰ・昭和恐慌』、一九七八年、所収）、小川利夫「青年教育の体系化とその崩壊」（国立教育研究所編『日本近代教育百年史』第八巻、第四章第四節、一九七四年）、同「大正デモクラシーと社会教育の組織化」（『信州白樺――大正デモクラシー期の社会教育――』五九・六〇合併号、一九八四年）、平山和彦『青年集団史研究序説』下巻（新泉社、一九七八年）、芳井研一「日本ファシズムと自主的青年団運動の展開」（新潟大学人文学部『人文科学研究』六〇～六二号、一九八二年）。

（2） 尾川昌法「治安維持法体制と思想支配――中央教化団体聯合会の形成――」（『日本史研究』一七六号、一九七七年）、上野景三「一九二〇年代における都市青年団の組織化――大阪市の青年団組織化過程を中心に――」（『信州白樺』五九・六〇合併号、一九八四年）、芝村篤樹「大都市における権力と民衆の動向」（小山仁示編『大正期の権力と民衆』、法律文化社、一九八〇年、所収）。

（3） 原田敬一『日本近代都市史研究』（思文閣出版、一九九七年）、松下孝昭「大阪市学区廃止問題の展開――近代都市史研究の一視角として――」（『日本史研究』二九一、一九八六年）、同「一九二〇年代の借家争議調停と都市地域社会――大阪市の事例を中心に――」（『日本史研究』二九九、一九八七年）などを参照のこと。

（4） 前掲、上野論文。

（5）神戸市連合青年団『十周年記念誌』（一九三二年）四四～四六頁。
（6）同右。
（7）神戸市連合青年団兵庫区連盟『十周年記念誌』（一九三六年）八〇～八一頁。
（8）神戸市役所『神戸市統計書』（一九三三年）
（9）『神戸市史』第二輯（一九三七年）によれば、神戸市の上級学校進学率は、一九一九年の一一％から一九三三年には三三％に上昇している。
（10）塩谷宇之助「青年団寸感」（『神戸市の青年』七二号、一九二九年四月）。
（11）兵庫県学務部社会教育課『兵庫県青年団名簿』（一九二九年）、及び新修神戸市史編集室『多額納税者議員互選人名簿』。
（12）『神戸市の青年』一四九号（一九三二年十一月）。
（13）前掲、市連青『十周年記念誌』二五頁。
（14）同右。
（15）『神戸又新日報』一九二九年四月二十七日。なお、飛田が四六歳、谷本が四四歳である。
（16）同右一九三三年四月十八日、および神戸市役所『協議員・市会議員・其他役員関係集』（一九四二年）。
（17）神戸市松上青年団『松上』第八回総会記念号（一九三一年十一月）。
（18）神戸市連合青年団林田区連盟『十周年記念誌』（一九三六年）一一頁。
（19）「灘区聯盟沿革」（前掲、市連青『十周年記念誌』）一一頁。
（20）これに対して郡部では、郡制廃止後は各町村毎に補助をうけている。
（21）前掲、『松上』（一九三一年十一月）。
（22）郡部では、各町村毎の補助と団員の拠出金が、主な収入源になっている。
（23）『神戸又新日報』一九二一年九月十八日。
（24）松田武雄氏は、「地方社会教育行政の組織化――社会教育行政創設期を中心に――」（『信州白樺』五九・六〇合併号）において、当該期社会教育行政が、社会行政と未分化ながら、その固有な領域を定着しつつあり、とくに大都市に早期に確立することに注目している。神戸市の場合でも青年団主事は教育課に置かれ、一応形式的に社会行政との分離が図られたようである。

(25) 東野六郎「水野文相の学制改正案と、補習教育に就いての一考察」(『神戸市の青年』五五号、一九二七年十一月)。

(26) 前掲、『松上』(一九三一年十一月)。

(27) 荒川蕩亀「青年訓練所のお蔭で能率があがるとは」(『神戸市の青年』五二号、一九二七年八月)。

(28) 前掲、林田区連盟『拾周年記念誌』一〇九頁。

(29) 松原耕造「青年の善導に就いて」(『神戸市の青年』六六号、一九二八年十月)。

(30) 神戸貿易青年会『貿易青年』四八号(一九二七年一月)。

(31) 荒田町三丁目青年団『荒三青年団』(一九三三年七月)。

(32) 前掲、『松上』二号(一九三二年三月)。

(33) 和田庚介「県下の青年団員に檄す」(『神戸市の青年』六六号、一九二八年十月)。

(34) 神戸市弁天青年団一五周年記念史『弁天』(一九三六年)。

(35) 『神戸市の青年』五五号(一九二七年十一月)。

(36) 衛生組合については、拙稿「衛生組合に関する考察——神戸市の場合を事例として——」(大手前大学『人文科学部論集』第六号、二〇〇六年)を参照。

(37) 以上は、『神戸市の青年』五四号(一九二七年十月)、及び、『神戸又新日報』一九二七年四月二十六日。

(38) 『神戸又新日報』一九二七年二月六日。

(39) 有方新治「愚感」(『神戸市の青年』七〇号、一九二九年二月)。

(40) 『神戸市の青年』五二号(一九二七年八月)。

(41) 河原青年団団報『青雲』一九号(一九三一年十一月)。

(42) 『神戸市の青年』五五号(一九二七年十一月)。

(43) 広庭皎朗「政治と青年団」(神戸中央青年会連盟『中央聯盟』、一九三二年七月)。

(44) 『神戸市の青年』一一二号(一九三一年五月)。

(45) 同右八〇号(一九二九年十二月)。

(46)「御親閲を受けた正團員の感想文と日誌」（同右一〇一号、一九三〇年十一月）。
(47)『神戸市会史』第三巻・昭和編一（一九七三年）。
(48)以上は、『神戸市の青年』六六号（一九二八年十月）、および八三号（一九三〇年二月）。
(49)以上は、同右八三号（一九三〇年二月）。
(50)同右八八号（一九三〇年五月）。
(51)以上、同右一一七号（一九三一年七月）、及び一一九号（一九三一年八月）。
(52)同右七〇号（一九二九年二月）。なお、同じことが大日本連合青年団都市青年団幹部養成所でも、「都市青年団ハソノ都市居住ノ全青年ヲ以テ組織スルコトハソノ発達途上ニ於テハ困難デアル。量ニ非ズ質ノ堅実ヲ、形式ニ非ズ内容ノ充実ヲ図ルベキデアル」と、述べられており、都市共通の方針であったと思われる。
(53)江口圭一「満州事変と国民動員」（古屋哲夫編『日中戦争史研究』、一九八四年）等参照。
(54)『神戸市の青年』一二七号（一九三一年十二月）。
(55)以上、同右一二四号（一九三一年十一月）。
(56)同右一三六号（一九三二年四日）。
(57)同右一四二号（一九三二年七月）。
(58)瀬尾政広「青年団に政治教育の普及徹底を図るに就いて」（同右一三五号、一九三二年四月）。
(59)粟屋憲太郎「ファッショ化と民衆意識」（江口圭一編『体系・日本現代史』第一巻、一九七八年、所収）。
(60)以上、今井善兵衛「神戸市防空演習と青年団の活動」（『神戸市の青年』一四二号、一九三二年七月）。
(61)播磨政一「防空演習に参加して」（同右一四三号、一九三二年八月）。
(62)同右一四七号（一九三二年十月）。
(63)同右。
(64)前掲、神戸中央青年会連盟『中央聯盟』。
(65)道添哲夫「野営講習について」（『神戸市の青年』一六七号、一九三三年八月）。
(66)前掲、『荒三青年団』（一九三三年七月）。
(67)前掲、『青雲』一九号（一九三一年十一月）。

(68) 後藤文夫「非常時に処すべき青年団の態度」(熊谷辰治郎『大日本青年団史』一九四三年)。
(69) 以上、兵庫県社会教育課『兵庫県社会教育概要』(一九三四年)。
(70) 『神戸市の青年』一六〇号(一九三三年四月)。
(71) 同右一一八号(一九三一年八月)。
(72) 「全国商工精励青年大会研究協議題答申」(同右一七三号、一九三三年十一月)。
(73) 同右一八四号(一九三四年四月)。
(74) 同右一六〇号(一九三三年四月)。
(75) 当該期都市中間層の動向については、江口圭一『都市小ブルジョア運動史の研究』(未来社、一九七八年)等参照。
(76) 『神戸市の青年』一三五号(一九三二年四月)。
(77) 以上、『神戸市の青年』一七四号(一九三三年十一月)、同一七三号(一九三三年十一月)、同一七六号(一九三三年十二月)。
(78) 前掲、『荒三青年団』(一九三三年七月)。
(79) 例えば市内各公、私設市場において場外に密集する露店商の取締を陳情する動きが見られるが、露店商の側では社会民衆党の前田平一等を中心に神戸小売商人連盟を組織し、対抗するといった状況(『神戸又新日報』一九三二年五月二十九日夕刊)を知ることができる。こうした市場外類似業者の問題は、三〇年代を通して大きな社会問題になっていたようである。
(80) 『神戸市の青年』二〇六号(一九三五年三月)。
(81) 前掲、『青雲』二七号(一九三三年八月)。
(82) 林正太郎「青年団経営に対する愚感」(『神戸市の青年』一八六号、一九三四年五月)。
(83) 越川能成「生活研究と青年団」(同右一六〇号、一九三三年四月)。
(84) 前掲『青雲』二七号(一九三三年八月)。
(85) 『神戸市の青年』一八二号(一九三四年三月)。
(86) 同右二二〇号(一九三五年十月)。

(87)「都市青年団生活充実に関し適切なる具体策」（同右二一三号、一九三五年七月）。
(88) 藤井専蔵「大楠公精神と青年団綱領」（同右二一〇号、一九三五年五月）。
(89) 同右二〇六号（一九三五年三月）。
(90) 前掲、兵庫区連盟『拾周年記念誌』六〇～六一頁。その条文をあげると、「支部ハ本団ニ於テ指示スル事業ヲ実施スルト共ニ聯合青年団長ノ承認ヲ経テ自ラ事業ヲ実施スルコトヲ得」（第三条）といった具合である。
(91)『神戸又新日報』一九三五年三月二十四日。
(92) 壮年団中央協会『壮年団』（一九三六年十二月）、『神戸又新日報』一九三五年三月十二日。なお、壮年団については、北河賢三「翼賛運動の思想」（木坂順一郎編『体系・日本現代史』第三巻、一九七九年、所収）参照。
(93)『神戸市の青年』二〇六号（一九三五年三月）。
(94) 以上、『神戸市の青年』二一四号（一九三五年七月）、同二一七号（一九三五年九月）。
(95)『神戸市教育史』第一集、一〇三三頁。
(96) 大阪市役所『大阪市聯合青年団史』（一九三八年）。

# A・B・ミットフォードと神戸事件——事件・ハラキリ・武士道

松村昌家

## はじめに

神戸のJR元町近くにある三宮神社には鳥居の両脇に由緒舎が立っており、その一方（向かって右側）には神社の由緒が、そして他方には当地の歴史的出来事が書き記されている。おそらく全国的にも珍しい例の一つであろう。

その歴史的出来事というのは、一八六八年二月四日（慶応四年一月十一日）にこの地で発生した神戸事件（備前事件ともいう）のことである。三宮神社の由緒舎の文面は次のとおり。

明治維新神戸事件概要

一八六八年二月四日

神戸港開港早々の明治元年正月十一日尼崎へ出向を命ぜられた岡山備前藩の隊士の行列が三宮神社前を通過するとき神戸沖に停泊中の外国軍艦の乗組員が行列を横切った。

隊士の瀧善三郎正信は日本の風習から無礼を怒って相手を傷つけた。それがもとで外国兵と備前藩士一行との間に砲火を交える騒ぎとなった。その結果神戸の街は外国兵によって一時占領されてしまった。

同月十五日東久世通禧は勅令で神戸へ来て明治維新で天皇新政となったことを初めて外国側に知らせ同時にこの事件について交渉をした。結局瀧善三郎は責任を一身に負い外国人代表ら立合いの面前で切腹して問題は解決した。

これはおそらく最も相対的で無難な、一般的に受け入れられている事件の概要なのだが、そもそもの原因の詳細については、必ずしもすべてが明確になったとは言い難い面がある。

その点に関して私の見る限り、最も確信に満ちた書き方をしているのが、『リーズデイル卿の回想録』（*Memories by Lord Redesdale*, Hutchinson, 1815）第二巻第二十二章「日本・内戦」の中の記事である。

リーズデイル卿――A・B・ミットフォードは、事件発生時に現場に居合わせ、その成り行きの一部始終を目撃した、という強味をもっている。そして彼は、駐日イギリス公使館付書記官のアーネスト・サトウとともに、瀧善三郎の切腹の場にも、外国人側の検使の一人として立ち合った。

ミットフォードは一八六八年三月三日（瀧の切腹の翌日）付の父親あての手紙で、その切腹の儀式についての詳細を報告している。おそらく他に類例を見ない、見事な〈ハラキリ〉のドキュメンタリである。

「ハラキリはこの国のしきたりの一つとしてヨーロッパにこの上ない好奇心をひき起こしております。未だかつて外国人の眼にふれたことがなかったせいでもありましょうが、それはまるで、おとぎ話のように受けとられているのが現状のようです。以下私がまのあたりにしたことを、申し上げましょう」と、その手紙の冒頭に書かれている。(1)

このハラキリのドキュメンタリは、のちに「ハラキリの解説」(An Account of the Harakiri)という題で彼の『旧日本の物語集』(*Tales of Old Japan*, 1871)の付録に収録され、やがて新渡戸稲造の注目するところとなり、『武士道』にその主要部分がそっくりそのまま取り入れられることになる。

またもう一つつけ加えておきたいのは、一九〇六年にイギリス王室から明治天皇にガーター勲章が贈呈されたとき、ミットフォードは国王エドワード七世の名代をつとめたアーサー・オヴ・コンノート公(ヴィクトリア女王の第三王子)の首席随員として、日本を訪れたということである。そのときの印象記が、日記体で書かれた『日本へのガーター勲章使節団』(*The Garter Mission to Japan*, 1906)である。

一八七三年にアメリカ経由で日本旅行をしたのを含めると、ミットフォードは三回にわたって日本を訪れたことになる。彼が日本の伝統文化に深い関心を寄せていたことは、著作にもあらわれているとおりだが、彼はまた日本の西洋文明への脱皮に向けて、全力をつくした重要な外交官の一人でもあった。

## 一 兵庫(神戸)開港と「魔女の大釜」

A・B・ミットフォード(Algernon Bertram Freeman Mitford, 1837-1916)は、ロンドンに生まれ、一八五四年にイートン校を卒業、翌年に奨学金を勝ち取って、オックスフォード大学クライスト・チャーチに進学した。そこでミットフォードは第二位の優等学位を取得、卒業と同時に外務省書記生任命候補者の資格を獲得した。当時は、外務省に入るのと外交官職に就くのは別組織になっていて、いずれも選抜試験によって決まるのではなくて、任命制になっていた。

外務省に入ったミットフォードは、アフリカ局やフランス局で勤務したのち、一八六三年にサンクト・ペテル

図1　A.B. ミットフォード
（*Memories by Lord Redesdale*, vol.1, Hutchinson & Co., 1915より）

ブルグ勤務の二等書記官シドニー・ロコックと職務を交替することになったが、その後一八六五年から六六年九月末まで北京に勤務。初代駐日イギリス公使の職務を終えて、一八六五年に北京転勤になったラザフォード・オールコックのもとで書記としての勤めを果たした。それから彼は日本勤務の命を受けて、一八六六年十月に来日、一八七〇年一月までの三年数か月間、幕末から明治維新にかけての激動の時代における外交的諸問題と取り組むことになる。

その間の全体験ともろもろの歴史的考察が『リーズデイル卿の回想録』第一巻第十八章から第二巻二十六章（章数は通し番号）にかけて収録されているが、その続編として書かれた『その後のリーズデイル卿の回想録』（*Further Memories by Redesdale*, 1817）にもまた、彼の日本古来の文化に関する関心と造詣の深さを窺わせる叙述が散見する。

僅か三年余の駐日外交官生活を通して著わされた『旧日本の物語集』からみて、まず基本的に特に強調したいのは、ミットフォードが「超人的な語学の天才[2]」であったということだ。明治新政府の要人たちとの外交交渉の舞台で彼の活躍が際立っていたのも、そのためである。会話能力はもとより、『回想録』第二十五章に見るように、『公議所日誌』や『太政官日誌』などを読みこなすほどの実力を備えていた。

それから『回想録』や『旧日本の物語』を読んで思うのは、彼が資（史）料の蒐集に情熱的であると同時に、鋭い直感と観察力の持ち主であること、そして、目撃した情景や遭遇した事件のディテールを再現する描写の名手であるということである。

一八六七年十一月三十日の明け方に、ミットフォードはアーネスト・サトウとともに、明くる年の元日に実施される大坂の開市と兵庫の開港に向けての準備を整えるために、横浜からイギリス軍艦ラットラー号に乗って大坂に向かって出発、十二月三日に目的地に着いた。

一八六二年の幕末遣欧使節団の竹内下野守ら三使とイギリス政府との交渉を通じて、五年間の延期を認められていた大坂の開市と兵庫の開港の期日が目前に迫っていたのである。

兵庫は地理的に京都に近いために、その開港に関して、すでに開港をなし遂げていた神奈川（横浜）、長崎、箱館などとは条件を異にしていた。徳川慶喜が朝廷からの開港に関する勅許を得るのに、決死の覚悟で臨まなければならなかったゆえんである。そのことは、この問題が政治的な紛糾の危険性をはらんでいたことを意味する。

「諸公中には兵を擁して兵庫神戸に拠り、飽くまでも開港を妨げんとしてゐる者もあり、又諸藩にても薩摩藩は幕府の権威を失はしめて倒幕の目的を達しやうと[3]」するようなありさまであった。

兵庫開港までの何か月もの間は、「国中が不安の熱病にかかっていた。さまざまな策略があり、対抗策があり、反逆や陰謀があったりして（略）、その全容は数巻の書物をなすくらいであった」（『回想録』四一六頁）という内容のミットフォードの回想の一文も、まさにこのような状況を表しているのである。

兵庫開港が結果的には神戸開港に変わったのも、このような事情と関係があったのである。

兵庫が開港地として外国人の注意をひいたのは、その地が要港として栄えていたからであったが、それだけに開港に伴う居留地の設置が、兵庫市民の反発を招く危険性があった。苦慮の末幕府は、神奈川の名のもとに当時においてはごく小さな漁村にすぎなかった横浜を開いたのと同じように、兵庫に代えて神戸を選ぶことになった。

図2 「兵庫で租借した外国人居留地となる場所」
（『イラストレイテッド・ロンドン・ニューズ』1868年3月28日、大手前大学蔵）

要するに当時の市街地を避けて辺鄙な地をとったのである。外国人側も居留地を定めるには、町並みのつづく人口の多い兵庫よりもむしろ都市の中心部からはずれた神戸を選ぶほうが有利であると判断して、その条件をすんなり受け入れたために、この件は落着、結果として新都市神戸誕生への第一歩が踏み出されるようになったのである。(4)

外国人居留地には、西国街道（元町通）から浜側に向かって東は旧生田川（今のフラワーロード）、西は鯉川に囲まれた約七万坪の土地が当てられたが、兵庫大坂規定書には「将来の必要に応じ北部山麓まで拡張」することが可能だということが記されていた（地図参照）。

一八六七年十二月十二日、居留地設立の「大事業」の進捗状況を見に神戸を訪れたミットフォードは、「人びとが開港を目前にして、浮かれ気分になっているのをまのあたりにした」。「外国人居留地となる神戸では、七日間にわたって陽気なお祭り気分で賑わい、ちりめんの服を着た人びとが、新しい居留地建設用の土運搬車に見立てた荷車とともに行列を行った。同じお祭りが兵庫の町でも行われる予定になっていた。外国貿易が、繁栄を約束していることを、人びとははっきりと見通しているのであった」（『回想録』四一四頁）。

開港当日には祝賀の祭典が盛大に行われた。ミットフォードは、ここに「まことの新統治の誕生」を見るのだが、時はまさに幕府転覆に向かって急速に動いていただけに、見通しには厳しいものがあった。シェイクスピアが『マクベス』第四幕の冒頭部分に描いている「魔女の大釜が煮えたぎる」情景の連想をもって、彼は迫りくる異変への不安を表しているのである（同前、四一六頁）。

兵庫開港二日後の一月三日には王政復古の大号令が発せられた。しかし兵庫開港の如き、幕府が引きずってきた外交問題は、幕府が自らの手で処理することを義務づけられていたのである。兵庫奉行柴田貞太郎（剛中）が、落着いて職務を全うできなくなるのも、無理からぬことであった。

一八六八年一月二十七日に起こった鳥羽伏見の戦いで幕府軍が敗退し、間もなく大坂城にいた徳川慶喜が江戸へ引き上げてしまったことを知った柴田は、奉行職を投げ出して、イギリス商船に便乗して、江戸へ退去したのである。

こんななかで、ミットフォードが抱いていた不吉な予感は、予想外の大事件の発生によって的中するのである。

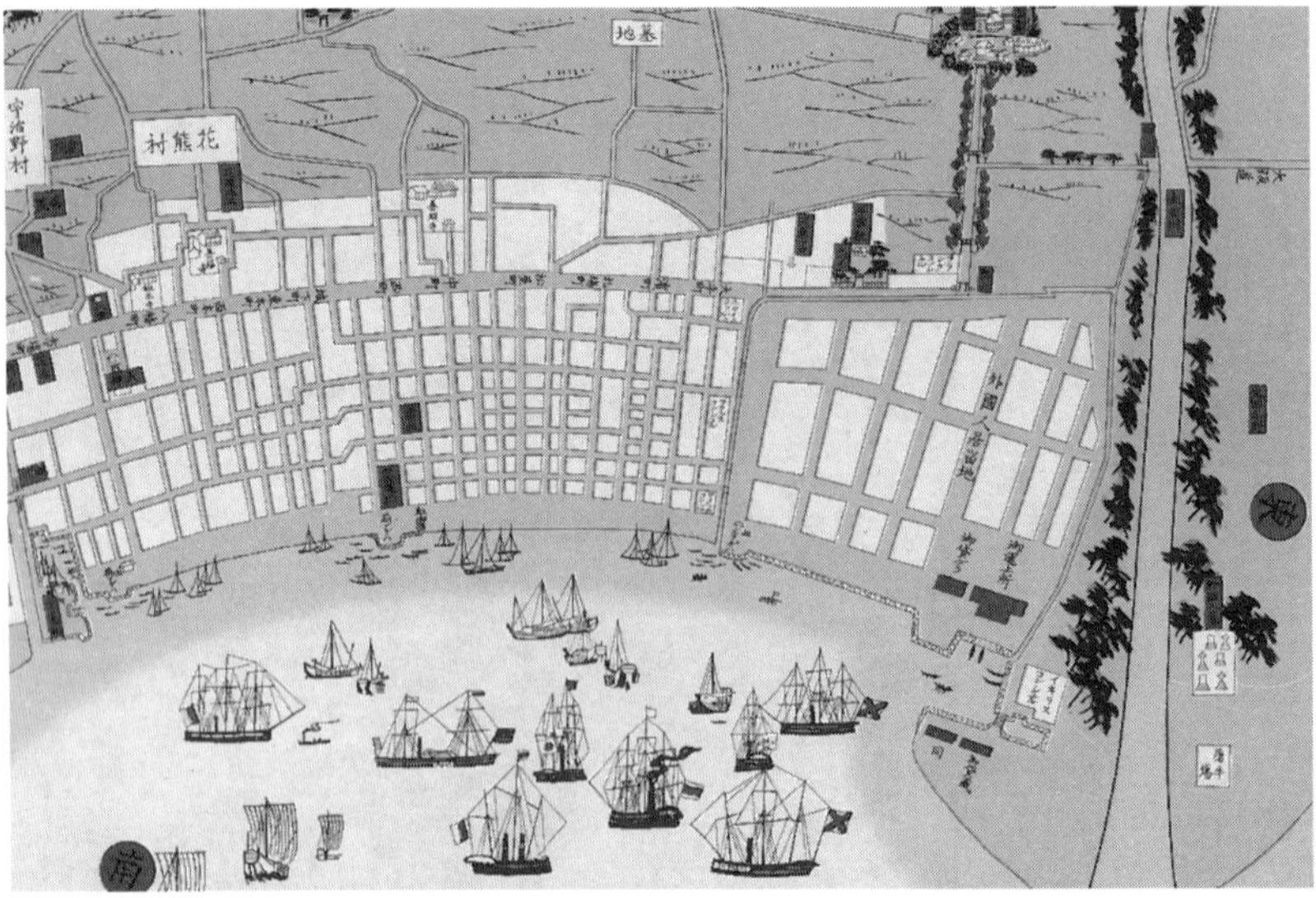

図３　開港神戸之図（部分／個人蔵）

## 二　明治新政府初の外交事件

〔一八六八年〕二月四日午後二時頃、外国公使たちは、神戸の外国人居留地に割り当てられた土地で忙しく動きまわっていた。とそのとき、兵庫側の門から進んできた備前藩の兵士の一隊が命令に従って立ち止まり、外国人集団を目がけて殺人的な銃火を浴びせてきた。幸いなことに彼らはライフル銃の照準器の使い方がわかっていなかった。あとから判明したところによると、それらの銃は、最近アメリカから取り寄せたばかりのものだったからである。（略）一斉射撃が数回つづいた。サー・ハリー・パークスや〔イギリス艦オーシャン号の〕スタナップ船長らが、そのまっただ中にいた。他の公使たち全員と大ぜいの人びとが、銃火にさらされた。幸いにも、オーナイダ号の若い一人のアメリカ水兵が、軽傷を負っただけであった（『回想録』四二八 - 二九頁）。

ミットフォードは、神戸事件の発端をこのように描きあらわし、それは彼の「記憶によみがえり、身に戦慄が走るような悲劇」をもたらした、と述べている。

本稿冒頭に引用した「神戸事件概要」と照合してみると、ミットフォードの描く神戸事件には、事件発生の動機が抜け落ちているように見えるが、そうではない。その点に関する彼の見解そのものが、全く異なっていたのである。その事実をできるだけありのままに伝えるために、再び『回想録』からの、やや長い文を引用する。

さて、あのような暴挙を正当化し得るような挑発行為なるものはあったのか。われわれが入手し得た証拠によれば、攘夷、あるいは外国人に対する悪感情で有名な備前藩士の一隊は、兵庫を通過する道中で、あらゆる機会をとらえて外国人に侮辱を加えた。彼らが外国人居留地の北側の道路を進んでいたときに、〔フランス公使〕ロッシュ氏の護衛の一人で、カリエという名のフランス人が酒屋から出てきた。彼は乱暴な声をかけられたので、どうしたのか、わけを尋ねた。すると日本人たちは、今にも襲いかかるような態度でそれに応えた。そこでひと悶着が起こり、一人の備前兵が槍の掩いを払ってカリエを突いたので、彼は必死で道路の片側へ逃げ、一軒の家の中へとびこんだ。このとき隊長の瀧善三郎は馬を降りて、群がっていた外国人目がけて銃撃を命じたのである（四二九頁）。

この事件に直接に巻きこまれたばかりでなく、あとにつづく「悲劇」の証人にもなったミットフォードは、それゆえに、ジョゼフ・ロングフォードが『古い日本の物語』（*The Story of Old Japan*, 1910）で論じた神戸事件に関する所説を真っ向から否定するのである。

ロングフォードの記述によれば、一人のフランス水兵が、家老を護衛して京都へ向かう備前藩兵士の行列を横切ろうとした。それは「日本のさむらいの眼から見れば甚だしい侮辱であったので、阻止しようとしたが、相手は強引に通り抜けようとした。そこで彼は、懲らしめのために槍で小突かれた。彼ともう一人軽い傷を負った者を含めて数人の仲間が、逃げ出した。備前藩士たちは後を追いながら散発的に銃を発射したが、怪我人は出なかった」（『回想録』四三〇頁）。

それが原因で外国人居留地全域にパニックが広がり、停泊中の西洋諸国の軍艦から、大軍が陸上へ攻め上がってきた、という見方をロングフォードはしているのである。

ロングフォードの見るところでは、この出来事は「今やヨーロッパ諸国が誇り得るようなものでなかった」し、また処罰としての瀧善三郎の切腹も「正当性を欠く」ものであった。

「ロングフォード氏の所論は、私は断じて言うが、完全に人を惑すものであり、事実に反する。そのとき彼は神戸にいなかった。私はいたのである」と述べた上で、ミットフォードは、「ロングフォードはその頃日本にさえ来ていなかった。彼が見習い通訳生に任命されたのは、翌年（一八六九年）になってからである」（同前）と、目撃者としての強味を主張する。と同時に彼は、やはり事件の現場にいたプロイセン公使フォン・ブラントの『東アジアにおける三十年』から証言を引いて、自説を裏づけているのである。

以上のような神戸事件発生に関するミットフォードの言説は、単に彼独自のものではなく、イギリス、フランス、イタリア、アメリカ、プロイセン、オランダの条約六か国公使間の一致した見解を代表するものであったと考えてよい。事件発生当日、六か国公使は次のような声明書を「兵庫と神戸、そして大坂の各所に掲示するとともに、この国のそれ以外の数か所へも送った」。

（句読点筆者、以下同じ）

本日松平備前守家臣池田伊勢、日置帯刀神戸町通行之節、右両人供之内より無故槍戟砲器を以て外國人え襲候ハ何故ニ候哉。早速申譯ニ罷出可申候。若各國公使とも満足する様申譯不相立ニ於テハ彌外國え對し干戈を動し度御見定め《（マヽ）》、猶外國よりして處置ニ可及候。左候ては只備前藩ニ不限日本國中之大災難ニ可相成事。

正月十一日

右各國公使より被申出候事(5)

この声明書の発表を提案したのは、当日現場にいて、備前軍を追撃するのにも一役買ったアーネスト・サトウであった。

備前兵士たちが引いたあと、「私はサー・ハリー・パークス」に提案した。と彼は書いている。「もし備前藩士たちが、彼らの行動について満足できる釈明をしないならば、外国列強はこれによって、日本全体に対して戦いを宣するだろうという声明文《マニフェスト》を出そうではありませんか(6)」と。

サトウは、その写しを捕虜の人足にもたせて備前軍のもとへ走らせた。果たしてそれが相手に届いたかどうかは不明だが、この声明書はもちろん明治新政府にも届いていたはずだし、当然備前藩にも何らかのルートで伝わっていたことは疑い得ない。

事件発生から三日後の二月七日（陰暦正月十四日）付で、備前藩主池田茂政《もちまさ》から、次のような届書が出されているが、それはこの声明書が引き起こした衝撃の一つのあらわれであったのだといえよう。

此度西宮御警衛被
仰付候ニ付人数出張爲致候處、去十一日家老日置帯刀同勢召連攝州神戸町通行之砌外國人ヨリ理不盡ノ所行有之候處ヨリ、互ニ及發砲候段申越候。委細之義ハ帯刀ヨリ可申上候得とも右之趣不取敢御届申上候。以上。

（『文書』二二七頁）

一読してこの届書には、あまりにも迫力も説得力もないのに、驚かざるを得ない。

一方が「故もなく槍や銃をもって外国人を襲撃したのは何故か」、納得のいく釈明をしなければ日本全体に及ぶ戦争をしかけると迫ってきているのに、こちらは「外国人が理不尽な行動をとったから」だと、曖昧な抽象的な言い方で応じている。そして「委細之義ハ〔日置〕帯刀ヨリ申し上ぐべく候へども……」というのも、事態の重大性・緊急性を考えれば、悠長すぎる。日置帯刀からの「委細」についての報告は、いつなされるのか。外国人側はまるで追討をかけるかのように、先の銃撃に関する釈明要求の担保として、兵庫港内に停泊している日本諸侯の蒸気船六艘を差押えると同時に、外国の軍隊をもって兵庫・神戸の警備を固める方針を打ち出したのである。

この動きに対する朝廷の反応は早かった。二月七日に東久世通禧《みちとみ》が勅使として、岩下左次右衛門（薩摩藩士）、寺島宗則（同上）、伊藤俊輔（長州藩士）らとともに、神戸に到着、八日に税関で六か国公使と会見が行われた。東久世によって伝えられた数々の事項のなかで、最も重要なのは、

日本の天皇《エンペラー》は各国の元首および臣民に次の通知をする。将軍徳川慶喜に対し、その請願により政権返上の許可を与えた。今後われわれは、国内外のあらゆる事柄について最高の権能を行使するであろう。したがって天皇の称号が、従来条約締結の際に使用された大君《タイクーン》の称号に取ってかわることになる。（略）条約諸国の代表は、この旨を承知されたい。

一八六八年二月三日　睦仁《ムツヒト》（印）(7)

という天皇親政の勅書であった。

この勅書の布告は、当然神戸事件に絡む諸問題処理の最終的責任を負うのは、明治新政府であることを意味する。そこでまず浮上したのは外国人に対する安全保障の問題——すなわち神戸警備に関わる問題であった。これに関して勅使は、薩長両藩が神戸警衛の任に当たることを明記した「御書付」を示し、以後もし神戸港近傍にお

いて外国人との間に何か事件が起きた場合には、「天皇ノ政府ニテ引受」けることを確約した。外国軍隊が神戸を警備するという問題は、これによって解消したのである。

次が問題の核心ともいうべき「備前亂妨」の件である。各公使は、「備前亂妨ノ事ニ及ヒシ事、談スルモ怒リニ堪ヘサル次第ナリ。況ンヤ各國公使ニ対シ發砲ノ事情等、全ク文明の國ニ於テアルベカラザル事ナリ」(8)と詰め寄った。

それに対する東久世の返事は、およそディプロマティックとは言えないようなものであった。その件に関する「所置ハ各國ノ公論ニ任シ、且ツ天皇ノ親裁ヲモ受クルヘシ」というのである。

この結果を踏まえて、六か国公使は早速「各國ノ公論」を取りまとめ、二月九日付で公使連名の書簡を東久世通禧あてに送ることになる。

その書簡は主として次の二つの申立て事項から成っていた。

(一)外国代表者、国民ならびに市民たちの生命を狙ったこの故無き銃撃に対し、ミカド陛下の政府は、ここに署名した各公使が各国の政府に伝え得るよう、書面をもって不足のない十分な謝罪を表明し、ミカドの領地にいるすべての外国人が爾後同様の襲撃を受けないよう、厳重に安全を保証すること。

(二)外国代表者たちならびに在留諸外国人に対し、無差別に銃撃を命じた士官には、死罪を適用し、その処刑は各公使館の代表者たちの立合いのもとで執行されるべきこと(『文書』二四七頁。原文英語)。

この重大な要求に関する事の運び方は、驚くほどスピーディであった。

それから僅か四日後の二月十三日には、外国事務総督三条実美、同伊達宗城より東久世通禧あてに、「神戸事件處置ニ關スル各國公使申出ニ同意ノ旨通達方」の指令が送られるのである。各国公使より備前家来暴発の件にかかる処置の要求はもっともである。その要求を全面的に受け入れることが決まったので、その旨を早々に各国公使に伝えていただきたい、という内容の文面であった（『文書』二七〇頁）。

それからこの決定事項は、二月二十一日付の東久世の返書をもって、各国公使に伝えられたのである。

そこで奇異に思えるのは、この東久世書簡と同じ日付で、備前藩家老日置帯刀よりの届書が書かれているということだ。

先に引用した備前藩主の届書に述べられた、発砲事件に関する「委細之義」が、ここにきてようやく出てきたのである。その概略は次のとおり。

去る一月十一日、西宮警衛のため兵を率いて神戸町を通行中に、外国人二人が左手から現れて、右に先手行列を横切ろうとしたので、通訳の者がこれを取り抑えた。するともう一人の外国人が右から左へ行列の中へ割り込んできた。これを引き止めて手真似をもって、先頭を迂回するように諭したが、相手は憤怒の色を浮かべ大声を発しながら理不尽に押し通った。

同時に左手の人家からもう一人の外国人が出てきて、短銃をもって狙撃しかかった。そこで「道具を以」て彼を突いた。傷は浅かったらしく何れも家の中へ逃げ去った。さらに追跡したところ、裏口から供先を回って浜手のほうへ向かった。この様子を見て先手銃隊は、直ちに相手を撃ちにかかったので、それを抑えようとしたところ、浜手の外国兵からも発砲があった。

そこでひとまず山手のほうへ兵を繰り込ませたが、外国兵からの銃撃が激しく、当方からも応戦して撃ち合いとなった。しかし不慮の出来事が生じ、大事に立ち至ることを慮って、兵を引き上げることにした（『文書』二七六頁）。

日置帯刀によるこの神戸事件の顛末は、事件当事者によって書かれた最初の報告書であり、その点で事件の「真相」を伝えるものとして、影響があった。先に述べたロングフォードの見解も多分にこの流れを汲むものである。

しかしミットフォードからみれば、発砲はあくまでも意図的であったし、「隊列に割りこんだという話は、あとから考えついたことだった」。当初はそんなことは全く耳に入ってこなかったし、現に日本政府も備前士官の非を認めたからこそ、切腹《ハラキリ》の決定をくだしているのだ（『回想録』四三二頁）。

ミットフォードは、このことのほかにもう一つ重要な点をあげている。


さて、あのような暴挙を正当化し得る挑発なるものについてはどうか。われわれが集め得た証拠をもっていえば、攘夷思想の筋金入りの備前兵は、兵庫通行中、外国人と見れば誰彼なしに侮辱を浴びせる機会を逃さなかったということである（同前四二九頁）。


備前藩主の池田茂政は水戸斉昭の子、そして今では朝敵となった前将軍徳川慶喜の弟である。彼は一八六三年以来孝明天皇の攘夷の意を体して、その方針をつらぬいていたので、兵庫開港に断固反対であった。

結果として、朝廷の命により、家老の池田伊勢と日置帯刀の率いる備前軍が総勢千八百人をつらねて、西宮へ出発するときまでには、「池田藩兵の意識は完全に攘夷になっていた」[9]のである。神戸事件の根源は結局は備前藩の攘夷に由来するものであったという、ミットフォードの見解を裏づけているといえよう。

本件に関する備前藩の対処の仕方には、どう見ても不可解な点があった。すでに指摘したように、藩主の届書（二月七日付）に予告された発砲に関する「委細之義」が、日置帯刀から届出られたのは、事件発生後十日もたってからのことであった。事の重大さ・緊急性から見れば、まっ先になされるべき証言が、判決が下されたあとになって出てきた。そして先に述べたようなミットフォードの批判を招く結果になったのである。

## 三　〈ハラキリ〉立合いの記と『武士道』

瀧善三郎の切腹の儀が執行されたのは、一八六八年三月二日の夜十時半すぎのことであった。場所は今の神戸市兵庫区南仲町にあった永福寺。この寺がその儀式の会場として選ばれたのは、薩摩軍の兵庫本部がおかれていたからだろう。ミットフォードは、外国人側検使の一人としてその現場に立合い、先に述べたように、そのときの見聞の一部始終を父親あてに書き送ることになり、最終的には「ハラキリの解説」という題で「旧日本の物語集」に再録されて、一般読書界に流布するようになった。英語の中に〈ハラキリ〉という語が定着したのも、ミットフォードのこの著作による。

ミットフォードの『回想録』によると、三月二日に外国事務の伊藤俊輔（博文、のちの兵庫県知事）と五代才助（友厚）の二人が、公使たちを訪ねて、瀧の助命の可能性について打診している。

つづいて開かれた公使会議でサー・ハリー・パークスとオランダのファン・ポルスブルック総領事が論議の末に、実際に罪人に有利になるような票を入れた——が、彼らは少数派であった。それで結局は天皇《ミカド》の決定どおりに事を進めることになった。私はそれが賢明な措置だとそのとき思ったし、今もその考えに変わりはない（『回想録』四三二頁）。

ミットフォードが瀧の助命に反対であったのには、いくつかの理由があったが、重要なのは次の二点である。

（1）今までにも頻繁に外国人襲撃事件があったが、多くの場合、報復措置がとられたことはなかった。今回の事件の犯人は地位のある人物で、その犯行は攘夷派が犯した罪のなかでも最も由々しいものだ。これを許せば、同様の犯行の再発を招くことになるだろう。

（2）瀧善三郎が天皇の親裁により自らの行動を償ったという情報が全国に広まれば、天子が外国との交流を望んでいるだけでなく、条約の侵害を罰する用意があることを、証明することになるであろう。

ではミットフォードは、三月二日の夜における「悲劇の終幕」を、どのように再現しているのか。

それから、かなり待たされた後で、日本の検使の後に続いて儀式の行われる寺の本堂に案内された。それは印象的な情景だった。広間の高い天井は黒っぽい木の柱で支えられていた。天井から仏教寺院に特有の金色に輝いた大きな灯籠や飾り付けが垂れ下がっていた。高い祭壇の前の床は、ほかより三、四センチ高くなっていて、綺麗な白い畳が敷いてあり、その上に赤い毛氈が広げてあった。整然と間隔をおいて立てられた燭台から、ほの暗い神秘的な光が、これから行われようとすることが見えるくらいの明るさで照らしていた。日本側の七人の検使は、高座の左側に席を占め、七人の外国人は右側に並んだ。他には誰もいなかった。

不安な気持ちで数分が過ぎると、瀧善三郎が広間に入って来たが、年は三十二歳で、背が高く、がっしりしており、堂々とした態度で、特に重要な時に用いる麻の裃《かみしも》を着けて礼装していた。彼と一緒に介錯が一人と、役人が三人、同道してきたが、彼らは金の刺繍で縁取りした陣羽織を着ていた。介錯という言葉は、我々の国でいう死刑執行人とは意味が違うことに注意して欲しい。この役目を果たすのは、紳士でなければならない。たいがいの場合、それは罪人の血縁者か友人によって行われるが、それは犠牲者と死刑執行人という関係よりも、主役と脇役との関係に近いといったほうがよいかもしれない。この時の介錯は、瀧善三郎の弟子であって、瀧の友人たちが仲間の中から剣術の達人として選んだ男であった。

介錯を左手に従えて、瀧善三郎はゆっくりと日本側の検使の前に歩み寄り、二人で頭を下げて礼をすると、次に外国人側へ近づき、同じように礼をしたが、よりいっそう敬意をこめて頭を下げたように見えた。これに対して日本側も外国人側も礼儀正しく挨拶を返した。ゆっくりと威儀を正して瀧善三郎は高座に上り、高い祭壇の前で二度うやうやしくお辞儀をすると、祭壇に背を向けて毛氈の上に座った。介錯は彼の左側にうずくまった。付き添いの三人の役人のうちの一人が、寺で供物をする時に使う三方の上に紙に包んだ脇差をのせて前に進み出た。それは長さ九インチ半ばかりの日本の短刀で、切っ先と刃は剃刀のように鋭利であった。役人が瀧の前で深く一礼して、これを手渡すと、彼は、これをうやうやしく受け取り、両手を頭の高さまで上げて押しいただき、それから自分の前に置いた。

もう一度深くお辞儀をした後で、瀧善三郎は悲痛な告白をしようとする人間の心情を裏書きするような感動とためらいに満ちた声で、次のように述べたが、その表情や態度には少しの乱れもなかった。

「私は独りで、正当な理由もなく、神戸で外国人に発砲するように命じました。彼らが逃げようとした時、もう一度同じように命令しました。この罪によって私は切腹いたします。ご臨席の皆様方には、なにとぞ、ご検証の栄を賜わりますよう、お願い申し上げます」。

もう一度礼をすると、彼は上衣を帯の所まで脱ぎ下げて腰のあたりまであらわにした。彼は仕来り通りに、後ろへ倒れないように袖を膝の下に注意深く敷き込んだ。それは立派な日本の武士は後ろに倒れて死ぬべきではないからであった。慎重な落ち着いた手つきで、彼は自分の前に置かれた短刀を手に取り、思いを込めた様子で愛しげにそれを見つめた。一瞬の間、最後の気持ちを集中させようとしているかに見えたが、短刀を左側の腹に深く突き差し、ゆっくりと右側へ引いた。そして、傷の中で刃を返すと、上向きに浅く切り上げた。この胸の悪くなるような痛ましい動作の間、彼は顔の筋肉一つ動かさなかった。彼は短刀を引き抜くと、前屈みになって首を差しのべた。その時初めて苦痛の表情が彼の顔をちらりと横切ったが、一言も発しなかった。彼のそばにうずくまって、その動作を注意深く見守っていた介錯が、その瞬間、すっくと立ち上がり、一瞬、刀を空中に構えた。刀がさっと閃くと、重たい物が落ちるどさっという嫌な音がした。一太刀で首は体から切り落とされたのである。その後、死のような沈黙が続いたが、わずかにそれを破るものは、目の前の死体からどくどく流れる血潮の不気味な音だけであった。ほんの一瞬前までは、それは勇敢で、義侠的な男だったのである。本当に恐ろしいことだった。

介錯は深く一礼すると、用意していた紙で刀を拭い、高座から下りた。血に汚れた短刀は切腹の血塗られた証拠としてうやうやしく運び去られた。

天皇の代理の二人の役人は、自分たちの席を離れて広間を横切り、外国人側の証人席へ来ると、瀧善三郎の死刑の執行が忠実に実行されたことをよく見届けて欲しいと声を掛けた。儀式はそれで終わり、我々は寺を後にした。

私が後で聞いた話だが、瀧善三郎は広間へ入る前に、寺に来ていた藩の者を、その中の多くは彼の命令で発砲した者だったが、周りに呼び集めて、短い挨拶の言葉を述べたということである。その中で彼は、自分の犯した罪が重大であり、受けた判決は正当であると認め、彼らに二度と外国人を襲撃しないように重々しく警告を与えたとのことである。彼らに政府の役人からも同様に話があり、同僚が処刑されたことに対して外国人に決して悪意を持ってはならないという注意があった。それに答えて彼らは、決してそのような感情を抱いていないと言明した(10)。

瀧善三郎の切腹の儀式の全容を伝えるミットフォードの目撃記として、さすがに臨場感をよく伝えているが、ミットフォードはこの儀式を通じて、ハラキリの美学を存分に感じとったのだといえるだろう。

切腹の儀式に関して、彼が殊のほか関心を示しているのは、介錯人の制度である。

右の引用文の中にもあらわれているように、彼は介錯人がイギリスにおける死刑執行人（executioner）とはまるで意味が異なることに注目し、「その役目を果たすのは、紳士《ジェントルマン》でなければならない」と述べていることを、まず銘記しておきたい。

イギリスでは死刑執行人といえば、十七世紀以降一般的に野蛮と残忍の代名詞ともいうべきジャック・ケッチ（十七世紀に実在した人物名）という名で呼ばれ、社会の最下等の人間と見なされていた。

それだけにミットフォードは、介錯人の身分とその役割に驚嘆し、心ひかれたのである、切腹によって処刑される人物と介錯人との関係は、いわば決闘の場における対決者《プリンシパル》とセコンドに似ていて、介錯人《セコンド》の役をつとめ得るのは、被処刑人の血縁者か友人である。瀧善三郎の介錯をつとめたのは、宮崎慎之輔という人物であったが、彼は瀧の門弟で剣術の達人たる故をもって、数ある彼の仲間のなかから選ばれたのであった。

すでにお気づきのように、ミットフォードは、武士をあらわすのに、「紳士《ジェントルマン》」を適用している。原文で示せば、‘Japanese gentleman of high position,’ ‘a noble Japanese gentleman,’ ‘Japanese gentleman of rank’ ‘gentlemann of the military class,’ 等である。

彼が概念として、日本のサムライ（階級）を自国のジェントルマンと対比して理解していたことは明らかである。

すでに述べたように、ミットフォード自身イートン校からオックスフォードのクライスト・チャーチという典型的なエリート・コースを歩み、男爵位をもつ生粋のイングリッシュ・ジェントルマンであった。そんな彼が階級的にも精神的・道徳的にも、日本の武士道に対して、ある種の親近感をもったとしても、不思議ではないのである。

イングリッシュ・ジェントルマンの品格の形成には、もちろん中世の騎士道以来の長い伝統と教育があったのだが、教育の面で最も大きな役割を果したのが、パブリック・スクールであった。

瀧善三郎のあの勇気に満ちた従容たる態度、そして自分の師範に対して最後のつとめを果たすときの、介錯人のあの沈着ぶりに、ミットフォードは、サムライ階級における独特の精神的・道徳的教育の結晶を読みとったのではなかったか。それに対して彼は、心底からの賛嘆を禁じ得なかったのである。

しかしそれは、単に日本の武士道に対する驚異の念というだけにとどまらず、イギリスにおける騎士道の伝統へのノスタルジー、あるいは彼自身の中に培われていたジェントルマンシップから発した共感でもあったのである。

この点でミットフォードにきわめて近かったのが新渡戸稲造である。

新渡戸は『武士道』（原題は *Bushido: The Soul of Japan*, 1899）を書くに際して、外国人読者の理解を助けるために、ヨーロッパの歴史や文学から類例を引いて、論点を説明するように努めたと、初版序文に述べているが、『武士道』の中で最初に引用されている文学作品が、なんとトマス・ヒューズ（一八二二―一八九六）の『トム・ブラウンの学校時代』（*Tom Brown's Schooldays*, 1857）だ。

トマス・アーノルド（一七九五―一八四二）の校長時代のラグビー校（イートンやハロウとともにイギリスにおけるパブリック・スクールの名門校の一つ）の生活を描いた、学園小説のアーキタイプとして有名だが、ラグビー校はラグビー・フットボールの発祥地としても有名である。

一八二八年に校長として赴任したアーノルドは、知的能力よりも宗教心と道徳的プリンシプルを第一の目標とし、紳士的な人格や行動を重視した教育理念を実施して、独特の校風を創り上げた。

『武士道』第一章の次の一文は、新渡戸の考えの中では、武士道がいかにラグビー校の庭で育ったジェントルマンシップと通底していたかを、よく物語っているといえよう。

戦闘におけるフェア・プレイ！　野蛮と小児らしさのこの原始的なる感覚のうちに、甚だ豊かなる道徳の萌芽が存している。これはあらゆる文武の徳の根本ではないのか？　「小さい子をいじめず、大きな子に背を向けなかった者、という名を後に残したい」(11)と言った、小イギリス人トム・ブラウンの子供らしい願いを聞いて我々はほほえむ（あたかも我々がそんな願いをいだく年輩を通り過ぎてしまったかのように！）。けれどもこの願いこそ、その上に偉大なる規模の道徳的建築を建てうべき隅《すみ》の首石《おやいし》であることを、誰か知らないであろうか。（略）トムの願いの基礎の上に、イギリスの偉大は大半打ち建てられたのである。しかし武士道の立つ礎石もこれより小なるものではなきことを、我々はやがて発見するであろう。（矢内忠雄訳）

そして新渡戸は、『武士道』の中で「自殺および仇討の制度」（第十二章）を論じるところで、ミットフォードの中に、その最もよき描写のモデルを、見出すのである。

新渡戸によれば、「法律上ならびに礼法上の制度」として中世に発明された切腹は、「武士が罪を償い、過ちを謝し、恥を免《まぬか》れ、もしくは自己の誠実を証明する方法であった。それが法律上の刑罰として命ぜられた時には、荘重なる儀式をもって執り行なわれた」。

ミットフォードによる瀧善三郎切腹のシーンの再現は、「荘重なる儀式」に関するイラストレイションの役割を果たして余りあると、新渡戸は見なした。そして彼は、先に引用した長いミットフォードの文章を、そのままテクストの中に組入れているのである。

新渡戸はそれを『旧日本の物語集』から採っているのだが、その文が書かれたのは、ミットフォードが儀式に立合った翌日——三月三日のことであったことを、再び思い出しておきたい。来日以来一年半後のことであった。『旧日本の物語集』には、附録として収められている「ハラキリの解説」とは別に、「四十七士」「数馬の仇討」といったような、類編が紹介されている。瀧善三郎の切腹検使の経験を契機として、ミットフォードの中には、封建時代における仇討と切腹の制度に関する関心が、強迫観念的に高まっていた一時期があったことを、裏づけているのではないか。

（1）Hugh Cortazzi ed., *Mitford's Japan*, London: The Athlone Press, 1985, p. 84. 手紙の内容に関しては、九一頁までを参照。
（2）ibid., xviii.
（3）岡久三郎『神戸市史概説神戸物語』歴史図書社、一九七七年、二二六—二二七頁。
（4）『神戸市史』本編・総説、神戸市役所、一九三七年、六六—六七頁。
（5）『大日本外交文書』第一巻第一冊、日本国際協会発行、一九三七（昭和十二）年、二一四頁。以下本書からの引用は、本文中に（ ）内の『文書』ならびに頁数をもって示す。
（6）Ernest Satow, *A Diplomat in Japan*, London: Seeley, Service & Co., 1921, p. 320.
（7）ibid., p. 324. 坂田精一訳『一外交官の見た明治維新』岩波書店、下、一三七頁。勅書原文は前掲『大日本外交文書』二三六頁。
（8）各国公使と東久世とのやりとりの全容については『外交文書』二三二—三五頁を参照。
（9）大岡昇平『堺攘夷始末』中央公論社、一九九二年、二八頁。
（10）この〈ハラキリ〉の儀式の場面は、前述一八六八年三月一日付で書かれたミットフォードの父親あての書簡に描かれ、のちに『旧日本の物語集』付録の "An Account of the Harakiri" の一部として取り入れられた。そして主要部分が新渡戸稲造によって『武士道』第十二章に引用されている。本文中の訳は、長岡祥三訳『英国外交官の見た幕末維新』（講談社、二〇〇〇年）、「追記＝瀧善三郎の最期」（一二七―一三二頁）による。

（11） Thomas Hughes, *Tom Brown's Schoolday's*, Pt. I, chap. 6からの引用。

# あとがき

記憶をたどってみると、二〇〇〇年八月七日午後四時半に、私は思文閣出版を訪ねている。編集主任の後藤美香子さんのおはからいで、専務取締役の長田岳士氏と編集長の林秀樹氏にお会いすることができた。

この会合の目的は、発足してまもない比較文学比較文化専攻の大手前大学大学院の特色を生かした研究活動の一環として、学際的研究に重点をおいた出版物の発行についての相談をもちかけることであった。

長田、林両氏ともに、このプロジェクトについて積極的に関心を示され、私がそれを思いついた動機やそれ以来の経緯についての私の拙い説明に、熱心に耳を傾けてくださった。そして結果として話は予想外の方向へ進展したのである。つまり問題の出版物は、シリーズとして二年に一回ずつの割合で、少なくとも五回は出すべきだろうというサジェスチョンをいただいたのである。

二年に一回ずつで全五回となると、向こう十年ということになる。大変好意的な提案に興奮をおぼえつつも、大手前大学院における自分の残りの年数を考えると、少なからぬ不安にかられたのも事実だ。しかし、当時の大手前学園理事長で大学院教授を兼ねておられた福井秀加先生は、この案に大いに乗り気で、心づよい激励とともにゴーサインを出してくださった。

そして『大手前大学比較文化研究叢書』第一輯『谷崎潤一郎と世紀末』が、二〇〇二年四月に刊行されたのである。

この第一輯の刊行は比較的にすんなりと運んだ。というのも、二〇〇〇年六月に大手前大学で日本比較文学会全国大会が開かれ、そのときに私が世話役となって編成されたシンポジウム「文学と世紀末——谷崎潤一郎を中心に——」を、必要な変更を加えることによって、取り入れることができたからである。

それから最初の予定どおり、二〇〇四年と二〇〇六年にそれぞれ第二輯『視覚芸術の比較文化』と第三輯『ヴィクトリア朝英国と東アジア』が刊行された。

この第三輯が出たところで当初から気になっていた現実的な問題に突き当たった。大手前大学における私の任期が、二〇〇七年三月で切れるので、そのあとをどうするかの問題が出てきたのである。第三輯から編者に加わってくださった川本皓嗣学長と対策を考えた結果、隔年刊行の方針を年一回の連続刊行に切り換えることにした。

というわけで私は第四輯『夏目漱石における東と西』の編集に引きつづいて第五輯『阪神文化論』の編集にも関わることになったのである。

それから二年がたち、昨年三月に出た第四輯につづいて、ここに第五輯が刊行される運びとなった。時間との競争の連続ではあったが、これといったトラブルもなく、当初の予定より二年短縮で全巻が完結、そして思文閣出版との約束を無事に果たすことができた。安堵の胸をなでおろしているところである。

しかし実情から言えば、本叢書は今やっと揺籃期をへたばかりで、本格的に軌道を走り出すのは、これからだ。大手前大学に芽生えた学際的研究活動の証として、本叢書が続刊され、それを通じて内外の交流が深まることを願ってやまない。

大学が直面している厳しい情勢のもとで、今回の執筆の依頼に快く応じてくださった、杉橋陽一、岩谷幹子両先生に対して、深甚の謝意を表する。そして、最後に、本叢書企画の当初から現在に至るまで、親身になって編集のお世話をしてくださった後藤美香子さんに、厚くお礼を申し上げたい。

二〇〇八年二月

松村昌家

松原秀江（まつばら・ひでえ）
1942年生。大阪大学大学院文学研究科博士課程単位取得満期退学。文学博士（大阪大学）。兵庫県立大学名誉教授。大手前大学総合文化部教授。著書に、『薄雪物語と御伽草子・仮名草子』（和泉書店、1997）、共編著に、上方芸文叢刊第８巻『上方巷談集』（上方芸文叢刊刊行会、1982）、新潮日本古典集成『世間胸算用』（新潮社、1989）、『仮名草子話型分類索引』（若草書房、2000）、『歌舞伎浄瑠璃稀本集成』（八木書店、2002）など。

尾﨑耕司（おざき・こうじ）
1963年生。神戸大学大学院文化学研究科博士課程（社会文化専攻）単位取得退学。現在、大手前大学総合文化学部准教授。論文に、「19世紀におけるイギリス衛生行政の日本への移入をめぐって」（日本ヴィクトリア朝文化研究会『ヴィクトリア朝文化研究』第３号、2005)、「衛生組合に関する考察――神戸市の場合を事例として――」（大手前大学『人文科学部論集』第６号、2006)、共著に、『日本史講座』第８巻（東京大学出版会、2005)、『新修神戸市史』歴史編Ⅳ　近代・現代（新修神戸市史編集室、1994）など。

松村昌家（まつむら・まさいえ）
1929年生。大阪市立大学大学院修士課程修了。大手前大学名誉教授。著書に、『ディケンズとロンドン』（研究社出版、1981)、『ディケンズの小説とその時代』（研究社出版、1989)、『水晶宮物語――ロンドン万国博覧会1851』（リブロポート、1986／ちくま学芸文庫、2000)、『ヴィクトリア朝文学と絵画』（世界思想社、1993)、『〈パンチ〉素描集』（岩波書店、初版1994、新版2004）など。大手前大学比較文化研究叢書１～５の編者。

**執筆者一覧**（執筆順）

川本皓嗣（かわもと・こうじ）
1939年生。東京大学大学院博士課程中退。学術博士。現在、大手前大学学長、東京大学名誉教授。著書に、『日本詩歌の伝統　七と五の詩学』（岩波書店、1991）、『岩波セミナーブックス75　アメリカの詩を読む』（岩波書店、1998）、共編著に、『文学の方法』（東京大学出版会、1996）、『翻訳の方法』（東京大学出版会、1997）、『力か対話か―異文化交流は「文明の衝突」を防ぎ得るか』（中央公論新社、2004）など。大手前大学比較文化研究叢書３・５の編者。

杉橋陽一（すぎはし・よういち）
1945年生。東京大学修士課程修了。東京芸術大学専任講師、二年のドイツ留学をはさみ、同助教授、東京大学教養学部助教授を経て、1992年より東京大学教授、現在に至る。著書に、『一角獣の変容』（朝日出版社、1980）、『ユダヤ的想像力の行方――アドルノ、ベンヤミン論集』（世界書院、1992）、『夢の露の子ども――飯田龍太論』（白鳳社、1996）、『快速リーディング・ニーチェ』（筑摩書房、2000）など。

辻　一郎（つじ・いちろう）
1933年生。京都大学法学部卒。新日本放送（現毎日放送）に入社。主として報道畑を歩き、取材活動にあたる一方、報道番組の制作に携わる。取締役報道局長、取締役テレビ編成局主幹などを経て、1995年退社。同志社大学大学院非常勤講師、大手前大学教授などを経て、現在大手前大学評議員、非常勤講師。著書に、『忘れえぬ人々――放送記者40年のノートから――』（清流出版、1998）、『父の酒』（清流出版、2001）、『私だけの放送史』（清流出版、2008）など。

岩谷幹子（いわや・みきこ）
東京大学大学院総合文化研究科比較文学比較文化専攻修士課程入学、同超域文化科学専攻博士課程満期修了。論文に“Shifting Discourses: A Comparative Study of Nakagami Kenji' Style to Those of Tanizaki Jun'ichiro, Murasaki Shikibu, and William Faulkner”（*PAJLS* vol. 4, 2003）など。

大手前大学比較文化研究叢書 5

阪神文化論《はんしんぶんかろん》

2008年 4 月30日　発行

定価：本体3,200円（税別）

| | |
|---|---|
| 編　者 | 川本皓嗣・松村昌家 |
| 発行者 | 田　中　周　二 |
| 発行所 | 株式会社　思 文 閣 出 版<br>京都市左京区田中関田町 2-7<br>電話　075—751—1781（代表） |
| 印刷所 | 亜細亜印刷株式会社 |
| 製本所 | 株式会社渋谷文泉閣 |




ISBN978-4-7842-1398-6

大手前大学比較文化研究叢書1

## 谷崎潤一郎と世紀末　松村昌家編

谷崎潤一郎の世紀末（井上健）谷崎潤一郎の世紀末と〈マゾヒズム〉（松村昌家）オリエンタリズムとしての「支那趣味」（劉建輝）海外における谷崎の翻訳と評価（大島眞木）文体の「国際性」（稲垣直樹）マックス・ノルダウ「世紀末」（森道子訳）R・V・クラフト＝エービング「マゾヒズム」（和田桂子訳）

▶ A5判・210頁／定価2,940円　ISBN4-7842-1104-7

大手前大学比較文化研究叢書2

## 視覚芸術の比較文化　武田恒夫・辻成史・松村昌家編

物語絵から物語図へ（武田恒夫）文芸を着る（切畑健）むさしの、そして『武蔵野』まで（辻成史）「美しき諍い女」カトリーヌ・レスコーとは誰か？（柏木隆雄）ゴーガン作《デ・ハーンの肖像》に描かれた書物（六人部昭典）セレスタン・ナントゥイユ（小林宣之）マンチェスター美術名宝博覧会（松村昌家）ジョージ・S・レイヤード『テニスンとラファエル前派の画家たち』（森道子訳）

▶ A5判・260頁／定価2,940円　ISBN4-7842-1187-X

大手前大学比較文化研究叢書3

## ヴィクトリア朝英国と東アジア　川本皓嗣・松村昌家編

ムスメに魅せられた人々―英詩のジャポニスム（川本皓嗣）キプリングと日本（森道子）交差する両洋の眼差し（谷田博幸）『イラストレイテッド・ロンドン・ニューズ』の東アジア（松村昌家）中村正直―洋学に転じた漢学者（平川祐弘）ミルのOn Libertyは明治日本と清末中国でどのように読まれたか（王暁範）福澤諭吉におけるW・バジョット問題（安西敏三）文明史・G・G・ゼルフィとT・B・麻俟礼卿（鈴木利章）

▶ A5判・280頁／定価3,360円　ISBN4-7842-1297-3

大手前大学比較文化研究叢書4

## 夏目漱石における東と西　松村昌家編

小説美学としての〈非人情〉―『草枕』の成り立ち（松村昌家）『我輩は猫である』におけるメランコリーと神経衰弱（仙葉豊）「甲羅ノハエタル」暗示（佐々木英昭）奇人たちの饗宴（飛ケ谷美穂子）漱石の『坑夫』とゾラの『ジェルミナール』（大高順雄）「カーライル博物館」論（神田祥子）漱石の薔薇戦争（森道子）

▶ A5判・208頁／定価2,940円　ISBN978-4-7842-1335-1

## 関西モダニズム再考　竹村民郎・鈴木貞美編

「阪神間モダニズム」の社会的基調（竹村民郎）琵琶湖疎水のモダニティ―初期電気事業における先見性（金子務）平生釟三郎日記に見る関西のモダニズム（松井朔子）前川國男と日本近代建築（松隈洋）大衆女性雑誌における競合的消費主義（バーバラ・佐藤）歌人前川佐美雄の場合（高橋睦郎）梶井基次郎「檸檬」に見る大正末・モダン京都―『京都日出新聞』の紙面から（中河督裕）大阪におけるカフェ文化と文藝運動―明治末から大正初期を中心として（増田周子）関西「マヴォ」について―牧寿雄と「マヴォ」関西支部（五十殿利治）築地小劇場と関西新劇運動―ドイツ表現主義からの影響を中心に（依岡隆児）関西モダニズムと西洋体験　画家たちとその周辺―1900-1933年（稲賀繁美）橋本関雪とアジア（西原大輔）阪神間モダニズムにおける大衆文化の位相―宝塚少女歌劇と手塚治虫の漫画に関連して（竹村民郎）モダニズムと伝統、もしくは「近代の超克」とは何か（鈴木貞美）

▶ A5判・616頁／定価8,925円　ISBN978-4-7842-1379-5

（表示価格は税5%込）